生かされて。

LEFT TO TELL

Discovering God Amidst the Rwandan Holocaust

イマキュレー・イリバギザ
Immaculée Ilibagiza
スティーヴ・アーウィン
Steve Erwin
堤 江実／訳

PHP

装丁——川上成夫

推薦の言葉

私は、これまでの五十年以上の人生で、何千という本を読んできました。でも、あなたが今手にしているこの本は、私が読んだ数えきれないほどの本の中でも、もっとも感動的な、もっとも意味の深い一冊です。

あなたは、信仰の持つ力についての考え方を確実に永久に変えてしまう旅に、今乗り出そうとしているのです。

聖書に、こんな簡単な文章があるのを覚えていますか？

「神と共にあれば、すべてのことは可能だ」

あなたは知っています。まったく疑うことを知らない無垢《むく》の信仰は、山をも動かし、ラクダを針の穴に通すことも出来るということを。

しかしながら、どんなにゆるぎない信仰をもってしても、山は、そこにずっとあるままでびくともしないでしょうし、針の穴はラクダのまつげでさえも通してはくれないでしょう。まして、一頭のラクダがそこを通りぬけるなんて、思いも及ばないことです。

でも私は、あなたがこの本『生かされて。』を読み終わった時には、すべての可能性に対

して、まったく新しい見方をするにちがいないと思っています。

あまりに恐ろしく、目をそむけずにはいられないような大虐殺のまっただ中のイマキュレー・イリバギザの想像を絶する経験をたどる時、純粋な、何ものにも妨《さまた》げられない限りない信仰の力が実際に奇跡を生み出すことが出来るということを納得するでしょう。

この本は、ほんの十年くらい前にルワンダで実際に起こった考えられないほどの非人間的な恐ろしい出来事を描いてはいますが、これは、真の意味での愛についての物語、そして、絶対に不可能と思われる状況の中での一人の女性の深い信仰と生き残ろうとする決意の物語です。

この一年、私は彼女とずっと一緒でした。

彼女は、私と旅をし、同じステージで講演をし、何千という聴衆の前で彼女の物語を語っています。

また、個人的にも、何時間も大虐殺の時の彼女の経験を聞き、これからの夢についても語り合い、彼女の家族とも一緒の時を過ごし、彼女の同僚とも、大虐殺を共に生き延びた人たちとも話しました。

彼女は、私の子どもたちともとても仲良しです。

私は、講演旅行での移動のあいだ、飛行機や汽車の中で長い時間彼女と話をし、彼女が聴衆の前に立って話すのを聞いています。

そうして、この力にあふれたすばらしい女性をよく知ることになりました。今では、彼女は私の親友の一人です。実際、非常に敬愛するようになったので、最近の本『インスピレーション』を彼女に捧げました。

この本の始めに、イマキュレーとの個人的な関係を書くのは、これからあなたの人生を永久に変えることになる（そしてそれはまた、この世界をよりよく変えるように運命づけることだと私は信じています）人物を、私がどれほどすばらしいと思っているかを知って欲しいからです。

このたぐいまれなスピリチュアルな女性は、常に、まごうことなくいつも、すべての人を引きつけてやまない輝きを発しています。

食事のテーブルで話す時、居合わせた人は、ただ聞くというのではなく、まるで吸い寄せられるように彼女に引き寄せられるのです。

大勢の聴衆の前では、会場は静まり返って、ピンが落ちても聞こえるほどです。

カリスマというだけでは足りない何かが彼女には備わっています。

無条件の愛と許しについて話したり書いたりするだけではなく、存在自身からそれを発散しているのです。

イマキュレーは、意識のとても高いレベルに生きていて、彼女に出会ったすべての人のエネルギーレベルを高めています。私もまた、その一人です。

はじめて彼女に会った瞬間、私は、自分がたぐいまれな神聖な女性の前にいるのだとわかりました（きっとあなたも、この本を読み終わった時、そう確信するでしょう）。

私たちは、ニューヨーク市でのオメガ財団のための講演の後、ほんの一瞬話をしました。そして、一、二秒で、彼女は私の視界から消えてしまいました。そのほんの一瞬に、私は完全に彼女に心を奪われてしまいました。

私は、彼女に他に類を見ないほどの高いエネルギーを感じたのです。

それは、ちょうど、何年も前にマザー・ミーラに会った時に感じたものと同じでした（インドの女性で、聖母の生まれ変わりだと信じられている女性です）。

イマキュレーは、私にこの本を出版するのを手伝って欲しくて会いに来たのではありません。私が、彼女を追いかけたのです。

その一瞬の喜びと愛の輝きに導かれるようにして、私は、イマキュレーとEメールアドレスを交換していた娘のスカイに頼みました。何としても彼女と連絡をとって欲しいと。

しかし、なかなか連絡はとれず、数週間がたちました。

毎日、私はスカイに聞きました。

「あのルワンダの女性から連絡があったかね？」

そしてついに、イマキュレーが娘に返事をくれました。

私はただちに彼女に電話をしました。

「あなたの物語を本にする気はありませんか？　私は、そのメッセージを世界に出すためにお手伝いしたいのです」

イマキュレーは、その時、すでにことこまかにすべての経験を書いていると言いました。一九九四年の大虐殺の時、ルワンダのツチの女性として、追われ、死すべき運命だった過酷な試練を。

そして、それこそが彼女が命を助けられた理由だと感じていると言いました。

しかし、出版のための努力は実らなかったのです。その理由は、英語が彼女の第三外国語だったからで、より読みやすい形にするには、何か助けが必要でした。

私は、すべてを送って欲しいと言いました。

そこには、ルワンダを離れてから五年のあいだに、彼女が、苦しみながらすべてを記した十五万語におよぶ記録がありました。

私は、友人のヘイハウスの社長のレイド・トレーシーに電話して、イマキュレーの物語の出版を持ちかけ、彼女の執筆を手伝うライターとしてスティーヴ・アーウィンを送るのをはじめとして、このプロジェクトを成功させるために出来ることは何でもする、と話しました。

推薦文を書くだけでなく、私の講演やメディアへの出演の時には、彼女を一緒に連れて行き、私のテレビ番組「インスピレーション」や「あなたの最終的な使命」に出演させ、

このスピリチュアルな女性の物語を公衆に知らせるためのあらゆる努力をすることを申し出たのです。

また、彼女や彼女の家族と一緒にルワンダに行き、虐殺の後に残されたたくさんの孤児たちを助けるための基金募集に協力しました。

これらは、すべて、観衆で埋め尽くされた講演会場の脇の小さな部屋で最初に彼女に出会った時に、私がほんの一瞬感じた気持ちによってなされたことなのです。

神の御前では、物質世界の法は通用しないと言われている通りです。

何度も何度も、イマキュレーの純粋な信仰が、彼女のまわりに目に見えないバリアーを築き、大鉈《おおなた》を手にしてほんの数インチのところをうろつき回る殺人者たちの目から彼女を隠してくれたのです。

イマキュレーの信仰が深まるにつれ、奇跡はより驚くべきものになりました。イメージを描く力は現実になり、心から疑いは消えました。

彼女は、神と共にあったのです。彼女はそれを知ったのです。光の十字架が、彼女とその仲間たちを死から救ったのを見た時に。

愛と慈悲の天使たちは、イマキュレーが創造者との交わりを強くした時に、どこからともなく現われました。

彼女は、殺意でぎらぎらしていた殺人者と向き合い、静かに見つめ、ついにその武器を

下ろさせ、その憎しみをやさしい心に変えさせるまでになったのです。

そして、ついに、殺人者たちに対する憎しみと復讐の気持ちをすべて消し去ることが出来た時——それは、一度は絶対に不可能だと思われたことだったのですが——彼女は、神の聖なる領域に溶け込んだのです。彼女を苦しめた人々に、ただ、慈悲の心だけでなく、完全な許しと無条件の愛を提供することによって。

彼女は、聖なる存在と一体になったのです。そして、今でもそうです。

この実際にあった物語は、あなたの魂を揺さぶり、あなたに彼女の恐怖を実感させ、涙を流させずにはいないでしょう。そして、きっとあなた自身にこう問いかけることでしょう。私たちが永遠に問い続けることを。

どうしてこんなことが起こるのだろう。これほどの憎しみはどこから来るのだろう。なぜ、私たちは神のようになれないのだろう。私たちすべての本質とは何なのだろう。

しかし、それでもあなたは、もっと深く、何かを感じるにちがいありません。あなたは希望を感じるでしょう。ほんの少しずつでも、私たちは、新しい方向に向かっているということを。神の望まれる生き方に向かって動いているのだということを。

イマキュレーは、ただこの物語を伝えるために残されただけではありません。それ以上に、彼女は生きた見本なのです。私たちが、魂の奥深くを見つめ、完全な調和のうちに生きることを選ぶならば、誰でもが彼女のようになれるのだということの。

私は、この物語を世界に向けて知らせるために少しでも役に立つことが出来、そして、イマキュレーの手をとり、彼女の愛と慈悲の光で、ルワンダだけでなくこんなにも長いこと憎しみが居座り続けている世界を照らし出すことに役立てたことを名誉に思います。

この本のために推薦文を書くことは、何と光栄なことでしょう。

私は確信しています。あなたは、私たちが皆そこから創られた大いなる源にほんの少しでも近づくことになるのだと。

私はこの本を愛しています。私はイマキュレー・イリバギザを愛しています。

イマキュレー、私の人生に入ってきてくれてありがとう。

ハワイ、マウイ島にて　ウエイン・ダイアー

著者ノート

この本は、ルワンダの歴史や、虐殺について書いたものではありません。一九九四年の大量虐殺については、たくさんの優れた本が出されています。政治的に、また、どうして起こったかという記録として。

でも、これは私の物語です。

ルワンダ政府の推定では、およそ百日間で百万を超える人が殺されました。私が覚えていることを書いたものです。まるで昨日起こったことのように思い出されます。実際に起こったことなのです。

私は、私と家族については実名で書きました。

でも、この本に現われるほかのすべての人の名前は、変えました。生き残った人たちを守り、憎しみの連鎖を呼び起こさないようにするために。

私は、私たちの命はすべてつながっていると信じています。

ということは、私たちは、他の人の経験から学ぶことが出来るということです。

私は、たくさんの人々の魂の役に立つことが出来たらと祈りながら、この物語を書きました。

ニューヨーク市にて　イマキュレー・イリバギザ

最愛の両親、レオナールとローズ、そして、愛する兄と弟、ダマシーンとヴィアネイ。
あなたたちの無私の愛を、私は決して忘れません。
あなたたちは、天国をより明るいところにすることでしょう。いつまでも愛しています。

最愛の兄、エマーブル。
いっぱいの愛を送ります。語りつくせない傷がいつか癒えることを祈って。

私の新しい家族たち。
ブライアンと可愛い子どもたち、ニッキとブライアン・ジュニア。
あなたたちがくれた新しい人生、愛とインスピレーションによって、
私は完全な形で生まれ変わったのです。

そして、
世界じゅうの虐殺の犠牲者たちに。

生かされて。

目次

第一部 嵐がやってきた

第二部　隠れ家へ

第三部　新しい道

もはや何一つ変えることが出来ないときには、
自分たち自身が変わるしかない

――ヴィクトール・E・フランクル
精神科医、作家、第二次世界大戦のホロコーストから奇跡的に生還。

コンゴ民主共和国
ウガンダ
ビウンバ
ゴマ
ギセニイ
ルワンダ
キガリ
キブ湖
マタバ
キブエ
キブンゴ
ブタレ
ブルンジ
タンザニア
ルワンダ
0 10 20 30 40 50km

私の名はイマキュレー

殺人者たちが私の名前を呼んでいるのが聞こえます。

彼らは、壁の向こう側にいます。

ほんの薄い漆喰《しっくい》と木の壁があいだを隔《へだ》てているだけです。

その声は冷たく、硬く、決意に満ちています。

「彼女はここにいる。ここのどこかにいるのはわかってるんだ。探せ！　イマキュレーを見つけ出せ！」

声は大勢です。大勢の殺人者です。

目を閉じると、彼らが見えます。かつては、私の友達だった人たち、隣近所だった人たちです。いつもやさしく親切に声をかけてくれた人たち。その人たちは今、手に手に槍《やり》や大鉈《おおなた》を持って、私の名前を呼びながら歩きまわっているのです。

「俺は、三百九十九人のゴキブリどもを殺したんだ」と、殺人者の一人が言いました。

「イマキュレーが四百人目だ。なんて良い数字なんだ！」

私は、その小さな秘密のトイレの隅で身をちぢこまらせました。一緒にそこに隠れてい

た七人の女性と同じように息を殺して。殺人者たちが呼吸の音を聞くことがないように。

彼らの声は、私の皮膚の上を這い回ります。まるで、燃え盛る石炭の上に寝ているようです。鋭い痛みがからだを通りぬけ、無数の目に見えない針が私を引き裂きます。

私は、恐怖というものが、このように実際に鋭い痛みとなって人を苦しめるものだとは知りませんでした。つばを飲み込もうとしても、喉は干《ひ》からびて、口の中は、まるで砂のようにからからに乾いています。私は目を閉じ、消えてしまいたいと思いました。

彼らの声はどんどん大きくなっていきます。

私の中で繰り返し声が聞こえます。

「もしつかまったら私は殺される！　もしつかまったら私は殺される！　もしつかまったら私は殺される！」

殺人者たちは、ドアの向こうにいるのです。

今にも彼らは私を見つけ出すでしょう。大鉈が皮膚を破り、骨にまで食い込む時はどんな気持ちだろうと私は思っていました。

私は、兄弟たちや両親のことを考えました。彼らは生きているのだろうか、それとももう死んでしまったのだろうか。もうじき、私たちは天国でまた一緒になれるのだろうか。

私は手を合わせ、父のロザリオを握り締め、心の中で祈り始めました。

「ああ、神様、お助け下さい。こんな風に死なせないで下さい。どうぞ、こんな風には。

彼らに私を見つけ出させないで下さい。あなたは、聖書の中で、私たちが求めれば、願いは聞き届けられるとおっしゃいました。どうぞ、どうぞ、お願いです。あの人たちを去らせて下さい。ここで死なせないで下さい。ああ、神様、お願いです。お願いですから、助けて下さい。助けて下さい」

そうして、殺人者たちは、家から出て行きました。

私たちは、また息をすることが出来ました。

でも、彼らは、三カ月のあいだに、何度も何度もやってきたのです。

私は、神様に助けられたと信じています。

そして、そのクローゼットの大きさほどしかないトイレの中で七人の女性たちとともに恐怖に震えながら過ごした九十一日のあいだに学んだのです。

生かされたということは、ただ助けられたのとはまったく違う意味を持っているのだと。

このレッスンは、私の人生を永久に変えました。

それは、大虐殺の真っ最中に、私を憎み、私をとらえて殺そうとしていた人々をどのように愛し、私の家族たちを殺戮《さつりく》した人々をどのように許すことが出来るかという学びでした。

私の名前はイマキュレー・イリバギザです。

これは、歴史上、もっとも残虐な大虐殺のただ中で、どのようにして私が神を見出したかの物語です。

第一部

嵐がやってきた

第1章　永遠の春

私は天国で生まれました。

私が育ったふるさとルワンダは、中央アフリカに位置する宝石のような小さな国です。息を呑むほどに美しいなだらかな丘や、霞《かすみ》のかかった山々、緑の谷、輝く湖などを見る時、誰もが神の手を感じずにはいられません。

やさしい風が丘から吹き、杉や松の森をぬけ、百合や菊の高い香りを運んでいます。一年じゅう気分の良い天気に恵まれているので、一八〇〇年代の末にやってきたドイツの入植者たちは、永遠の春の国と呼びました。

やがて悪魔の力が大虐殺を起こし、この私の愛する国を血の海にしてしまうことになるなど、まったく想像もつきませんでした。

少女のころの私は、美しい風景や親切な近所の人たち、そして両親と兄弟たちの深い愛だけしか知りませんでした。

人種差別や偏見などということは考えられませんでしたし、人々が違う部族に属しているのだということさえ気づきませんでした。学校に入るまでは、ツチとフツという言葉さ

え聞いたことがなかったのです。

村では、子どもたちは、学校まで片道八マイル(約一二・八キロメートル。一マイルは約一・六キロメートル)の寂しい道を通うのですが、誰も子どもが誘拐されるとか襲われるといった心配をしたことはありませんでした。

子どものころは、暗闇に一人でいるのが怖かったのですが、それ以外は幸せな家庭の幸せな少女でした。尊敬し合い仲良く助け合う人々の、幸せな村に暮らしていたのです。

私が生まれたところは、ルワンダの西に位置するキブエ県のマタバという村です。

私たちの家は、キヴ湖を見下ろす丘の上に建っていました。

湖は、永遠に私たちの足元に広がっているようでした。晴れた朝には、湖を越えて向こう側に隣の国ザイールの山々が見えました。そこは、今では、コンゴ民主共和国と呼ばれています。

子どものころの忘れられない思い出の一つは、家から湖までの険しい坂道を伝い降りる時でした。朝もやが太陽の最初の光で追い払われるころに、父や兄弟たちと泳ぎに行くのです。

水は温かく、風は肌に気持ちよく、湖から見上げる私たちの家はとても素敵でした。

でも、帰る時はいつでも冒険でした。坂は険しく、足の下の泥は柔らかく、崩れやすかったので、私は滑ってそのまま湖まで転げ落ちて行くのではないかとドキドキしていまし

た。

父は、怖がっている私を、家までずっと腕に抱えていてくれました。

彼は大きく強い人でした。その腕の中で、私は、ワクワクしながら、いつでも安全で、愛されていると感じました。古風で、感情を表にあらわすこともめったになく、子どもたちを愛していると言葉に出すこともありませんでしたが、もちろん、私たちには、わかっていました。

水泳から帰るころには、美しい母は、台所でお米と豆の料理を作るのに忙しく、私たちは、毎朝、それを食べてから学校に行きました。

彼女はどんなにエネルギッシュだったことでしょう。

家族の中でいつでも最初に起き、最後に寝るのです。誰よりも早く起きて、家がきちんとしているか、私たちの洋服は準備されているか、本やノートは用意されているか、父の仕事の書類は整っているかなどを確かめるのでした。

私たちの洋服は全部、彼女が縫い、髪を切り、手製の飾り物で家を美しく飾りました。

朝食の料理に使う豆は、家の菜園で育てたもので、いつも母は私たちがまだ眠っているあいだにその菜園を見回りました。穀物の具合を調べ、日中働きに来る人が使う道具を用意し、牛たちや他の動物たちが十分食べているか、水は足りているかを調べていました。

そして、朝のこまごました仕事を片付け、私たちをそれぞれ送り出してから、地域の小

学校まで歩いて行きました。そこで彼女は、フルタイムで先生をしていたのです。

両親は二人とも教師で、貧しさから逃れる最良の方法は、良い教育だと心から信じていました。

ルワンダは、アフリカの中でももっとも小さい国の一つではありますが（ちょうどアメリカのメリーランド州ぐらいの大きさにあたります）、アフリカ大陸のもっとも貧しい国々の中で、一番人口の過密な国の一つでもあります。

父と母は、彼らの一族の中で最初の高校卒業生でしたが、子どもたちには、それよりもっと先までの機会を与えようと固く決心していました。

父は、一生を通じて、懸命に働き、勉強をすることでお手本を示し、多くの表彰を受けて昇進し、小学校の先生から中学の校長にまでなりました。

また、その地域のカトリックの学校全体の主任に任命されました。

ルワンダでは、家族一人一人が違う苗字を持っています。

両親は、子どもが生まれると、それぞれに特別の苗字をつけます。

赤ちゃんが生まれたら、父親か母親がその子をどんな風に感じるかによって苗字がつけられるのです。

ルワンダのもともとの言葉であるキニヤルワンダ語では、私の苗字イリバギザは、心もからだも輝いて美しいという意味です。父が選んでくれた名前です。生まれた瞬間からど

んなに彼が私を愛してくれたかを思います。

父の名前は、レオナール・ウクリキインキンディ。母の名前は、マリー・ローズ・カンキンディですが、みんな彼女をただローズと呼びます。

一九六三年の夏、二人は、共通の友人の結婚式に参列するための旅の途中、私のいとこの家ではじめて会いました。

紹介された時、母は、父のもじゃもじゃ頭をちらりと見て顔をしかめました。

「あなた、その頭で結婚式に出るつもり？」

父は、肩をすくめ、だって床屋が見つからなかったからと言い訳をしました。

そこで母は、どこからかはさみを見つけ出し、父を座らせ、仕事に取り掛かりました。

父はとても気に入ったのでしょう。なぜなら、それ以来二人はもう決して離れることはなかったのですから。

一年もたたないうちに彼らは結婚し、以来父は母以外の誰にも髪を切らせたことはありませんでした。

両親は、教師の仕事を続けながら少しずつお金を貯め、祖父が彼らに残した土地を耕して、豆やバナナ、コーヒーを育て、それを売りました。

父は、自分で設計して家を建てました。西洋の基準から考えればつつましいものですが、それでも私たちの村ではとても立派なものでした。台所があり、食事をするところ

と、居間と、寝室、そしてゲストルームもあり、父は、書斎さえ持っていました。

門のある中庭は、小さな離れに続き、そこで昼間働きに来る人が休みます。

ありがたいことに、離れたところに家畜小屋を持っていたので、牛たちが私たちと一緒に眠ることはありませんでした。

父が、屋根の上に貯水槽をおいて雨を溜めるようにしたので、湖から水を汲んで運んでくる必要がなくなりました。また、太陽発電のパネルのおかげで、夏には一時間は電気が使えました。

家には車が一台とバイクが一台ありました。その地域ではとても珍しいことでした。

父は、黄色いクロスカントリーモーターバイクで遠方の山の中の学校を訪ね、私たちが週末に教会へ行ったり、親戚を訪ねたりするのには、小さな車を使いました。他には、村で車を持っている人はいませんでした。

村の人たちの中には私たちがお金持ちだと思っている人もいましたが、実際は、そんなことはありませんでした。

彼らは父をムズングと呼びました。白人、金持ちという意味です。ルワンダでは、その二つは同じ意味なのです。

母はいつも、父が寂しい山の道で山賊に待ち伏せされやしないかと心配していました。

いつもいつも家族のことを心配するのは母の性質で、家族の誰かが一晩以上家を空ける

と、毎晩ラジオの死亡アナウンスに耳を澄ますという有様でした。

「お母さん、そんなに悪いことばかり考えずに、私たちに起こるすばらしいことを考えましょうよ」と私は言いましたが、効果はありませんでした。

「ああ、イマキュレー、もし誰かがドアをノックして、子どもたちやお父さんの悪い知らせを持ってくるかもしれないと考えるとたまらないわ。とにかく、私はあなたたちの誰よりも先に死にたいわ」

彼女は、たえず、私たちの健康や安全、幸せのために祈り続けていました。

両親は熱心なローマンカトリックの信者でした。もちろん、私たち子どももそれに従いました。日曜にはミサに行き、家では毎夕必ず家族で祈りました。

私は祈ることが大好きで、教会で神様を感じることは喜びでした。とりわけ聖母マリアが好きで、私の二人目の母で、いつでも天国から見守っていてくれると信じていました。どうしてかわかりませんが、祈ることは私を温かく、幸せにしてくれました。

実際、あまりに幸せに感じたので、十歳の時、ある日、学校を抜け出して、友達のジャネットと一緒にクレマン神父を訪ねて行きました。

神父は深い智慧に満ちた老祭司で、父の良い友達でもあり、私にはお祖父さんのような存在でした。

ジャネットと私は、畑を通り、森を抜け、川を歩いて渡り、七マイルもの道をクレマン

神父のところまでたどり着きました。

彼は、流れるような白い服を着て聖人のように見えました。腕を広げて私たちを迎えてくれる胸元に、美しいロザリオが下がっていました。

疲れきって、あえぎながら、汗まみれ、埃《ほこり》まみれの私たちを見て、彼は聞きました。

「どうしたの、子どもたち、何があったの？」

「神父様、私たちは人生を神様に捧げるために来ました」。ジャネットが厳《おごそ》かに言いました。

「ええ、そうなんです、神父様」と私も続けました。「いろいろ考えた結果、私たちは、尼僧になることにしました」

「尼僧に？　ああ、そういうことだったの」と、神父様は真面目な顔でうなずきながら言いました。きっと、今思えば、笑いをこらえていたのにちがいありません。

彼は、手を私たちの上におき、特別な祝福を与えてくれました。

「神よ、この愛らしい子どもたちに祝福を与えたまえ。彼らを見守りたまえ」

それから言いました。「さあ、二人ともお帰り。君たちの十八歳の誕生日が過ぎたら、そして、その時まだ尼僧になりたいと思っていたら、もう一度訪ねておいで」

両親は、キリスト教の黄金の規律を信じ、私たちに、人には親切心と尊敬を持って接す

るようにと教え、村の発展のために奉仕をしました。

父は、週末をボランティア活動に費やし、宗派を問わない教会を作るために建築費用のほとんどを負担したりしていました。

また、貧しい子どもたちのために奨学金制度を作り、そのために、ルワンダにはまだ数少ないコーヒーの会社を作って、利益の中からその基金に寄付をするという条件でコーヒーの栽培のために土地をただで貸していました。

その計画は非常に成功し、地域の集会所や、サッカーの練習場、そして学校に新しい屋根を作ることが出来ました。

母も、また、助けが必要な人を決して放っておかないということで有名でした。

私たちは、他の家族と一緒に住んでいることがよくありました。彼らは、どこか身を寄せるところを必要としていたのです、再び自力で立ち上がれるまで。

仕事が終わった後、母はよく子どもたちに勉強を教えていました。そして、地域の学校の女生徒の制服を縫うためにいつも材料を買っていました。

ある時、私は、近所の人が母に話しているのを耳にしました。

その人は、娘の結婚式のドレスを買うことが出来ずにうちひしがれていたのです。

「ローズ、なんて親だと思うでしょ、娘が新しい人生に乗り出すというのに、古い服のまま送り出すなんて。もしヤギを一匹持ってさえいたら晴れ着を着せてやれるのに」

母は、心配しないで、神様への信仰を持ち続ければきっと用意されると言っていました。

次の日、私は、母が毎月のサラリーの中から貯めていたお金を数えているのを見ました。

それから彼女は村へ行って、腕いっぱいに鮮やかな色の生地を抱えて帰り、一晩じゅうかかって花嫁の衣装だけでなく、他の女性たちの着るものまで縫い上げたのです。

父と母は、村全体をまるで自分の家族のように思っていました。そして、村の人々も彼らを親のように慕っていました。

父は、教育のある、公正な精神の持ち主で人格者という評判だったので、人々は、遠くからでも彼に相談するためにやってきました。

家族の問題、お金の苦悩、仕事上のこと……。地域の紛争の調停や、手に負えない子どもを教育することまで頼まれました。

村で問題が起こると、私たちの家のドアは、何時でも叩かれます。

「レオナール、助けて下さい。あなたの助言が必要です。どうしたら良いか教えて下さい、レオナール」

たとえ何時であろうと、父は彼らを家に招きいれ、答えが見つかるまで相談を続け、いつでも彼ら自身で問題を解決したかのように感じさせるのでした。

母もまた、アドヴァイスを求められました。とりわけ夫との問題で悩む女性たちから。

何年も教師をするあいだに、村人の多くが彼女の教え子になったので、村人たちは母をただ先生と呼びました。

そんな中でも、両親は、自分の子どもたちとも出来る限りの時間を過ごしました。父は、遅くまで働いて、友人とビールを飲んで遅くなった時なども、子どもたちが寝てしまってから帰ってきて、「どこに私の可愛い子どもたちはいるんだ？　小さな可愛い子どもたちは？」と、ちょっとほろ酔いで、でも愛情にあふれて聞くのです。母が叱ります。「もう眠ってますよ、レオナール。もちろん、眠っている時間ですからね。もし彼らに会いたかったら、もっと早く帰ってこなくちゃいけません」

「でも、私は、夕食を一人で食べるのは嫌だよ」と、彼は言って、やさしく私たちを皆ベッドから起こすのです。

私たちは皆、パジャマのままテーブルのまわりに座り、彼が食べているあいだ、一日の話を聞いています。私たちは、そんな時間が大好きでした。

食べ終わると、父はみんなをひざまずかせ、夕べの祈りを一緒に繰り返させるのでした。

「この子たちはみんなお祈りを済ませていますよ、レオナール、みんな明日学校があるんですよ」

「わかったよローズ、私だって明日仕事がある。だけど、祈りが多すぎるってことは決してないんじゃないのかい、イマキュレー？」

「ええ、パパ」と、私は恥ずかしそうに答えます。私は父を偶像化していて、それほど重要な質問をしてくれたことに天にものぼる心地でした。なんてすばらしい魔法のような時間だったことでしょう。父の厳しい顔がほころんで、私たちへの愛が見て取れる瞬間でした。

うちには、四人の子どもがいました。私と三人の兄弟たちです。一番上は、エマーブル・ツカニャグエ。両親が結婚した翌年の一九六五年に生まれました。小さな子どもの時から、彼は、家族のうちでもっとも重要なメンバーでした。あまりにも静かで考え深かったので、私たちはよく冗談で家族の中の牧師と呼んでいました。母は、エマーブルが大のお気に入りでした。でも、彼は控えめで恥ずかしがりで、母の愛情表現に戸惑っているようでした。

とてもやさしく、暴力が大嫌いで、他の男の兄弟が、家の中で騒ぎ回ったり喧嘩をしたりしていると、中に入って仲裁し平和をとりもどさせるのでした。

父が家にいない時には、自分が代わりになって、私たちがちゃんと宿題をやっているか、夕方のお祈りを忘れていないか、ちゃんといつもの時間にベッドに入ったかを確かめ、遅くまで起きて、ドアが閉まっているか、家は夜中安全か見て回りました。

年以上に大人びて見え、いつも、今日はどんな日だった?と私に聞くのを忘れることは

ありませんでした。勉強は進んでいるか、友達とはうまくいっているか……。

エマーブルと私のあいだには五歳の開きがあります。彼が寄宿学校に入るために家を離れた時、私はまだ七歳でした。

それ以来、私たちが会ったのは、休暇の時か、特別の家族の集まりの時だけでした。私は、彼が出発した日にひどい腹痛を起こしました。彼の学校は近くの町にあったのですが、まるで月にでも行ってしまうように感じたのです。

愛する人を失うことが、実際に物理的な痛みになることを感じた最初の出来事でした。それから数日して、父が、子どもたちを座らせて彼に手紙を書かせた時、私には二つの文しか思い起こせませんでした。私は書きました。

愛するエマーブル

大好きです。寂しいです。大好きです。寂しいです。大好きです。寂しいです。大好きです。寂しいです。大好きです。寂しいです。大好きです。寂しいです。大好きです。

イマキュレー

追伸　寂しいです。

父は読むなり笑い出しました。

「お前は、おばあさんのところを訪ねたことをちっとも書いていないじゃないか。それに他の兄弟たちがどうしているかも。もう少し起こったことを書いて、大好きと寂しいを少なくして、もう一回書いてごらん」

「でもお父さん、それが私の今の気持ちなんですもの」

私は、どうして父が兄をそんなに愛してはいけないと言ったのか、わかりませんでした。

それからというもの、父はしょっちゅうその手紙のことで私をからかいました。

エマーブルが生まれて二年後に、もう一人の兄が生まれました。彼の名前はダマシーン・ジャン・ムヒルワです。頭が良く、いたずらずきで、ユーモラスで、寛容で、非常に親切で、会った人は誰もが彼を大好きになります。

彼は私を毎日笑わせます。私が泣いていると、どうしたら涙を止めさせることが出来るかを知っているのです。

ダマシーン。今でも彼の名前を口にするたびに、微笑んでしまうか、泣いてしまいます。

彼は私より三歳年上です。でも、私は、何だか双子のような気がしてしまうのです。

彼は私にとっては、もっとも大切な親友でソウルメイトです。

落ちこんでいる時にはいつも、必ず気分を明るくしてくれます。

母が、男の子たちがサッカーをしているのに私にだけ庭を掃除させ、私がかんかんに怒っていた時のことです。

ダマシーンは、ゲームをやめて仲間を離れ、私を手伝いに来たのです。なんとスカートを履《は》いて！「女性の仕事は決して終わらない」と、甲高い声で歌いながら、熊手を手にして、おなかが痛くなるまで私を笑わせ、午後じゅう私と一緒に働いてくれました。

しょっちゅうあったことではありませんが、たとえ彼が何か悪いことをした時でも、物事は良い方にいくのでした。

十二歳の時、彼は、内緒で、父の車を〝借りて〟運転の練習をしました。

いつもなら、父はこうしたことにとても厳しいのですが、これを知った時には、ただ黙ってダマシーンを抱きしめただけでした。

それからしばらくして、父が仕事で村を離れていた時、母がひどい喘息《ぜんそく》の発作を起こし、床に倒れて意識を失い、呼吸することも出来なかったことがありました。

ダマシーンは、母を抱え上げ、車に運び、後ろの席に寝かせ、一番近い病院まで九マイルの距離を運転したのです。

途中で二頭の牛と、三匹の山羊と何人かの近所の人たちにぶつかりそうになりながらも、とにかく彼は病院にたどりつきました。間に合ったのです。

お医者様は、その時病院に来なければ、母は間違いなく死んでいただろうと言いまし

家の前に並んだ私の家族。左から、父、母、エマーブル、ダマシーン、私、ヴィアネイ

た。

ほとんど例外なく、ダマシーンに会った人は彼を好きになります。明るい微笑みや快活な気分がまわりを明るくするのです。

クラスの人気者で、同時に、学校の最優秀の生徒の一人でした。そして、その地域で最年少で修士号を獲得しました。

彼はいつも勉強していました。でも、空手で黒帯を取り、高校と大学ではバスケットボールチームのキャプテンを務め、また、私たちの教会の司祭助手のチーフでもありました。

彼が寄宿学校に入るために家を離れた時には、私は一週間涙が止まりませんでした。もう決して笑うことはないのではないかと思ったほどでした。

彼は私の人生の光でした。

そして、私たち家族の赤ちゃんは、ジョン・マリ・ヴィアネイ・カゼネザ。私の三年後に生まれた小さな弟です。

ヴィアネイは、大きな目をした無邪気な子でほんとに可愛かったのですが、うるさい子でもありました。年下の兄弟というものは、きっと誰もそうなのでしょう。

成長するにつれて、彼は、ハンサムで背の高い青年になりました。私を見下ろすほどでしたが、私にとっては、いつまでも小さい弟で、私はいつでも彼を見守る責任があると思っていました。

彼は、まるで子犬のように、どこに行くにも私に付きまとって離れませんでした。

私は三番目の子どもで、ただ一人の女の子でした。

ルワンダの文化では、良い評判がとても大切で、両親は、たった一人の娘が非の打ち所のない評判を持ち続けられるように、非常に注意深く見守っていました。

兄弟たちよりも私にはずっと厳しく、家の仕事はより多く、門限はより厳格で、着るものも慎重に選び、どんな友達と付き合うかにも目を光らせ、よく勉強し、よい成績をとるように、魂を成長させるように、そして大人しく控えめでいるようにと言い続けました。

その私が、長男エマーブル以外ではたった一人、家族の物語を語るメンバーとして残されたのですから、なんて皮肉なことなのでしょう。

第2章　立ち上がる

「ツチは立て」

四年のクラスのうち、六人のツチの子どもたちがとびあがり、六個の椅子が床にこすれる音が響き渡りました。

それまでずっと母のいる学校に行っていたので、一体何が起こったのかわかりませんでした。私は十歳で、年上の子どもたちのための学校での最初の日のことでした。どうして良いかわかりませんでした。それまで、先生が人種を分けて呼び上げるところは見たことがなかったのです。

「ツチは全部、すぐに立て」

私たちの先生のブホロが叫びました。

彼は、大きな鉛筆で生徒名簿にしるしをつけています。その手がとまり、まっすぐに私を見据えました。

「イマキュレー・イリバギザ。お前は、フツを呼び上げた時に立たなかったな。ツワを呼んだときにも立たなかった。それなのに、今、私がツチと言った時にも立たないというの

は、一体どういうことなんだ」

　ブホロは笑っていました。でもその声は、硬く、意地の悪い響きでした。

「わかりません、先生」

「お前の部族は何なんだ？」

「知りません、先生」

「フツか、ツチか？」

「ええ、あのう、わかりません」

「出て行け！　この教室から出て行け！　自分が何なのかわかるまで帰ってくるな！」

　私は、ノートをまとめて教室を出て行きました。恥ずかしさに真っ赤になって。

　本当に知らなかったのですが、その時はじめて、ルワンダの人種の壁の最初の洗礼を受けたのです。嫌な気づかされ方でした。

　私は校庭に走って行き、藪《やぶ》の後ろに隠れ、兄のダマシーンが授業が終わって出て来るのを待とうと思いました。涙がこぼれてこないように頑張りましたが、でも、青い制服がびしょびしょになるまで泣いてしまいました。

　私にはわかりませんでした。何が起こったのか。教室に戻って親友のジャネットに一体どういうことなのか教えて欲しいと思いました。

　彼女は、先生がフツと呼んだ時に立ち上がりました。彼女ならきっと、先生が何で私に

対してあんなに意地悪なのか知っているかもしれないと思ったのです。

私は、藪の中にうずくまり、ダマシーンが私を見つけるまで待っていました。

「誰がお前をいじめたんだ？　イマキュレー」

兄は聞きました。十三歳でしたが、とても頼もしく見えました。ダマシーンはいつでも私の守り神で、私がいじめられたりしたら、すぐに飛んで来て戦ってくれるのでした。

私はブホロが言ったことを話しました。

「ブホロはいやな奴だ」と、兄は言いました。「でも心配するな。次の部族点呼の時は、僕がするようにするんだ。友達と一緒に立つ。友達のジャネットが立ったら立つんだ」

「ジャネットはフツと言った時に立ったわ」

「じゃあ、フツと言われた時に立てば良いさ。もしそれが友達のものなら、僕たちだってそうに決まってるさ。みんな同じなんだから、そうじゃないかい？」

ダマシーンも私と同じように、ルワンダの部族制については何も知らなかったのです。考えれば奇妙なことでした。私たちは、その地域でももっとも教育程度が高い子どもたちだったのですから。

毎日、学校が終わると、一時間半の自由な時間の後で、母の監督のもとに居間に集まり、宿題をしなければなりませんでした。

父は、夕食前の一時間、部屋の真ん中に教室と同じサイズの黒板を置いて、数学、文

法、地理などをチョークを使い、教えてくれました。

でも、両親は、私たち自身の歴史については何も教えませんでした。

私たちは、ルワンダが三つの部族から成り立っていることも知りませんでした。

多数派のフツ、少数派のツチ、ごく少数の、森に住むピグミー族に似たツワ。

ドイツの植民地になった時、また、ベルギーがその後を継いだ時、彼らがルワンダの社会構造をすっかり変えてしまったということも知りませんでした。

それまで、ツチの王が統治していたルワンダは、何世紀ものあいだ平和に仲良く暮らしていたのですが、人種を基礎とした差別的な階級制度に変えられてしまったのです。

ベルギーは、少数派のツチの貴族たちを重用《ちょうよう》し、支配階級にしたので、ツチは支配に必要なより良い教育を受けることが出来、ベルギーの要求に応えてより大きな利益を生み出すようになりました。

ベルギー人たちが人種証明カードを取り入れたために、二つの部族を差別するのがより簡単になり、フツとツチのあいだの溝はいっそう深くなっていきました。これが、フツの人たちのあいだに絶え間ない恨みとして積み重なり、大虐殺の基盤になったのです。

けれど、ツチが独立のために動き出した時、ベルギーはツチに背を向け、一九五九年には血にまみれたフツの反乱を煽動して王政を転覆させ、十万人を超えるツチが復讐のために殺されました。

そして、ベルギーが一九六二年にルワンダから引き上げたころには、フツが政府を完全に掌握し、ツチは第二国民として、迫害や、暴力、フツ過激派による無差別の殺戮《さつりく》にさらされることになったのです。

この数十年に、何十万もの人が死にました。虐殺はしょっちゅうあり、暴力は周期的に起こり、いつも人種差別がありました。フツ政府がベルギー統治時代を踏襲した人種証明カードの制度は、差別をよりあからさまにしました。

でも、両親は、私たちにこうした歴史を教えようとはしませんでした。決して、人種差別や虐殺、人種の浄化、そして人種証明カードについても話しませんでした。

私の家では、人種、宗教、部族などは関係ありませんでした。両親は、フツでもツチでも、良い性格で、親切な人間であれば誰でも歓迎しました。

でも、彼ら自身は、フツの過激派による恐ろしい経験をしていました。

振り返ってみると、おぼろげに思い出すことがあります。

私はまだ三歳で、一体何が起こったのかわかりませんでした。でも、夜空を焦がす炎を覚えています。母が私をしっかり抱きしめ、私たちは、家から逃げ出しました。

一九七三年の革命の時です。多くのツチが、家から追われ、路上で殺されました。

フツの過激派がツチの家に次々に火を放ち、私たちは、キヴ湖を見下ろしながら、炎が丘を上がってくるのをじっと見ていました。

私たちは近所の家に逃げ込みました。彼らはフツでしたが、ルタカミゼという良い友人で、殺戮と放火の嵐が収まるまで私たちをかくまってくれました。

家に帰った時には、まだ煙をあげている焼け跡が残っているだけでした。

両親は、家をまた建て直しましたが、決して何があったかについては話しませんでした。

同じような反ツチの暴力が吹き荒れた一九五九年にも、彼ら自身が生命の危険にさらされていたにもかかわらず、彼らがフツを悪く言う言葉は一度も聞いたことがありません。

彼らは差別をしませんでした。部族や人種に関係なく悪魔が人々をそのような行動にかりたてているのだと言い、社会がどんな状態になっているのかを無視し、私たちには、すべての人は平等に生まれたのだと教えました。

ツチに生まれたということだけで、劣っていると思って欲しくなかったのでしょう。ですから、先生のブホロが、私が自分の部族を知らないと言って怒った時に、私は何が何だかわからなかったのです。

その日、ダマシーンは、肩を抱いて家まで私を連れ帰りました。二人とも、何か不吉なことが起きていると感じてはいましたが、それが何だかはわかりませんでした。

その夜夕食の時に、私は、何が起こったかを父に話しました。

父はしばらく黙っていましたが、どれほど長く私が教室から出されてから藪の中にいた

のかと聞きました。

「ほとんどその日いっぱいよ、お父さん」

父はフォークを置いて食べるのをやめてしまいました。怒っているしるしでした。

「明日、お父さんがブホロと話すから」と、父は私に言いました。

「でも、お父さん、私はどの部族なの？」

「ああ、それは今心配しなくてもいいんだよ。明日話そう。先生に話をした後でね」

私は、なぜその時に話してくれないのか聞きたかったのですが、目上の人に口答えをしてはいけないと教えられていたので黙っていました。

彼は父親です。彼がはっきり言わない時には、きっとそれだけの理由があるはずです。でも、私は不満でした。どうして誰もかも、部族の話になるとそんなに興奮するのか、どうしてもわかりませんでした。

次の日、父は先生に話しに行きましたが、約束してくれたように何が話されたのか、私の部族は何なのか話してはくれませんでした。

私は、次の週にブホロがまた部族点呼をするまで、結局何も知らされませんでした。

「イマキュレー、ツチと呼ばれたら立ちなさい」

私は微笑みました。ええ、私はツチなんだわ。けっこう！

ツチであるってどういうことなんでしょう。私はとても誇らしく思いました。

でも私は、まだ、ツチとフツの部族のあいだにどんな違いがあるのかわからなかったのです。

ツワは、彼らの低い身長から簡単にわかりますが、ツワが学校に来ることはめったにないので、ほとんど見たことがないのです。

ツチとフツの違いを見分けるのはもっと大変です。

ツチは、背が高く、色があまり黒くなく、細い鼻をしていると言われています。一方、フツは、背が低く、色が黒く、平たい鼻をしていると言うのですが、そんなことはちっともあてになりません。フツとツチは何世紀にもわたって人種間の結婚を繰り返してきたので、遺伝子は大いに入り混じってしまっているのです。

フツとツチは同じキニヤルワンダ語を話し、同じ歴史を共有し、同じ文化なのです。同じ歌を歌い、同じ土地を耕し、同じ教会に属し、同じ神様を信じ、同じ村の同じ通りに住み、時には同じ家に住んでいるのです。

子どもから見れば（少なくとも私から見れば）、みんな仲良くやっています。

フツの友達ジャネットと私が、おたがいの家でどんなにしょっちゅう夕食を食べ合ったかは、数え切れないほどです。

私が唯一、ルワンダには異なる部族があると思わされたのは、毎週一度、部族点呼で立たされる時だけでした。

もちろん気分が良いことではありませんでしたが、それほど気にもなりませんでした。人種差別の意味が、私にはまだわかっていなかったのですから。

でも、それも高校に入るまでのことでした。

十五歳になった八年生の時の成績は、六十人のクラスの二番目でした。平均点は九四点で、一番の生徒より二点だけ下でした。一番もツチの男の子でしたが、二人は、クラスの他の生徒と比べて、はるかにぬきんでていました。

当然奨学金の対象になり、その地域の最高の公立高校に入れるだけの成績でした。

私は、学期の終わりに、新しい制服を着ているところを想像し、家を離れて全部フランス語で授業を受ける良い学校で勉強するのはどんな気持ちかしらと考えていました。

高校の後は大学に行こうと思っていました。それから後は……。もしかしたら、パイロットになるかもしれないし、大学の先生かもしれません。心理学者になるということもあるでしょう。

そのころには、すっかり尼僧になるという考えは消えてしまっていました。

両親は、一生懸命勉強し、固い決意があれば、マタバのような小さな村の女の子だって、きっと何かしら重要な人物になることは出来るのだと教えてくれていました。

そんなことはみな、はかない夢に過ぎないなんてどうして私に考えられたでしょう。あの毎週の部族点呼が不吉な目的を持っていたなんて知らなかったのです。

人種のバランスと呼ばれる、ツチの子どもたちを分け隔てるための人種差別計画は、ジュベナル・ハビアリマナによって進められました。

一九七三年に革命で権力の座に就いたフツの大統領で、学校の生徒数や政府関係の仕事数は、国の人種の割合にあてはめると宣言したのです。

ルワンダの人口の八五％はフツ、一四％がツチ、残る一％がツワでした。

要するにこのプランは、ツチを高校からも、大学からも、収入の良い職場からも追い出して、ツチを第二国民に格下げするためのものなのです。

私はこの政策の本当の意味を、高校が始まる数週間前に思いしらされました。

家族で夕食をとっている時、近所の人が立ち寄って、村のホールに貼り出された奨学金のリストに私の名前はなかったと告げました。良い成績だったにもかかわらず、ツチというだけで私は外されたのです。

そのほかにも可能性のありそうなすべての場所は、もっと低い成績のフツの子に全部行ってしまいました。一番だったツチの男の子も、私と同様、外されていました。

父は、椅子をテーブルから離して、目を固く閉じると長いあいだ黙ったままでした。

私は、両親には私を私立に入れるだけの余裕がないことを知っていました。公立の十倍もお金がかかる上、二人の兄はまだ学校に在学中でしたし、家計は苦しかったのです。

その上、私立高校のレベルは、政府に支えられた公立に比べるとはるかに低く、先生の

質も悪く、授業内容も劣り、建物はみすぼらしく、施設も貧しいものでした。

「心配しないで、イマキュレー。お前が勉強できるよう、きっと方法を見つけるからね」

父はやっとそう言うと、夕食も食べ終わらずに彼の部屋にこもってしまいました。

「あきらめないでね」と、母も私を抱きしめながら言いました。

「みんなで祈りましょう。さあ、ご飯を食べて」

夕食の後、私は部屋に閉じこもり、泣きました。学校で全力をふりしぼって勉強してきたのは、より高い、良い教育を受けるためだったのですから。

一体何が私を待っているのだろうと考えると、身震いしてしまいました。

この国で、教育のない独身の女性がどんな風に扱われているかを私は見てきました。何の権利もなく、何の展望もなく、何の尊敬もされないのです。高校の教育すらなければ、ただ家にじっとして誰かが結婚を申し込んでくれるのを待つしかないのです。

私の将来は真っ暗に見えました。そして、私はまだたったの十五歳だったのです。

次の朝、朝食の席に父はいませんでした。

「お父さんは、奇跡を起こそうとしているんですよ」と、母が説明しました。

「どこか私立であなたが入れるところがないか見に行ったのよ」

「でもお母さん、すごく高いんですもの、そんな……」

「シーッ！」と、母は私を黙らせました。「希望を捨てちゃダメって言ったでしょ？」

父は夜明け前に、飼っていた三頭の牛のうち二頭を売りに出かけたのでした。ルワンダの文化では、牛は地位の象徴で、非常に大切なものなのです。それを二頭も売ることは、経済的な破綻につながることを意味しました。

でも、父は、私に教育を受けさせることを決意したのです。

彼は牛を売ったお金を手にして九十マイル南に車を走らせ、新しく建てられた私立の学校まで行って、初年度の授業料を現金で支払ったのでした。

父は感情を表現するのが下手でしたが、私たちへの愛を隠すことは不可能でした。

数週間後に、私は荷物をまとめて出かけました。

ジャネットは私を抱きしめ、私たちは泣いて、手紙を出し合うことを約束しました。

母は、涙をこらえて何度も何度も私にキスをしました。

ヴィアネイは、今ではたった一人残った子どもになってしまいましたが、彼の部屋にこもって、別れの挨拶をさせてくれませんでした。

父が、私を連れて車に乗り込むと、たくさんの近所の人が別れを告げに出てきました。

私の胸はマタバを離れる痛みで破れそうでしたが、同時に新しい生活をスタートすることでワクワクしていました。

新しい学校に着いた時、私はがっかりしてしまいました。

寄宿舎の部屋は狭く、床はセメントで、消し炭《け ずみ》色の壁は、そこに何か気分を明るくする絵でも描きたくなるようでした。

夜は、十人の女の子とからだを寄せ合って一枚のマットレスに寝なければなりませんでした。

水道はなく、毎朝、バケツを手に二マイル歩いて、顔やからだを洗ったり料理をしたりする水を汲みに行くのでした。

どんなに自分のベッドと、母のお米と豆の料理が恋しかったことでしょう。

でも、状況がどんなにひどくても、私は学校を辞めて両親に私を連れて帰って欲しいとは頼みませんでした。そして、自分の専攻を決める時には、あえてもっとも難しい科目を選びました。数学と物理でした。

両親を喜ばせたいというだけではなく、兄弟たちに私を証明したかったのです。

ルワンダの男性の典型として、彼らはよく、女性は台所にいるのがふさわしいと私をからかうことがありました。彼らをぎゃふんと言わせてやろうと思ったのです。

二年が過ぎました。そして、私は、その学校の最優秀の生徒の一人になりました。

政府が、公立に入りたい生徒のために特別な試験をすると告知した時、私は、それを受けることにしました。心の底では、この国ではどんなに高い点を取ったところできっとダメにちがいない、ツチというだけで外されるのだからと思っていたのですが。

それにもかかわらず、私は一生懸命に勉強をし、試験には非常に良い成績で通ったことを確信していました。

でも数週間、まったく何の知らせもなく、私はつとめて忘れようとしました。

数カ月がたち、私は夏の休暇で家にいました。そこにダマシーンが飛び込んできて、大声で叫んだのです。

「イマキュレー、イマキュレー・イリバギザ！　たった今、リストを見たところだけど、君は試験に受かっていたよ。アフリカ・ノートルダム・リセに入れるんだ。ルワンダで一番良い学校の一つだよ。それに、僕の学校のほんの近くなんだ！」

家族は居間にいたのですが、みんな大喜びでした。

私は、椅子から飛び上がって叫びました。「ああ、神様、ああ、神様」

そして、十字をきりながら床の上を踊り回りました。

母は涙を浮かべ、父は叫んでいました。

「何て嬉しいことだ！　人生で最高に嬉しいことだ！　毎日毎日この二年間、お前が学校に行けるように祈っていたかいがあった。神は祈りをお聞き届け下さったのだ」

「君が頭が良いということなんだ、たとえ女の子だとしてもね」と、エマーブルが笑い出しました。彼がどんなに私のことで幸せに思っているかがわかりました。

ダマシーンは、美しい微笑を浮かべていました。

私は、嬉しさで爆発しそうでした。

その夜は、家族でお祝いのパーティをしました。私のそれまでの人生の中でもいちばん嬉しいお祝いでした。

リセは、女子の学校としては最高で、この国の高い地位の政治家たちもここで学んでいました。ルワンダの少女にとっての最高の教育を得られるばかりでなく、これで、もう両親は私立学校の授業料のことで苦しむ必要がなくなったのです。

たった一つ気にかかるのは、学校は遠いギセニイ県にあることでした。マタバからは車で四時間かかり、ツチに対して敵意をむき出しにするフツの地域にあって、途中もとても危険なところなので、両親はめったに訪ねてくることが出来ないのです。

「心配しなくても大丈夫だよ。女学校なんだから」と、ダマシーンは言いました。

「きっと大きな塀があって、守ってくれる警備員がたくさんいるはずだよ。僕の学校は近いから、一カ月に一度は訪ねて行けるよ」

そのリセをはじめて見た時から、私は大好きになりました。

建物は広く、美しく、ぴかぴかで清潔でした。教室は明るい色のペンキで塗られ、校庭には色鮮やかな花が植えられ、建物は、高い塀に守られていました。

私は幸せでした。尼僧が、食事の前と後には必ず皆で祈るのだと話したので、父もきっ

と満足だったと思います。

最初に友達になったのは、サラという名前のフツの少女でした。私たちは、姉妹のように親しくなり、彼女は、私をキガリの彼女の家族に引き合わせてくれました。

そこはルワンダの首都で、私のような小さな村の出身者には見るもの聞くもの珍しく、驚くことばかりでした。

とりわけ、はじめて飛行機を見た時には本当にびっくりしました。

サラと私は、夜に空港に行ったのですが、滑走路は蛍光色にきらめき、大きな飛行機が着陸する時には、赤や緑や白に光が炸裂《さくれつ》し、耳を聾《ろう》する物すごい音には、ぽかんと開けた口が閉まりませんでした。

「うわあ見て、見て!」。何を見ても叫んだので、サラはたまらずに笑いこけていました。

もう一人、最初の日に私が出会った友達はクレマンティーヌという名前でした。滑らかな肌と美しい瞳の、アメリカの雑誌に出てくるモデルのような美しい女性でした。

彼女は、新入生徒の一群の中で私を見つけると、近づいてきました。私は、他の誰よりも背が高かったのですが、彼女も六フィートはありました。私たちは、その背の高さから、おたがいにツチだとわかったのでした。

「何であなたのように綺麗なツチの少女がこんなに北の方までやってきたの?　塀の向こ

う側は、みんな敵のようなフツに囲まれているこんなところまで？ 私たち一緒にいて、まわりに気をつけなくちゃいけないわ」

私たちは、会った瞬間から気が合うとわかりました。

クレマンティーヌの言ったことはその通りでした。

学校の敷地から出ることはとても難しく、出れば出たで、こんどはじっと見られていて、脅迫するような声でツチ、ツチとささやき合っている声が聞こえてきました。

学校では、教会で生徒たちと地域の人たちがミサで一緒になることがないように気をつけ、キャンパスを離れる時は、必ず警備員が一緒にいることと厳しく決めていました。

外では身の危険がありましたが、でも学校の中では、私は一度も人種差別を感じることはありませんでした。先生は部族点呼など決してやりませんでした。ほとんどの少女はフツでしたが、私たちは皆、家族のように仲良く暮らしていました。

私は、キャンパスにいつもいて、懸命に勉強しました。ホームシックを感じないように。両親と兄弟たちが恋しくて、ヴィアネイがうるさく付きまとうのさえ懐かしく思えるのでした。

小さな弟は、私が家から離れて数カ月後に、とても感動的な、厄介な手紙をくれました。

彼は私が恋しくて、いなくなってからは眠れなくなり、時々、部屋から部屋へと歩き回る幽霊を見るようになり、恐ろしさに家から走り出してしまうのだと言ってきたのです。

胸が痛みました。確かに、ヴィアネイと私は、家ではしょっちゅう喧嘩をしていましたが、でも、私は、彼にとって私がどんなに重要な存在かに気づいたのです。

私は、彼を一人残してきたことに罪悪感を感じ、きっと良い姉になろうと誓いました。

ダマシーンは約束通り、一カ月に一度は私を訪ねてきてくれました。

私たちは、芝生に座って、長いあいだ話し続けました。彼はいつでも私に良いアドヴァイスをしてくれました。とりわけ、勉強のことに。

「祈るんだ、イマキュレー。宿題や、試験の前に。そうして必死に勉強するんだ」

私は、彼の言う通り、特に数学の試験の前には一生懸命祈り、トップの成績を維持しました。

ダマシーンが訪ねてくると、いつも友達は、私がそんなにも親密に話し込んでいるあのハンサムな青年は誰なのかと大騒ぎをしました。

「あれは、私のお兄さん、ダマシーンよ」と、私は、誇らしく思いながら言いました。

「そんなの嘘よ。自分の兄弟とあんなに仲良く出来るわけないじゃない。あなたは、心から一緒にいるのが楽しいように見えたわ」

私は、ダマシーンと一緒にいられたことを、本当に幸せだと思いました。

第3章　より高い学び

リセでの生活は、最終年に戦争が起きるまではとても快適でした。それは、一九九〇年の十月の最初の日で、美しく、晴れた午後でした。私は、クラスメイトたちと社会科の授業が始まるのを待っていました。なぜ先生がそんなに遅いのかといぶかりながら。

ガヒギ先生は、親しみやすい人で、私がそれまで会った人の中でも、もっとも穏やかな人の一人だったので、やっと彼が現われ、手をきつく握り締め、生徒たちの前を行ったり来たりし始めた時には、私たちは、何か悪いことが起こったにちがいないと思いました。一人の生徒が彼に何が起こったのかと聞いたのですが、先生はそれにも答えず、行ったり来たりを繰り返していました。

もしかしたら、その夜に予定されていた映画上映がキャンセルになったのかと思ったのですが、それは、もっと大変なことでした。

学校では、ラジオを聞くことは許されていなかったので、外の世界で何が起こっているかを知る機会はなかったのです。

「今わかったんだが、この国は攻撃されているんだ」

ガヒギ先生は陰鬱《いんうつ》な調子で口を開きました。

「非常に深刻で、きっと長引くにちがいない。私たちみんなにも影響があると思う」

クラスはシーンと静まり返りました。

一瞬後、誰も彼もがいちどきに話し始め、大声で質問を始めました。

誰がルワンダを攻撃しているんですか？　何のために？

「ウガンダにいるツチの解放軍が国境を越えてやってきた」と、彼は答えました。

「彼らは、主にルワンダからの避難民の子どもたちだ。彼らが結束してこの国に帰ってくるために戦っている。北の方では、すでに解放軍と政府軍とのあいだに戦闘が起きているそうだ」

ガヒギ先生は、質問の一斉射撃を浴びました。

「ツチは何が望みなんですか？」「なぜ、私たちを攻撃するんですか？」「もし彼らがここに来たら、私たちどうなるんですか？」

私は、首の後ろに刺すような視線を感じて、机の下にもぐってしまいたくなりました。

クラスには五十人の生徒がいましたが、そのうち四十七人はフツでした。

それは、ツチであることを恥ずかしく思った最初の事件で、私は、他の二人のツチの少女を見ることさえ出来ませんでした。はじめて一人ぼっちだと感じました。

「解放軍は、ルワンダ愛国戦線のもとに集まった兵隊たちだ。このツチの政治団体は、何年も前に国を離れて、政府は彼らの帰国を禁じている。彼らは実際外国人だ。彼らが、ルワンダに帰ってきて政府を倒すために戦争を仕掛けてきているんだ」

私は、ルワンダ愛国戦線、即ちRPFのことも、また、彼らが単にフツの政府を転覆《てんぷく》させるためだけに戦っているのではないことも知っていました。

彼らは自由で平等な国に住むことを望んでいるのです。

RPFの兵士たちはほとんどが、ツチの避難民、あるいは、その子どもたちでした。一九五九年と一九七三年の大虐殺の他にも、フツの過激派がツチの大虐殺を始めるたびに、何十万人ものツチがルワンダから逃げ出して難民になっていました。

ガヒギ先生は、解放軍の兵士たちを外国人と呼びました。彼らは、ウガンダやザイールといった近隣諸国で成長していたからです。でも、それは、ひとえに、ハビアリマナ大統領が避難民の帰還を禁ずる法律を作ったからなのです。

ツチの流浪の民は、祖国の土をただの一度も踏むことなく成長するのです。

ガヒギ先生は、言葉には出しませんでしたが、ツチがフツの過激派に対して戦いを挑《いど》むたびにどんなことがあったかをよく知っていました。

「ツチにとっては、非常に困難な事態になるだろう。一緒に祈ろう。政府と解放軍のあいだにおたがいを認め合う協定が結ばれて、無益な殺戮が避けられるように」

少女たちは、その戦争のことと、もしここにツチの兵隊たちが来たら何をするだろうということを大声で話し始めました。

私は他のツチの二人の少女たちと一緒に静かに座っていました。出来るだけ、他の少女たちの注意を引かないようにと祈りながら。

でも、私の気持ちは、次第に怒りに変わっていきました。私たちツチがどんなに不公平に扱われてきたかを思い浮かべたのです。

私は、心の底でRPFを応援しました。解放軍が政府軍を破り、この差別を終わらせてくれたらどんなにいいでしょう。

でも、やがて怒りは恐怖に変わりました。私の村と家族たちはどうしているかと思ったのです。私は目を閉じ、祈りました。どうぞ家族が無事でいますように。彼らなしに、私はどうして生き残ることが出来るでしょう。

多くの生徒たちは、北の方に親戚を持っていましたが、そこが最悪なところだったので、学校は、何が起こっているかを知るためにラジオを聞くことを許可しました。

でも、ラジオはほとんどが憎しみをかきたてるだけのものでした。

アナウンサーは言います。解放軍は、動物のように森に住み、人肉を食べ、猿と一緒に暮しているのだと。あまりに邪悪なために、その頭には角が生えていると。

ルワンダ人は、十分気をつけるように。解放軍のゴキブリどもは、ずるがしこく、いつ

どこで襲ってくるかわからない。

こうした報道は、すでにパニックになっていた少女たちの想像力をいっそうかきたてました。中の一人は、あまりに興奮して、もう少しで私を殺すところでした。

寮母の一人だった尼僧のダニダも、そうした解放軍の姿をすべて信じ込みました。ある晩、外にあるトイレに行かなくてはならなかった私は、帰ってくる時に彼女を起こしてしまったようです。寒い夜で、私は、頭のまわりにスカーフを巻き、暖かくするために大きなパジャマを着ていました。

きっと恐ろしそうに見えたのでしょう。寮のドアを開けて中に入ろうとしたとたんに、ダニダがすごい勢いでドアをしめ、寮全体に響き渡る金切り声を上げました。

「助けて！ 助けて！ ああ、神様、お助けください。RPFの兵士が……。私たちを殺そうとして、私たちを食べようとして……。頭には角が生えているわ」

私は、ダニダの叫びを聞きました。そして、静かに言いました。

「ダニダ、私です。イマキュレーです。兵隊なんかじゃありません。角なんかありません。スカーフをしているだけです」

その時、砂利を踏みならしてこっちに突進してくる足音が聞こえました。

暗闇の中を、学校で一番大きく強い警備員が突進してきます。その手には、私の心臓めがけてぎらぎら光る槍が握られていました。へなへなと地面に倒れこんだ私のほんの数イ

ンチ先で彼は踏みとどまりました。

「なんてこった！　イマキュレー、もう少しで君を殺してしまうところだったじゃないか！　一体誰がこんな大騒ぎを起こしたんだ？」

そのころには、寮のすべての少女たちが叫び声を上げていて、私は、その騒音の中で彼に説明するのに、まけずに大声で怒鳴らなければなりませんでした。

何人もの警備員が、少女たちをなだめ、落ち着かせ、ドアを開けても大丈夫だと説得するのに少なくとも三十分を費やしたのですが、彼女たちはドアを開けるのを拒絶しました。

ついには、学校の責任者が、マスターキーを使って開けるために呼ばれました。中に入ると、彼は、想像で動くことの危険について長いお説教をしました。

でも、学校における緊張の全部がただ想像力のためというわけではありませんでした。ある日、全員でピクニックに行った時、その地域のフツのグループとすれ違ったのですが、男たちの一人が、大きなナイフを私に突きつけ、わめきました。

「見てみろ！　この大きな奴を。まず、お前から最初に殺してやろうじゃないか。お前たちの兄弟の解放軍がやっていることの代わりにな」

おなかの中がかき回されるようで、吐いてしまうかと思いました。

私は寮に逃げ帰り、絶対にもう二度と学校の遠足には行かないと誓い、自分の背が高い

ことを呪いました。どうしたらいいのでしょう。背が高いということから逃れるすべなないのです。それに、ツチでいることからも。

次の日、授業のあいまにクレマンティーヌがやってきて、私にささやきました。

「一緒に来て、イマキュレー。見せたいものがあるわ。このあいだの男たちのような奴らがナイフを持って私たちを探しに来た時に、私たちがどうしたらいいか、考えたの」

彼女は、私を立ち入り禁止の電気室に連れていき、高圧の電気の箱を開けました。

「ここには千五百ヴォルト以上の電気が流れているわ。

もしフツの過激派が学校に入り込んできて、絶対に逃げられないとわかったら、ここに来ましょう。このレバーを引いて手をつっこむのよ。そうすれば、一瞬で死ねるわ。拷問されて、強姦されて殺されるより、電気で処刑される方が良いと思わない？

私は、殺される前に野蛮人たちに私のからだを自由にさせる気はないわ。

そんなに驚かないで。私は、逃げられなかったツチの女の人がどんな風に強姦され、虐殺されたかという話をたくさん聞いているわ」

私は、うなずきました。まだ十九歳だというのに、人生の終りの日のことを話しているのです。

クレマンティーヌと私は、このことを誰にも話さないという協定を結びました。もし学校が知ったら、きっとこの電気室に鍵を掛けて入れなくしてしまうでしょうから。

私たちは、ラジオでニュースを聞き続けました。

でも、政府のラジオ局は、正しい情報を流してはいませんでした。

私たちは、RPFはキガリまで進み、大統領の宮殿を攻撃したと聞きました。

大統領は、国営ラジオに出演し、軍隊がゴキブリどもを皆殺しにするまでは、国民は家にとどまるようにと言いましたが、その後聞いたBBCのニュースでは、首都から一マイル以内にはRPFの兵隊などいないということでした。

大統領は、攻撃をでっちあげ、ラジオで嘘をつき、何千ものツチを逮捕するための言い訳にしました。ウガンダに親戚がいるツチは、解放軍の協力者にちがいないと、偏執狂的に決め付けたのです。

BBCは、無数の無実のツチが逮捕され、ルワンダじゅうの刑務所はあふれかえっていて、もはや、犯罪者を収容するところはないと報告しています。

そこでは、ツチは食事を与えられず拷問され、殺された人たちもいるということでした。

私自身、クリスマス休暇に家に帰った時、父も逮捕されたことを知りました。

マタバにバスで着いた時、私は、噂話が大好きな近所のシラケおばさんにバッタリ会ったのです。

「おやまあ、ここに来て、顔を見せておくれ。良い子だから。また会えて嬉しいよ。なんて痩せちゃったの、尼さんたちはあんたにちゃんと食べさせてるんだろうかね」

「ええ、ちゃんと食べさせてくれてるわ。でも、家族の食事が楽しみよ」

「そうだろうよ。特にあんたのお父さんはあんなことがあった後だからね。余計に嬉しいと思うよ」

「どういうこと？　何があったの？」

「聞いてないのかい？」

私の心臓はドキドキしました。戦争が始まって以来、私は両親には会っていませんでしたし、その数週間は、連絡も途絶えていたのです。

「もちろん、あんたは知っていると思ったわ」と、シラケおばさんは言いました。

「あんたのお父さんは、刑務所に入っていたんだよ」

私は、立っていられなくなって、木の切り株に腰を下ろしました。

父が刑務所に入るようなことをするなんて、想像出来ないことでした。たった一つ、ツチであるという以外には。

私は母の健康が心配でした。父が逮捕されたというストレスは、きっと、喘息の発作の引き金になっているにちがいありません。

私は、家までの三十分の道のりを飛ぶようにして帰りました。

そして、母が家のドアのところで待っているのを見つけました。

「お帰り、元気だったかい？」。母は、私をしっかり抱きしめると言いました。

父の逮捕のことは何も言いませんでした。彼女は、いつも、私たちを良くないこと、不愉快なことから守ろうとしていました。ちっとも変わっていなかったのです。

「おなかがすいているでしょう、イマキュレー。さあ、シャワーを浴びて。そのあいだに何か食べるものを作るからね。ダマシーンとヴィアネイは、どこか外に一緒にいるわ。エマーブルはまだ大学から戻ってきていないけどね。お父さんは仕事だけど、お前に会うのを楽しみにしていたよ」

「みんな大丈夫？　何か変わったことはなかった？」

「みんな大丈夫よ」

「何てことなの！　お母さん、私聞いたのよ。お父さんが刑務所に行っていたって。何もなかったふりはやめて、何があったのか話してちょうだい」

母は、これ以上隠しておかなくても良いと知って、ほっとしたように、何があったかを話してくれました。

戦争が始まってすぐ、仕事場に四人の政府軍の兵士が押し入り、父を後ろ手にねじ上げて引き立てて行き、六人のツチの友人と一緒にキブエの刑務所に入れたのだそうです。

看守は、彼らに食べ物も水も与えないように命令されていました。

幸い、父がフツの看守の一人を買収し、近くに住む叔母のセシルに連絡を取ることに成功しました。叔母は、看守にお金を渡し、父とその他の人にも食べ物と水を差し入れることが出来たのでした。

二週間後、父は、彼の逮捕が、古い友人のカバイの命令によるものだと知りました。フツの地方長官で、非常に力がある政治家でした。

カバイと父は一緒に学校に行き、子供時代の親友でした。

カバイが、父と他の六人を釈放するようにと刑務所に命じたのは、ハビアリマナ大統領が国際世論に屈して、不当に逮捕された何千ものツチの人々を釈放すると決めた後でした。

カバイは、父が生きているのを見て衝撃を受けましたが、知らなかったふりをよそおい、何度も謝ると、何かの間違いだったと言いつのりました。

その夜遅く、夕食の後で私は、父に何が起こったのか、もう一度聞いてみました。

「混乱しているのさ。カバイは、命令された通りにしただけだと思うよ。個人的な気持ちではないだろう。何もかも政治なんだ。子どもたちは、それを一緒に考えちゃいけない。このことは忘れようじゃないか」

兄弟たちは、父が何でそんなに寛容なのか信じられないようでした。

皆、ずっと前から知り合いだったカバイが父を裏切ったことに憤激していました。

「カバイはお父さんの友達だったじゃないですか。これが敵だったらどうするか考えてみてよ。なんでそんなに彼のことをかばうの？　お父さんが守ろうとしている人たちは、お父さんを殺そうとしたんですよ。

僕たちは、戦争が終わるまでこの国から出ているべきだよ。少なくとも、お母さんとイマキュレーをここから離すべきだ。彼女たちが心配だよ」と、エマーブルは言いました。

「いいや、お前は大げさすぎるよ。みんな大丈夫さ。前より事態は良くなっているんだ。それにこれは、単に政治のことだからね。子どもたち、心配はいらない。みんなうまくいくさ。大丈夫」と、父は私たちをなだめました。

母は、兄弟たちに、お願いだから、こっそりとＲＰＦに加わるようなことだけはしないで欲しいと懇願《こんがん》しました。多くのツチの若者がそうしていたのです。

「もし、あなたたちの誰かが、解放軍と一緒に戦うようなことがあったら、それは、私を殺すことだと思ってちょうだい。ええ、私を殺すことだと。自分の母親を殺すのを何とも思わないのなら、さあ、今すぐ、出ていって解放軍に入ると良いわ。でも、もしあなたたちが私を愛しているなら、今すぐに約束してね。突然消えて私を苦しませたりしないと。さあ、今、ここで、約束してちょうだい」

母は、兄弟たちに、何度も何度も解放軍には加わらないと約束させました。

私はリセに戻り、高校の最後の数カ月を過ごし、大学の入学試験を受けました。

ここでも、私は、非常に良い成績で試験を突破しました。

人種バランス政策は、RPFが終わらせようと戦っていることの一つでした。でもその時には、まだ、私の勉強のための道は、閉ざされているように感じられました。

私は、リセのすばらしい友人たちに別れを告げ、どんな運命がもたらされるのかを待つために、家に戻りました。

戦争は激しさを増していました。解放軍は勝利を収めることが多く、政府に対して、難民たちを国に戻すように、圧力を掛け始めていました。

母は、非常に心配して、霊能力者のところに通うようになりました。

私は覚えています。ある日、その一人が来て、台所に母と一緒に座っていました。

母は、この戦争は終わるのかどうか、再び平和が訪れるのかと聞いていました。

「私たちのまわりに嵐が見える。でもこれは大したことがない」と、占い師は母に言っていました。

「もっと大きな嵐がやってくる。そうなったら、稲妻が大地を焦がすだろう。雷がとどろき、豪雨が私たちをおぼれさせるだろう。

嵐は三カ月続く。たくさん死ぬ。どこからも助けは来ない。親しかった顔がみんな消えていく」

第4章　大学へ

一九九一年の夏も終わるころ、起こるはずのないことが起こりました。

ブタレの国立大学の奨学生に選ばれたのです。

私は、ずっと長いあいだ、大学に行くことを夢見ていました。それが突然実現したのです。

両親は、非常に喜び、じっとしていられずに走り回ってご馳走の用意をしました。ルワンダのお祝いパーティをするために。

「お前は、私たち一族の女の子の中ではじめての大学生になるんだ！　さあ、みんなに知らせなきゃ！」。父は、誇らしげに叫びました。

私の出発は翌日に決まったので、近所の村々に住む祖父や叔父、叔母、いとこたち皆と一緒にお祝いをすることが出来ました。

私たちは、一晩じゅう、食べたり、しゃべったり、これから起こるだろうすばらしいことに思いを馳《は》せて語り合いました。

両親は、その夜、とても若々しく見えました。肩から重荷が取り払われたかのようで、

母は輝いていました。

「イマキュレー、何もかも、あなたの未来は明るいわ」と、彼女は言いました。

「あなたはいつだって自分で自分の道を選べるのよ、いつも誇りを持って、決して誰かに食べさせてもらうようなことにならないようにしなければね」

父は、私のために乾杯をし、たっぷり父親としての助言を繰り返しました。

「大学では、ほとんどが男子生徒だろう。彼らは、お前が彼らと同じように賢くなるのを嫌うかもしれない。

でも、私は、お前がみんなと同じように、それどころか、どんな男子学生よりもよく出来ると信じているよ。ツチだということで、大学に入るのは恐ろしく大変だったが、一番大変なところは終わったんだ。

さあ、これからは、お前次第だ。一生懸命勉強し、祈りなさい。規律を守り、他の人には親切に。私が成長を見守るのが喜びだった美しい娘のままでいるのだよ」

私は、父のやさしい言葉に胸がいっぱいになりました。

「心配しないで、お父さん」と、私は言いました。「決してお父さんやお母さんを失望させたりしないわ。きっと誇らしく思うようにするわ」

私は、心理学と哲学を学びたいと思いました。人間の心のうちがどのようになっているのかを知りたいと思ったのです。

でも、奨学金は、特定の分野では人数に制限があり、自分で決めるわけにはいきませんでした。政府は、私に科学を専攻するようにと指定してきました。

私は、リセでは、数学と物理で良い成績を取るために頑張りました。兄たちに見せ付けるためだったのですが、それが、今、ものを言ったのです。

私は、荷物をまとめると、ブタレに旅立ちました。村からは南東に四時間。まったく新しい人生が待っているのです。

私のリセからは、六人の少女に奨学金が与えられました。クレマンティーヌもその一人でした。

親友のサラは、すでに、そこで一年勉強していて、私を待ちわびていました。私たちは、またルームメイトになれたのです。

混雑した寮の部屋で一緒に寝起きしたあの何年かの後では、たった一人の少女と部屋を分け合うだけというのは、すばらしく贅沢でした。

クレマンティーヌは、よく私たちの部屋を訪ねてきました。

私たちは、戦争が始まったころに私たちが計画した電気処刑が実行に移されなくて、なんて幸運だったのでしょうと冗談を言い合いました。さもなければ、このすばらしい大学生活を経験することも出来なかったのですから。

私は、一生懸命に勉強しましたが、同時に、大学の自由と楽しさも満喫しました。私の奨学金は、毎月のお小遣いも支給してくれました。それは、アメリカドルにして約三十ドル。私にとっては大金です。人生ではじめて、私は、自立していると感じました。もう学校の制服を着る必要はないのです。友達と一緒に街に出て、綺麗な服を買うことだって出来るのです。なんてうきうきすることでしょう。

私はみんなと楽しい時を過ごしました。コーヒーショップに行っておしゃべりをしたり、隔週に開かれる学校内のダンスパーティに参加したり、演劇部に所属して、色々な催しで踊ったり歌ったりしました。時にはブタレの市長も見に来るのでした。

私が好きだったのは、宗教的な役でした。一度は、聖母の役をしたこともありました。

そして、決して祈ることを忘れませんでした。神を賛美し、瞑想することが、心を落ち着かせてくれるので、週のうち何度も教会にでかけ、友人たちと祈りのグループを作りました。

ホームシックにかかるには忙しすぎましたが、父からの寂しそうな手紙を読むと、もっとしばしば家に帰らなければと思うの

大学時代。大虐殺が始まる数カ月前。

でした。

ヴィアネイも、今では寄宿舎に入って家を離れています。

両親は、子どもたちが誰もいなくなったことに慣れることが出来ないようでした。

「お前たちが誰もいないと、まったくここは違って見える」と、父は書いてきました。

「家は、からっぽだ。時々、お母さんと私は、おたがいに見つめ合ってこう思うのだ。

『あの笑いに満ちた時間はどこに行ってしまったんだろう』と。

お前が自分の子どもを持ったら、イマキュレー、一瞬一瞬を心から楽しむことを忘れてはいけないよ。彼らは、あっというまにいなくなってしまうのだから」

そのころ、私は、ジョンという名前の大学の研究助手をしている学生に出会いました。

彼はマタバの私の友達の何人かを知っていて、三歳年上だったのですが、毎日、不思議にも、必ず私にバッタリ会うのでした。

そのうちに、私の本を持ってくれるようになり、キャンパスをあちこち案内してくれ、彼の友達にも紹介してくれました。

礼儀正しく、とてもやさしい、ハンサムな青年でした。

私たちは、森の中を何時間も散歩をし、人生にとって大切なものは何かについて話し合いました。神様、家族、良い教育……。

そして、デートを始め、次第に、おたがいを心から大事に思うようになりました。

ジョンはフツでした。そんなことは問題ではなかったのですが、父は、それよりも、ジョンがプロテスタントで牧師の息子だということに懸念を示しました。

「お前はカトリックだということを忘れちゃいけない。ジョンは良い青年のようだから、お前をプロテスタントに改宗させようとさえしなければ、デートをすることはかまわない」

父は非常に寛容でしたが、一方筋金入りのカトリックでもあったのです。

私の、大学での最初の二年は、あっというまに過ぎました。

すべてはうまくいっていました。成績は良く、家族は健康で、人生は楽しく、刺激に満ち、あまり幸せだったので、時々、戦争が続いていることなど忘れてしまうほどでした。

戦争を終わらせるための交渉は、進んだり、戻ったりしていましたが、ツチ解放軍と政府軍の戦闘は、北の方で続いていました。

過激派が、たくさんの町や市で台頭していました。仕事にあぶれた若者たちは、それぞれ違った政党に群がりましたが、そのほとんどは、ただで配られる酒と麻薬を目当てに入った街のギャングと変わらないような人たちでした。

ハビアリマナ大統領の率いる政党は、若い人たちを組織して、インテラハムエと名づけました。「共に戦う人たち」という意味で、何千という若者を吸い寄せ、そのメンバーはまるでウイルスのようにあっというまに国じゅうに広がりました。

それは、フツ過激派の義勇軍となり、政府の軍隊に戦い方、殺し方を叩き込まれました。

一団になって練り歩き、彼らの政党の旗と同じような鮮やかな赤と黄色と緑のプリントシャツを着ていましたが、どうみても街の盗賊団にしか見えませんでした。

私がはじめてインテラハムエの存在に気づいたのは、一九九三年のイースター休暇の時でした。私は、キガリにいて、ジョンと一緒にサラと彼女の両親を訪ねるところでした。

私たちの乗ったバスが交通渋滞に巻き込まれました。

待っているあいだ、窓の外を見ると、若い男たちの一団が、中年のツチの女性を取り囲んでいるのが見えました。彼女は、買い物帰りのようでした。

男たちは、当たり前のように彼女の財布を取り上げ、身につけた宝石をむしりとり、持ち物を奪い、彼女を殴り倒し、それから靴を取り、着ているものを引き裂きました。

日中、街の真ん中で起きたことですが、誰一人、彼女を助けようとはせず、誰も見ないふりをしていました。私は椅子席からとびあがり、窓から彼らをやめさせようと叫びました。ジョンはあわてて私を引きずり下ろしました。

「何にも言うんじゃない。この街でどんなことが起こっているのか、君は知らないんだ、イマキュレー。あいつらと面と向かっちゃいけない。彼らは君を殺すんだ」

「ジョン、でも何かしなくちゃ！　少なくとも、警察を呼びましょう」

「警察は何もしないよ。あのインテラハムエは政府の一員なんだから。彼らに話しかけちゃいけない。彼らを見てもダメだ。特に、君はツチなんだから」

若者たちは歩き去って行きました。

私は、その気の毒な女性が、地面から必死に立ち上がろうとするのを絶望的な思いで見ていました。タイツとショールだけを身につけ、裸足の足を引きずりながら。

もしこんな風に街が悪魔に支配されるにまかせていたら、きっと恐ろしいことになるにちがいないと、私は、その女性が、道の向こうに消えるのを見ながら思いました。

数カ月後には、もっと嫌な目にあいました。

ダマシーンと私は、マタバからキガリまで、結婚式に参列するために旅行をしました。暑い、埃《ほこり》っぽい長い旅で、もう少しで目的地に着くという時、私たちのバスは突然止まりました。少なくとも三百人以上のインテラハムエが道をふさいでいたのです。

みんなまるで道化師のようなおかしな格好をしていましたが、その目は危険な光でぎらぎらしていました。酔っ払い、薬をやっているのは明らかで、円陣を組んで踊り狂い、通る人たちに向かって叫び声を上げ、呪いの言葉を吐きかけていました。

私たちの運転手は、すっかりおびえてしまい前に進みません。そして、このまま引き返すと乗客に告げました。このまま乗っていても良いけれど、二時間の迂回路を行くと言うのです。それでなければ、降りて歩いて行って欲しいと。

「このまま、ここにいよう」と、ダマシーンは言いました。「あいつらは正気じゃない」

でも、私はそのままとどまるのは嫌でした。第一、こんな無法者たちに侮辱されるのは

我慢ならないと思ったのです。

「降りましょう。結婚式に間に合わないわ。今すぐ、教会まで歩いて行くのよ」

他の数人の乗客と一緒に降りて、外に出ると、インテラハムエたちが、手に大鉈を持って、通ろうとする人の身分証明書を一人一人調べています。

私は、かっとしました。「この人たちにこんなことする権利があるの？」

ダマシーンはおびえていました。「元に戻ろうよ、イマキュレー。こいつらがどんなことをしているか聞いているんだ。家に歩いて戻ろう」

「歩いて帰るですって？　ここまでにバスで四時間かかったのよ。家に帰るには三日はかかるわ。あの人たちは、ただ、私たちをいじめてるだけよ。私たちがツチだからって」

ダマシーンは、いつも明るく快活で、私が知っている誰よりも勇敢でした。

でも、その時私が見たのは、心の底から恐怖に震えている彼でした。

いつもなら、私は、彼にどうしたら良いかを聞くのですが、この時は、なぜかこう言ってしまいました。「歩いて行きましょう。きっと大丈夫よ」

「どうしてそんなことが言えるんだい？　あいつらが僕たちを殺さないって何で考えられるの？　政府は彼らにしたいようにさせているんだよ。警察も彼らには手を出さない」

「いつも何か問題が起こった時にあなたがそうしようと言うようにしましょうよ、ダマシーン。神様に祈りましょう。神様がきっと守って下さると信じましょう」

私たちは、彼らからほんの三十フィートしか離れていない道の傍《かたわ》らに立って祈りました。

私は、神様に、急なことですが、どうしても教会に無事に行き着くために助けが必要なのですと祈り、そして、インテラハムエが道をふさいだ地点に進んで行きました。

数人の若者が私に気づいて、大鉈を打ち鳴らしました。

「ああ、イマキュレー、ほんとに大丈夫だと思うの?」

「ええ、ええ、自然に振舞うのよ。ポケットのロザリオを出して手にしてみましょう」

私は、ロザリオをしっかり手に握り締めて歩いて行きました。

たちまち十人以上が私たちを取り囲み、頭の先から足の先まで見回すと、身分証明書を見せるように言いました。

私は、彼らの目をじっと見て、微笑みを浮かべ、書類を手渡しました。

彼らは、なぜ私がそんなに平気でいられるのか、ツチの女性がなぜ彼らや大鉈を怖がっていないのか、理解が出来ないようで、混乱した様子で私たちに書類を返すと、そのまま通過させてくれたのです。

私は、その時のダマシーンの目の中の恐怖の色を、決して忘れることは出来ないでしょう。

その道路封鎖の経験から一カ月後、ハビアリマナ大統領は、タンザニアに旅行をし、ツ

チ解放軍と和平協定に署名しました。

紛争は終わり、ツチも、この国の運営に関わることが出来ることになるのです。すばらしいことでした。ルワンダにやっと平和が戻ると私は思いました。とうとうツチとフツは平等に、仲良く生きていくことが出来るようになるのだと。

でも、それは、より多くの抵抗と更なる暴力への引き金を引くことになったのです。

和平協定が結ばれた同じ時、ルワンダの軍隊の指導者で、インテラハムエの創設者の恐ろしい風貌をした陸軍大佐のテオネスト・バガソラは、ハビアリマナ大統領が、自分がツチの蛇野郎と呼んでいるＲＰＦのリーダーのポール・カガメと握手をするのを見て激怒し、決してツチと和平など結ばない、ルワンダを黙示録の世界にしてやると誓いました。

そして、その言葉通りにしたのです。

第5章　家に帰る

どれほどの朝を、私は憎しみの声で起こされたことでしょう。不愉快なＲＴＬＭラジオの音は、寮の窓から入り込んで、私の夢に忍び込み、私を起こしました。

私が大学三年の時、ＲＴＬＭがフツ過激派に非常に人気のあるラジオ局になりました。それは、反ツチの悪意と憎しみを撒《ま》き散らし、毒に満ちた声で「フツパワー、フツパワー」と叫んで、ツチの友達や近所の人の反感をあおりたてました。

「あいつらツチのゴキブリどもは、我々を殺そうとしているのだ。彼らを信頼するな。我々フツがまず先に行動を起こす。あいつらは、政府をのっとって、我々を迫害しようとしている。もし大統領に何かがあったとしたら、我々は直《ただ》ちにあいつらを残らずやっつけなくてはならない。

すべてのフツは、ルワンダからツチを一掃するために力を合わせるのだ。

フツパワー！　フツパワー！」

ラジオ放送は恐ろしく陽気に高揚していて、ほとんどこっけいなくらいでしたが、信じられないことに、人々はそんな子どもじみた煽動をまともに受け取っているのでした。

政府自体がそんな放送を許しているのです。

あちらこちらで、過激派によってツチが殺されているという噂も聞こえてきましたが、私は、キャンパスの友人たちのように、放送を深刻に考えるのはやめることにしました。

イースターが近づいていていました。私たち家族にとってはいつも特別の時です。近所の人々と楽しみ、友人や親戚を訪ね合い、必ず家族で一緒に過ごします。

私は、それまでに一度もイースターの集まりを逃したことはありませんでしたが、試験に良い成績を収めようと決意し、学校に残ろうと決めました。

家には電話がなかったので、私は父に、手紙を書きました。

両親はいつも、人よりいっそう一生懸命勉強するようにと言っていたので、彼らは、きっと許してくれると思ったのです。でも、それは間違いでした。

父は、私に、どうぞ帰ってきて欲しいと懇願する手紙をくれました。それも、休暇が始まるまで待たずに、今すぐに帰ってきて欲しいというものでした。

一緒に家にいて欲しい、家にいても勉強できるように決して邪魔はしないからと。

愛しい私の娘へ
私は、お前を学校にとられてしまったように感じている。
お母さんと私は、毎日指折り数えて、お前の休暇が始まるのを待ちわびている。

お前が帰ってきて一緒にまた家族として暮らす日を。どんなにお前の存在が必要なことだろう。私たちは、お前の親だ。お前を心から愛し、お前がいないことを寂しく思っていることをどうぞ忘れないで欲しい。たとえそれがたったの二日間だったとしても、帰ってきて欲しい。他のことでこの大事な時を無駄にしないでくれ。お前が必要なんだ。

涙が止まらず、読み終わるとすぐ私は家に帰る決心をしました。六日間を家で過ごし、試験のために週末には学校に戻る計画を立てたのです。

私が旅行の計画を立てていると、サラの弟のオーグスティーヌが一緒に行って私の家族と休暇を過ごしたいと言ってきました。

彼は、キガリの高校を卒業した後、この大学の寮に来ていたのですが、私の弟のヴィアネイととても仲が良かったのです。背の高い、ハンサムな十八歳の青年で、とても恥ずかしがりでしたが、ヴィアネイとだけは気が合って楽しそうにしていました。

オーグスティーヌと私は、マタバに日曜の午後に着きました。

両親は、私を迎えて大喜びでした。家族は、エマーブルを除いて全部揃いました。

エマーブルは、大学院に行く国際奨学金を得て、今は、三千マイルも離れたセネガルで勉強していました。

ダマシーンはキガリから帰ってきました。歴史の修士号をとってから、キガリの高校で教えていたのです。

ヴィアネイも寄宿舎から戻ってきていました。

最初の日は、私は、ダマシーンと一緒に村の出来事を聞いたり、友人を訪ねたり、ヴィアネイといつものようにふざけて喧嘩したりしていました。

次の日はイースターの日曜日でした。私たちは、一緒にすばらしい食事をしました。揃って神に感謝を捧げ、家族みんな、村じゅうの人々みんなが元気で幸せでいられるように、とりわけ、そこにいないエマーブルのために祈りました。

国じゅうがとても厳しい状況だったにもかかわらず、私たちは、すばらしい時間を過ごすことが出来ました。両親と一緒にいると、安全で守られていると感じるのです。何が起きても、母は私たちを慰めてくれ、父は私たちを守ってくれると信じていました。

それは、いつものような幸せな夜でした。

私たちの世界が永久に変わってしまうなどとは、とても信じられませんでした。

私たちは、居間に座って学校のこと、仕事のこと、村の出来事などを語り合いました。

母は、畑の収穫物のことを、父は、彼のコーヒー会社が奨学金を出している子どもたちのことを話しました。

オーグスティーヌとヴィアネイは、冗談を言い合いながら、そのあたりをぶらぶらし、

私は、ただ幸せな気分でくつろいでいました。

たった一人、ダマシーンだけは、暗い顔をしていました。

「ダマシーン、どうしたの、今夜は？」と、私は聞きました。

兄は、私を見ました。そして、目が合ったとたんに、もはや黙っていることが出来ないというように、真っ青な顔で、息せき切って話し出しました。

「イマキュレー、あいつらがいるんだ。殺人者たちが。ボンの家に行った時、遠くから見たんだ。インテラハムエの服を着て、手榴弾《しゅりゅう》を持って。イマキュレー、手榴弾だよ」

彼の声はかすれていました。

部屋じゅうが静まり返りました。誰もが彼の言葉を聞いていたのです。

両親は、顔を見合わせました。そして、ダマシーンをもう一度見ました。

「おそらく、お前は心配しすぎだろう」。父は、息子の気持ちを鎮めようとしました。

「そんな噂はたくさんある。皆何もないところに危険を作り出しているんだ」

「違うよ。そんな作り事じゃないんだ」。ダマシーンは立ち上がると、熱心に言いました。

「それだけじゃない。あいつらは、この地域のツチの家族の名簿を持っているんだ。僕たちの名前もその中にある。殺戮のリストなんだよ。あいつらは、今夜、リストにある誰もを殺そうとしているんだ。

お父さん、すぐに逃げ出そう。出来るうちにここを出なきゃ。丘を降りて、船を見つ

け、キヴ湖を渡るんだ。そうすれば真夜中までにはザイールに安全に渡れるよ。手遅れになる前に、今すぐに逃げ出すんだ」

ダマシーンが突然わめきたてたので、彼の性格を知っている誰もが驚きました。きっと彼は、午後じゅうずっと、見たことについて考えこんでいたにちがいありません。でも、逃げる計画を考えつくまでは、話すことをためらっていたのでしょう。

「ちょっと待て、ダマシーン。ちょっと待って、よく考えようじゃないか。お前は、お母さんと妹を不安にしているんだぞ。お前が今日見たり聞いたりしたことをもう一度よく考えてみよう。パニックになっている時に何かを決心すれば、正しい判断は出来ない。注意深く考えてみるんだ。お前は、本当にそのリストを自分で見たのか？」

ダマシーンは、自分の目で見たのではなく、友達から聞いたのだと言いました。でも、インテラハムエを見たことだけは確かだと。

「ほら、ごらん、思った通りだ」と、父は言いました。

「誰もが興奮しているんだ。そんな時は、物事は実際より悪く見えるものだ。こんなことは前にもあった。でも少したてば、みんな大げさだったことに気づくのだ。

私は、噂だけで家族を引っ立てて逃げ出したりはしない。一生懸命働いて作ったこの家を捨てて逃げたりはしないぞ。臆病な奴らが想像力をたくましくしたからといってな」

「でも、お父さん」と、私はさえぎりました。「ダマシーンは臆病じゃないわ。考え深いし

簡単に乗せられるような性格でもないわ。彼の言うことを聞いた方がよくないかしら？」

私も不安になっていました。もしインテラハムエが死のリストを持っているというのが本当だとすれば、そして、今夜それをスタートするとすれば、いつなんどき彼らがここへ来るかわからないのです。

「ダマシーンの言う通りにした方が良いと思うわ」と、私は父に迫りました。

「ラジオで何を言っていたか覚えてる？　そんなこと起こるはずないと思っていたけど間違いだったかもしれない。彼らは、ツチは皆殺しにすると言っていたのよ。

ダマシーンは正しいかもしれない。今すぐにここを出た方が良いんじゃないかしら？」

「いいや、イマキュレー、我々は、逃げるべきじゃない。政府がきっとことを収めてくれるよ。すぐに平和になる。ラジオの奴らは正気じゃないんだ。誰もまともに受け取ったりしないさ。

心配するな。落ち着いて休暇を楽しむんだ。死のリストなんてないさ。私たちを殺しに来る奴なんかいない。私はお前たちよりよく知っている」。父は、少し弱々しく微笑みながら言いました。

「さあ、みんな、いいかい、座って、夕食を楽しもうじゃないか」

父の言葉で、私たちはまた食堂のテーブルにつきました。

でも、ダマシーンは決して父の言葉に納得していませんでした。他愛ない歌を歌い、村

の人たちを冗談の種にし、ガールフレンドのことでヴィアネイをからかったりしていつものように振舞ってはいましたが、私には、彼が無理をしているのがわかりました。

あの時、それが家族一緒にする最後の夕食だったと知っていたらと、後になってどんなに思ったことでしょう。

そうしたら、私は立ち上がり、皆のために神に感謝を捧げ、そのテーブルにいる一人一人に、どんなに私が彼らを愛しているか、そして、私を愛してくれたことに感謝しているかを告げたでしょう。

でも、私は、知らなかったのです。


ベッドに入る前、私たちは、いつもそうしていたように家族で夕べの祈りを唱えました。母は皆にお休みのキスをし、父は何も悪いことなど起こらないよと言いました。

両親の部屋のドアが閉まるやいなや、私たち四人、ダマシーン、ヴィアネイ、オーグスティーヌと私は居間に集まり、少なくとも一時間、ダマシーンの聞いた噂について、そして、彼が見たものについて話し合いました。私たちは、父がダマシーンの恐れていることを真剣に受け取っていないことが気がかりでした。

「君たちのお父さんをないがしろにするつもりはないけど」と、オーグスティーヌが小さな声でささやきました。「それに年上の人に言い返したりしてはいけないこともよく知っ

ているけど、それでも僕は、君たちのお父さんは間違っていると思う。ダマシーンの言う通りだよ。ここにいては危ないんだ。もし、君たちの家族の名前がリストに載っているとすれば、彼らは必ず来る。それを止める方法は一つもないんだ。君たちのお父さんが考えを変えないならば、僕たちだけで今すぐにここを逃げ出そう。ご両親抜きでも」

皆、押し黙ったままでした。誰もが、今すぐここを出て、キヴ湖に向かって走り、手漕ぎボートに飛び乗りたいと思っていたのは明らかでした。

でも、私たちは、両親にさよならを言わずにここを去ることなど考えられませんでした。

家のことはいつでも父の決断に従うことに慣れすぎていたので、彼の指示に従うことが自然なのでした。

それに……。私たちは、何とか理由を見つけようとしていました。

あまりに遅くなりすぎて、ヴィアネイとオーグスティーヌが居眠りを始めたのを見て、ダマシーンと私は、明日もう一度父に話そうと決め、みんなベッドに入りました。

私の寝室は、小さな教会のようでした。

ナイトテーブルの上には、聖書と、イエス様とマリア様の像が置いてありました。そこは、私が神様とスピリチュアルなエネルギーにつながる場所でした。

私は、ひざまずき、祈りました。どうぞ、私たち家族を危険からお守り下さいと。

私の目の前には、ダマシーンのために買った誕生日カードが置いてありました。

彼の二十七歳の誕生日がもうじきだったので、私は、彼のための詩を書こうとこの何日も頑張っていました。どんなに彼を愛しているか、尊敬しているかと。

両親は、私たちにおたがいの愛情を表現するように教えてはくれていませんでしたが、私は、それを変えたいと思っていました。

それを始めるのにダマシーンほどふさわしい人があるでしょうか。心の底から大切に思い、この世界の誰よりも私にインスピレーションを与えてくれる彼以上に。

私たちが小さかった時、ダマシーンは、もし私がばかなことをしたり甘ったれたことをしたりすると叱りました。そのたびに、私は、反発したり、怒ったりしましたが、でも、後になって彼の言ったことを考えると、いつも彼が正しかったと気づくのです。

子どもの時から、彼は考え深く知恵にあふれていました。

十代のころには、私はよく神様に、彼のようにして下さいと祈ったものでした。

彼のように美しく人に与える心を下さいと。

私は、彼が貧しい人に自分の洋服を与えているのを見ました。また、貧しさや、病気、精神異常などのために見捨てられている人々を何時間も慰めているのも見ました。

ダマシーンは、村のスターでした。

その夜、眠りにつく時に、私は、彼がどれほど私にとって大切かと考えていました。

私は、ペンをとって誕生日カードにもう何行かを書き加え、にっこりしました。彼がそれを読む時、どんなに照れて、でもうれしそうな顔をするかを思い浮かべたのです。その微笑を浮かべたまま、私は明かりを消して、眠りについたのですが、目を閉じるか閉じないかのうちに、突然部屋のドアが勢いよく開きました。

驚いて起き出すと、夜明けに近い、灰色のぼんやりした薄明かりの中に、ダマシーンの恐怖で引きつった顔が見えました。

私は最悪のことを想像しました。

「どうしたの、ダマシーン？　殺人者たちが来たの？」

「起きろ、イマキュレー、起きるんだ！　大変だ、大統領が殺された！」

「何ですって？　大統領が殺されたって、どういう意味なの？」と、私は叫びました。聞いたことが信じられませんでした。大統領は、ルワンダに平和と平等をもたらすと約束したのです。その彼が何で死ななければならないのかわかりませんでした。

「ハビアリマナ大統領が死んだ。昨夜殺された。彼の乗った飛行機が撃墜されたんだ」

数日前にラジオで聞いた言葉がよみがえりました。

『もし、何かが我々の大統領に起こったら、その時は、ツチを皆殺しにしてやる』

私はベッドから飛び出すと夢中で何か着るものを探しました。長い寝巻きの下にジーンズをはいたのですが、あまり動転していたので、兄の前なのも忘れていました。そんなこ

とはそれまでに一度もしたことがなかったのです。

「大統領が殺された。誰かが大統領を殺した」。私は、信じられない思いで呆然としながら呟き続けました。

カーテンを開けて外を見ると、厚い黄色い靄《もや》が村全体に立ち込めていました。

「空まで変だわ」と、私はベッドに倒れ込むと、頭を抱えました。

「ああ、ダマシーン、私たち皆死ぬのね。彼らは今にも来て、私たちを殺すんだわ」

兄は、座って私を抱きかかえ、「聞くんだ、イマキュレー、僕たちは死ぬんじゃない」と、しっかりした声で言いました。

「このことは、僕たちには関係がないことなんだ。

大統領は、タンザニアでの和平の話し合いから帰るところだった。ブルンジの大統領も一緒だった。飛行機はキガリに着陸しようとして撃墜されたんだ。キガリだよ。誰もこんなに離れたここにいる僕たちを責めることなんて出来ないさ」

ダマシーンは、私に対して勇敢に振舞おうとしていましたが、私には、彼が自分自身に言い聞かせようとしているのがよくわかりました。

「おそらく、彼が死んで、もっとうまくいくようになるかもしれない。たくさんの人が、この和平の話し合いとハビアリマナ大統領の仲裁策に対して異議を唱えている。彼の死は、その対立を終わらせて緊張が緩むかもしれないよ。そんなに怖がらないで、イマキュ

レー、外へ出よう。みんな外でラジオを聞いているよ」

彼は私の手をとりました。外に出ると、そこに両親とヴィアネイ、オーグスティーヌもいてラジオを聞いていました。

アナウンサーは、首都全域に道路封鎖がされ、軍の検問所が設けられたと告げていました。それは、大統領の飛行機が吹き飛ばされた数分後でした。

また、その夜に二十家族のツチがキガリで殺されたとも言いました。

その調子はまるで、報道というよりは、殺人者の応援団のチアリーダーのようでした。大統領の近衛兵が大統領の死の復讐のためにツチの家族たちを通りに引きずり出して一人残らず殺したことがまるで正しいことだとでも言うように。

これまでにキガリで殺された人々の名前が読み上げられた時、五番目にツワザ叔父さんの名前がありました。

「ツワザを殺したの?」と、母は叫んで、顔を覆《おお》うと、信じられないというように頭を振り続けました。「何でツワザを殺すの? 彼は何も悪いことなんかしていないのに」

胸を刺すような沈黙がみんなを包みました。

逃げ出すチャンスを失ったことにみんな気づいたのです。

父は再び、私たちの恐怖をやわらげようとしました。

「首都では、感情が高ぶってるんだ。あそこには、ほとんどの軍隊が駐屯している。だか

ら殺戮も起こるんだ。一日か二日で、みんな収まるだろうよ。見ていてごらん」

「僕は、家に帰った方が良いと思う」と、オーグスティーヌが言いました。彼の家族はキガリに住んでいます。

私たちは、彼をじっと見つめました。

どこに行くにも、今は、非常に危険なのだとわかっていたのです。

数分後、ラジオが繰り返し私たちにどうすればよいかを指示しました。

「家にとどまれ！　旅行は禁止されている。軍の人間だけが通りに出ることを許されている。外へ出るな。公の交通は禁止された。家から出てはいけない」

「あいつらは、ここにじっとしていろと言うんだ。そうすれば、我々がどこにいるかわかる。あいつらは、ただじっと彼らの標的になって待っていろと言うんだ！」

ダマシーンは叫びました。その目は大きく見開かれていました。

「あいつらのリストに名前があるなら、我々がどこにいるかはわかっているはずだ。そして、そこにいて彼らをただ待っているのを」

それは、一九九四年、四月七日のことでした。

その時はまだ私たちは知らなかったのですが、皆殺しはすでに始まっていたのでした。

第6章　もう戻れない

両親とダマシーン、ヴィアネイ、オーグスティーヌと私は、その日、一日じゅうを庭に出てラジオを聞いて過ごしました。

ルワンダ国外からの放送によれば、普通のフツ市民も政府軍の兵士とインテラハムエの義勇軍に混じってツチを殺しているということでした。一方、ルワンダの放送局は、大鉈を手にして、近所のツチを攻撃するようにとフツの人々をけしかけていました。

私は、迷子になった小さい女の子のように、両親がどうしたら良いか言ってくれるのを待っていました。彼らは、一九五九年の大虐殺以来、たびたびこうした危機を生き延びてきているので、きっとどうしたら良いか知っていると思ったのです。

国営放送は、誰も家から出ないようにと呼びかけ、私たちは従順な子どものようにそれに従いました。門を開けて、塀の向こう側がどうなっているかを知るのが怖くて、そこを出たら恐ろしいことが起こるように思ったのです。

家には電話がありませんでした。もしあったとしても、ほとんどの電話線は切断されて使えなかったでしょう。

ラジオからの情報以外、どうなっているかを知る方法はありませんでした。

何時間も、恐ろしいことが報告されるのをただ聞き続け、ついには、気がおかしくなるのではないかと思い、私は本を取り出すと試験勉強を始めました。

「何をしているの、イマキュレー？」と、ダマシーンが聞きました。「こんなところでよく勉強なんか出来るね。また学校に戻れるなんてどうしたら信じられるんだ」

兄は、ほんの数時間前には、私が絶望していたのを立ち直らせてくれたのです。でも、今はすべての望みを失っていました。今度は、私が強くなる番です。

「心配しちゃだめ。きっと大丈夫よ。もっと事態が悪くなったら、何とかして国境を越えましょう。お父さんたちは、前にもこうしたことを経験しているのよ。信じましょう」

実を言えば、私自身信じることが出来ないでいました。でも、家族の心配する気持ちに巻きこまれないでいる必要があったのです。

その日、私たちが聞いた唯一の良いニュースは、ＲＰＦのポール・カガメのメッセージでした。ウガンダにあるツチの解放軍の指導者です。

彼は、もしツチの虐殺がやまないならば、解放軍は、ルワンダに入り、死を賭してツチを守ると約束しました。

カガメの言葉は、慰めにはなりましたが、それはまた、全面的な戦争になることを意味するのです。

その夜、私たちは、誰一人としてほとんど眠りませんでした。

次の日、私たちは、ＢＢＣがルワンダの首相、アガート・ユウィリンジイマナに電話でインタビューしているのを聞きました。キガリに住んでいるフツの穏健派です。

国連の平和維持軍が彼女を守っていてさえも、彼女の家のまわりでは戦闘がありました。

彼女は、彼女と夫と五人の子どもたちは、床に伏せていて、逃げ出す方法がないと言いました。そのインタビューの間に電話線は突然切れました。

その後わかったのですが、その時、兵士たちが彼女の家に押し入り、彼女と夫を撃ち殺したということでした。幸運にも、子どもたちは、助け出されました。

もうこれで、事態が良くなると信じることは難しくなりました。

もし殺人者たちがフツの首相まで処刑したのであれば、私たちを殺すことをやめさせることなど出来ないでしょう。

それから二十四時間、私たちは、まるで葬式の鐘を聞き続けているように感じていました。

母は、夢遊病者のように、部屋から部屋を歩き回り、ありったけのスーツケースに手当たり次第にいろいろなものを詰め込み始めました。

「一生懸命働いて買ったのよ。このまま残して盗まれるのは嫌ですからね。隠しておかな

くちゃ。帰ってくる日のためにね」

彼女はどこに行こうとしていたのでしょう。私たちは、たった今、唯一の逃げ道だったキヴ湖を渡る道がインテラハムエによって切断されたというニュースを聞いたばかりでした。

彼らは、ツチだけでなく穏健派のフツさえ、湖に近づいた者は誰でも殺していたのです。

父は、それでも最悪のことを否定し続けました。

「もし虐殺が続くようだったら、RPFが必ず助けに来てくれる。数日後には、このマタバにもきっと来るだろう」

「お父さん、何を考えているのよ」。私は、信じられない思いでした。

「RPFの人たちは、ずっと北のウガンダの国境近くにいるのよ。車もないし、徒歩で、軍隊やインテラハムエといたるところで戦わなきゃいけないのよ。ここに来るには数週間はかかるわ。もしここに来られるとしてもね」

父に口答えをしたことなど、それまでにほんの数回しかありませんでした。でも、今では、すべては変わってしまったのです。両親は、冷静に考えられなくなっていました。

オーグスティーヌとヴィアネイは若すぎて頼りになりそうもありません。

私は、今まではいつもダマシーンの後をついてきたのですが、彼は、自分の部屋に引き

こもってじっと壁を見つめているだけなのです。

「正直に言って、ここから逃げ出すことが出来ると思ってるのかい?」

私が探しに行くと、彼はそう聞きました。

「ここに横になって、来年、僕は何をしているだろうと想像しようとしたんだ。でも無駄だった。僕は生き延びられるとは思えない。もう、僕には未来はないんだ」

「ダマシーン! そんなこと考えちゃだめ!」と、私は叫びました。「戦う前にあきらめちゃだめよ。もしあなたが来年どうしているか思いつかなくても、私には見えるわ。私がブタレで大学を卒業する時、一緒にいるのよ。私が卒業証書を手渡されるのを最前列で手を叩きながら見ているんだわ。そうよ。だから、お父さんとお母さんを助けてあげて」

「お前のような信仰と勇気が、僕にもあったら!」

彼は、そうつぶやくとまた壁に向かってしまいました。

自分に勇気があるとは思いませんでしたが、でも、誰かが家族を引っぱって行かなければならないのです。私は強い気持ちを持とうとしました。少なくとも、勇敢なように振舞いました。せめて私がそうすることで、家族みんなが絶望にうちひしがれないようにと。

夜が来るまでに、私たちは、首相を警護していた十人のベルギーの国連平和維持軍兵士が政府軍に殺されたというニュースを聞きました。その上、ルワンダに住んでいるすべてのベルギー人の命も保証しないと脅かされたというのです。

私たちは、もし、この国にいるベルギー人や他の外国人が去ることがあれば、もう誰一人として、この全面的な大虐殺を止めることは出来ないとわかっていました。

その次の夜も、また、誰も眠ることが出来ませんでした。

夜明けに、叫び声が聞こえ始めました。数十人のインテラハムエが、私たちの村を手榴弾で襲ったのです。逃げ出そうとする人々を、彼らは大鉈で殺しました。

その叫び声を聞いた時、私たちは門を開けて外へ走り出ました。

丘の上からはかなり遠くまで見通せましたが、はるか下の方、近くの川のそばで、近所の人がインテラハムエの一群に囲まれていました。

彼らは、大鉈を振りかざし、ハイエナのように、ジリジリと彼を追い詰めていきます。

私たちは、なすすべもなく、遠くから、彼らが、無慈悲にもその人を切り刻むのを見守るしかありませんでした。あまりに恐ろしくて、私たちは、その光景に背を向けました。

丘の反対側から大勢のツチの家族たちが押し寄せてきました。

男たちは、手に手に杖や石を持ち、家族を守ろうとしています。女たちはその手に赤ん坊を抱え、大きい子が後に遅れないように叫び声を上げていました。

「レオナール、レオナール。どうか助けて下さい。あいつらは私たちを殺そうとしています。どうしたらいいでしょう。どこへ逃げたらいいのでしょう」

数時間のうちに、私たちの家の前には、父にどうしたら良いかを聞こうとして、二千人

を超す男や女や子どもたちがあふれるほど集まりました。

こんなにも大勢の人々が家から追い出されたなんて、信じられない思いでした。たくさんの家族たちは、火を起こして料理を始め、これからどうしたら良いかを話していました。その傍らで、子どもたちがゲームをし、鬼ごっこをして遊んでいます。もし、時折銃撃の音や手榴弾の炸裂《さくれつ》する音が聞こえなければ、家族で楽しむピクニックにも間違えられたことでしょう。

そして、そんなにも多くの人々が助けを求めてやってきたことで、父は、我に返ったようにいつもの父に戻ったのでした。

「皆落ち着くんだ！　さあ、一緒にどうしたら助かるか、考えようじゃないか」


その夜、父は、私のからだが心配だと言いました。

「お前はちっとも寝ていないじゃないか、イマキュレー。

今夜は、私たちが外で見張りをするから、部屋で寝ていなさい」

「でも、お父さん……」。一人ぼっちで家の中にいるのは嫌でした。夜のうちに襲われたらどうしようと思ったのです。彼は、私を見て微笑みました。

「大丈夫だよ、イマキュレー。私はここにいて、お前を守っているからね。外は寒い。それにお前は休まなくちゃいけないよ。さあ、中に入って、横になりなさい」

インテラハムエから私を守ることなど不可能だとわかっていましたが、父の誇りを傷つけたくはなかったので、言う通りにしました。

母も、私が安全なように見張り番に立つからと約束しました。

それでも、私はやはり一晩じゅう眠れずに棚の上のラジオをずっと聞いていました。夜が更《ふ》けるにつれて、事態はさらに悪くなり、ルワンダのあちこちで、恐ろしいほどの数のツチが殺されていました。

政府とツチの解放軍のあいだで交わされた和平協定は破棄され、ＲＰＦは、虐殺を止めるために首都へ攻め込むと誓いました。

真夜中に、私は、外へ出てみました。

母は中庭で眠っていました。入り口の見張りをしながらうとうとしていたのです。

彼女を起こそうと近づいた時、私は思わず息が止まりそうになりました。

白いシーツに包まれた彼女は、冷たい月明かりの下でまるで死体のように見えたのです。

私は、家の中に駆け戻り、ベッドに身を投げ出して、この悪夢が起こってからはじめて、声を上げて泣きました。

「なぜこんなことが……。私たちが何をしたっていうんでしょう。ツチであることがどうして悪いんですか？　神様、なぜこんなことが起こるようになさるのですか？」

でも私は、泣いている場合じゃないと気を取り直して、涙をぬぐいました。おばかさん！ 泣くのは後にしなくちゃ！ この悲劇はまだ始まったばかりなんだわ。涙を流す時はまだたくさんあるにちがいないんだから。

外に出ると、太陽がちょうどキヴ湖から昇るところでした。

私は、眠っている母の傍らに座りました。そして、彼女の足をそっとなでさすり、もつれた髪を手で梳《す》きました。

彼女はいつでもとても綺麗で、それを自慢にしていました。こんなところを見るのは、どんなに辛《つら》いことでしょう。

私は、やさしくキスをして彼女を起こしました。

「お母さん、ここは寒いわ。さあ、ベッドで寝てちょうだい」

目が覚めるやいなや、彼女の目は、恐怖と困惑で満たされました。

「ダマシーンはどこ？ ヴィアネイは？ イマキュレー、お前は家の中で休んでいなくちゃいけないわ。こんな暗い時に、外で一人で何をしているの？」

「お母さんこそ、ここで何をしているの？」

「私は、お前を一人で家の中に残しておきたくはないけど、でもお父さんや息子たちのそばから離れたくもないんだよ。みんな無事なのを確かめておかなければ」

「みんな無事よ、お母さん。男の子たちとお父さんは、他の人と一緒に外でキャンプをし

ているわ。きっと、今日はもう少し良くなると思うわ」と、私は言いました。

彼女の顔に浮かんでいる苦悩の色が私の胸を締め付けました。

彼女は、生涯を通じて自分を犠牲にして人のために働いたのです。いつも私たちの心配ばかりをし、そして今ではもう、私たちを守ることは出来ないとわかっているのです。

この数日で、母は、驚くほど急に老《ふ》け込んでしまいました。

私たちは、父と兄たちを探しに行きました。彼らは避難民と一緒でした。

いつのまにか少なくとも一万人のツチが家の前にキャンプをしていました。

父は、大群集の中を歩き回り、みんなを勇気づけて回っていました。

一晩じゅう起きていて、中に入って休むのを拒否していたのですが、顔を洗い、新しい服に着替え、また避難民の中に戻って行きました。

たくさんの人が、彼に近づこうとし、その名前を呼ぶのですが、あまりに多いので、皆に話しかけるのは不可能でした。ついに彼は、崖の前にある大きな岩の上に登り、恐怖に打ちのめされている群集に向かいました。

「みなさん、みなさん」と、彼は叫びました。その声は群集の上にとどろき渡りました。

「あなたたちが心配しているのはよくわかります。でも、彼らは数少なく私たちは大勢です。もし、神の愛を抱き続けるならば、そして、彼らが悪魔に操《あやつ》られ、単に憎しみだけが理由で私たちを殺そうとしてくるならば、彼らは私たちより強くはありません。みなさ

ん、自分自身を信じましょう。おたがいを信じましょう。神を信じましょう」

私の胸は、誇りでいっぱいになりました。

ほんの数時間前まで、あんなに混乱して弱々しかった人と同じ人だとは思えないほどでした。

「戦いましょう」と、彼は続けました。群集は、彼の言葉に動かされ、彼の名前を呼び歓声を上げました。彼は、静かにするようにと、手で制しました。

「私が言ったように、あの殺人者たちが、ただ憎しみだけに駆られているのであれば、私たちは彼らを追い払うことが出来るでしょう。

でも、もし彼らを遣わしたのが政府で、その襲撃が、ツチの根絶を目的とするものであれば、簡単ではありません。政府は、銃と手榴弾を持っています。軍隊と義勇軍がありま す。それに比べて、私たちには何も武器がありません。

もし政府が私たちを殺そうとするならば、私たちに出来ることは祈ることだけです。

残された時間、懺悔《ざんげ》をし、私たちの罪の許しを乞いましょう。

もし死ななければならないのなら、綺麗な心のままで死ぬのです」

歓声はしずまり、みんなシーンとなりました。

私は、始め、父が、彼らの心を打ち砕いたかと思いました。でも、何千という群集は、彼の言葉に従って祈り始めたのです。

「生きているか、死んでいるかが問題なのではありません。大事なことは、私たちのところにやってきた悪魔と戦うことなのです」。父は叫びました。

何千もの人が、じっと父を見上げていました。彼は、右腕を頭上高く上げました。その手には赤と白のロザリオがしっかりと握られていました。

「神に、私たちを悪魔から守ってくれるように頼みましょう」と、ロザリオを持った手を振りかざしながら、彼は叫び、岩を降りて、長い金属の槍を左手に持ちました。そして、その手も同様に高く振りかざすと、続けました。

「神のご加護を願いましょう。同時に自分たちで守らなければなりません。槍を探しなさい。武装しなさい。しかし、誰も殺してはいけない。我々は彼らとは違う。殺しはしない。しかし、ここにただ座ってむざむざ殺されるのを待っているということもしない。勇気を出して、強くなりましょう。そして、祈りましょう」

父の演説から数時間後に、家の前に集まったツチをナイフや大鉈で武装した五十人のインテラハムエが襲撃しました。

父は、百人以上のツチの男たちを集め、殺人者に立ち向かいました。

届く距離まで近づいた時にいっせいに石を投げて、彼らを追い払ったのです。

でも、それは、ほんのつかの間の勝利に過ぎませんでした。ラジオは引き続き、虐殺が

広がっていると報告し、避難民たちは、後から後から、家の前に集まってきました。新しい人々が来るたびに、恐ろしい話が伝えられました。私たちがインテラハムエに完全に取り囲まれたのは明らかでした。

その襲撃の後、私は、スキャプラー（袖なしの法衣）を取りに部屋に戻りました。カトリックの、首のまわりにつけるもので、私にとってとても大事なものでした。誰にしても、それを身につけているものは、永遠の劫火《ごうか》の中でも死ぬことはない、という聖母マリアの約束の法衣、救いのしるし、危険の中での加護、平和の誓いなのでした。

私は大学に入る時にそれを買いました。もし何かがあった時には、それが天国への道を開いてくれると信じて。

私は、父の書斎に入りました。父は、机の中をかき回し、ポケットに家族の写真を突っ込んでいるところでした。

「お父さん、これを取ってちょうだい」と、私は、スキャプラーを差し出しました。

彼は、それが何であるかも、私が差し出した意味もわかっていました。

「家の中に残しておかないか。誰もこれを焼いたりしないさ」

私の目は涙でいっぱいになりました。

「いいえ、お父さん、これをつけてちょうだい。家族の中で一番危険に身をさらすのは誰だと思っているの？　この中で一番殺される危険が多いのは誰だと思っているの？　家の

ことなんか心配しても仕方がないわ。お父さんの魂の方が大事だわ」

「わかったよ、イマキュレー、その通りだね」と、彼は言って、私の手からスキャプラーを取り、首につけました。

「さあ、お前のためには何があるだろう。私のたった一人の可愛い娘のために」

そう言うと、なおも机の中をかき回していましたが、「ああ、そうだ。そうだよ。これこそお前にあげるものだ」と言って、シャツのポケットから、群集に示した赤と白のロザリオを取り出し、その鎖を私の手の中に押し込むと、上から彼の手でしっかり包みました。

「いつも、これを持っていなさい、イマキュレー」

「約束します」

その時、表のドアが激しく開き、近所の女性が、父に向かって絶望的な叫びを上げました。

「レオナール、レオナール、早く来て！　あいつらが帰ってきたわ。戻ってきたのよ。今度は、ずっと大勢で」

父は、寝室に取って返すと、ベッドの下に隠しておいた槍をつかみ、ドアに向かって突進して行きました。

私も後に続こうと思ったのですが、足がゴムのようで言うことをききませんでした。私たちは、死ぬんだわと思いました。

殺人者たちは、家からすぐのところにもう来ていました。

「あの邪悪な奴らと戦うんだ！ この意味のない虐殺をやめさせるんだ！ 奴らは私たちを殺すかもしれないが、我々は綺麗な魂のままで死んで行くんだ」と、父は叫んで、ツチの男たちを集めようとしました。でも、誰一人、前に出るものはありませんでした。

汗にまみれ、その目は大きく見開かれてぎらぎらし、父は、たった一人で、殺人者に向かって行きました。槍を高くかざして。

母は、必死に父の後について行きました。長い青いドレスがひらひらと揺れていました。彼女は、父のシャツのすそをつかみ、しっかりと地面に踏ん張りました。

父はなおも走り続け、母を引きずって行きましたが、彼女は叫び続けました。

「やめて、レオナール、やめてちょうだい。たった一人で戦うなんて出来ないわ。お願いだから、誰かを行かせてちょうだい。若い男はたくさんいるのよ。彼らを戦わせましょう」

誰もが彼女のことを見ていましたが、彼女は意に介しませんでした。

彼女は二十八年ものあいだ誰よりも彼を愛してきたのです。その男が死に向かって突進して行くのを、どんなことをしてでもとめようとしているのです。

父は、息が切れてそれ以上、彼女を引きずって行くことが出来ませんでした。

「どうしたっていうのよ」。彼女は群集の中の若いツチの男性に向かってわめきました。

「年上の人にあなたのために戦わせる気？　私の夫を何であなたたちのために最初に殺させようとするの？　男なら、立ち上がって、戦いなさい！」

みんな、彼女をじっと見つめていましたが、誰も動こうとはしませんでした。

彼女は、父の方に向き直り、そのからだを両腕に抱いて、泣きながら言いました。

「行かないでちょうだい、お願いだから、レオナール、行かないで！」

「ローズ、よく聞いてくれ」。父は母の肩をつかみました。「これはこの人たちに対する私の義務なんだ。もしそれが戦うということならば、私は戦う。私は、正しいと思うことをしなければならない。さあ、パニックになっていないで、若いお母さんたちを元気づけるんだ。必ず、私は帰ってくるよ」

両親が言い争っているあいだに、殺人者たちは去って行きました。近づいて見て、正確に何人ぐらいの人間が私の家のまわりに集まっているかを知ったのだと思います。たとえ銃や手榴弾を持っていたとしても、一万人に対して百人では勝ち目がないと思ったのでしょう。

家の前で両親が言い争った後、ダマシーンが私を探しに来ました。彼の目は充血して、声はかすれていました。

「殺人者たちは、今回は逃げて行った。イマキュレー、でもきっと帰ってくる。その時には、木の枝や石で追い払うわけにはいかない。もしあいつらが君を捕まえたら、まずレイ

プして、それから殺すだろう。逃げなきゃいけない。逃げて、ムリンジ牧師のところへ行くんだ。彼なら必ず、騒ぎが収まるまで、君をかくまってくれるはずだ」

「嫌よ、ダマシーン。家族と離れるなんて。みんな一緒じゃなくちゃここを離れないわ。どこかに隠れているうちにあなたたちが殺されると思ったら生きてはいられないわ」

ダマシーンは、しばらくのあいだ涙を浮かべて私を見ていましたが、外へ出て行くと、今度は父を連れて帰り、一緒になって私を説得にかかりました。

「お前のお兄さんの言う通りだよ、イマキュレー」と、父は言いました。「お前は若い女性だ。ここにいては危ない。ムリンジ牧師のところに行きなさい。数日のうちにこの騒ぎが収まったら、きっと私がお前を迎えに行くから」

私には、父が生き残って私を迎えに来られるとはとても思えませんでした。

「でも私、ここにいたいの」

「いいや、お前は隠れていなくちゃいけない。もう何も言うな」

「でも、お母さんは？　お母さんも私と一緒に来なくちゃ」

「もうお母さんには話した。でも、彼女は、息子たちと離れるのを拒絶したんだ。オーグスティーヌを連れて行きなさい。あの子が私たちと一緒にいた時に何かが起こったら、彼のご両親になんて言ったら良いいか」

一時間のうちに、オーグスティーヌと私は、ムリンジ牧師の家に向かって出発しました。

私が持っていたのは、リュックに入れた服が少しと父がくれたロザリオ、それに政府が発行した証明書だけでした。それには、私がツチだと書かれていました。

少しのあいだ、父が一緒に来てくれました。別れる時、彼は叫びました。

「忘れちゃいけないよ、イマキュレー、きっと迎えに行くからね」

それが私が聞いた父の最後の言葉でした。

牧師の家までは、狭い泥道を五マイルくだらなければなりませんでした。オーグスティーヌはフツですが、ツチのように見えたので、途中、殺人者たちに出くわすのではないかと私たちは心配しました。

そして心配した通り、後一マイルという時に少なくとも百人のフツが、手に手に槍やナイフや大鉈を持って私たちの方に向かって歩いてきました。

「ああ、もし僕が鳥だったら、今すぐにキガリの家に飛んで帰るのに」

彼らが近づいてくるのを見て、オーグスティーヌは小さな声で言いました。

私の心臓は飛び出しそうでした。何人かは、大鉈を打ち合わせて恐ろしい音を響かせ、何人かは、光る刃を引きずりながら道路の石に片っぱしからぶつけています。そのたびに、オレンジ色の火花が飛び散っていました。私は、ただ道路だけを見ようとしましたが、どうしても彼らの武器の影が目に入ってきてしまうのでした。

もし、背中に槍が突き刺さったら、どんな具合に穴が開くのだろうかと考えて、目を閉じてその痛みを待ちました。

でも、神様は見捨てなかったのです。

「イマキュレー、一体こんなところで何をしてるんだ？」

目を開けると、そこにカゲヨがいました。フツですが、父の良い友人でした。

彼もとても大きな槍を携《たずさ》えていましたが、その目にはやさしさがありました。

フツたちは、私たちをとり囲みましたが、カゲヨが彼らに怒鳴りました。

「この子たちにさわるな。彼らは俺の友達だ。誰もさわっちゃならない」

フツたちは、ぶつぶつ言いながら、それでも、私たちを通してくれました。

「心配するんじゃないよ。きっと平和をとりもどすからね」と、カゲヨは言って他の人たちと一緒に行ってしまいました。

オーグスティーヌと私は、必死に、全速力で走りました。牧師の家の前に立つまで一瞬も止まりませんでした。

「さあ、もう安全だわ」と、私は言いました。

それが本当に正しかったらどんなに良かったことでしょう。

第7章　牧師の家

ムリンジ牧師の家に着いた時、オーグスティーヌと私は息を切らしていました。

その数日の不安な日々で疲れきっていて、殺人者たちから逃れて全速力で走ってきたので頭はぼうっとしていました。ほとんど口もきけませんでした。

「男たちが……。槍を持って、私たちを、私たちを……」と、私はあえぎました。

ムリンジ牧師は、大きなレンガの家の巨大な玄関の前に立っていました。

私はいつも、彼のヨーロッパ風の家は、この村らしくないと思っていました。

村にはまだ、粗末な小屋やブリキの掘っ立て小屋が多かったのです。

たくさんの寝室、大きな居間と食堂、屋内の水道と三つのお風呂。前庭には花がいつでも咲き乱れ、大きな木がやさしい木陰を作って強い日差しから守っているのでした。

「よく来たね、イマキュレー。しばらくだったね」と、彼は温かく迎えてくれました。

私は、彼の十人の子どもの一番下の子と、子どもの時から仲良しだったので、この家にも何度も訪ねてきていました。

牧師はまた、長年、父と一緒にいろいろな事業もしていたので、私の家でもたびたび見

かけていました。

また彼は、私のボーイフレンドのジョンの叔父さんでもありました。

でも私は、突然、叔母が言っていたことを思い出しました。牧師はプロテスタントなのですが、私の父が仕事で成功し、地域の中で良い立場にあるのを良く思っていないのだと。

でも、私にはいつも良くしてくれたので、私は、尊敬の念を持って接していました。

「父が、ここに来るようにと言いました。ムリンジ牧師様」と、彼の手をぎゅっと握ったままで私はようやく言いました。「父は、事態が収まったら、すぐに迎えに来ると言っていました。きっと自分で来ると約束したんです」

牧師は何も言いませんでしたが、その目は、君のお父さんは、もう決して君を迎えには来ないだろう、もう、彼に会うことは決してないだろうと言っていました。

私は、彼の表情に気づかないふりをしました。家族に何かがあるとひとたび考え始めたら、とても耐えられないとわかっていました。

居間に通される前に、私はオーグスティーヌを紹介しました。

そこには、何人か客がいて、話をしていましたが、私たちが入って行ったとたんに、会話が一瞬途切れたような気がしました。

最初に目に入ったのは、ブホロでした。私の小学校の先生です。

部族点呼で辱《はずかし》められはしましたが、別に恨んではいませんでしたので、知っている人がいた嬉しさで彼に近づき、にっこり笑って握手をしようと手を差し出しました。

ところが彼は、上から下までじろりと私を見ると、舌打ちしてくるりと背を向けました。

今まで、そんな風に失礼で、敵意をむき出しにした態度にあったことがなかったので、私は一瞬呆然としました。それも、私の小学校の先生だった人に。

彼の態度はとり間違うことなくこう言っていたのです。

「さわるな！　汚いツチ野郎め！」

部屋にいた誰もがその光景を見ていました。

私は、まわりを見回しました。きっと誰か、私をかばってくれる人がいると信じて。でも、誰も気にもかけない様子でした。牧師自身でさえ。

オーグスティーヌだけがそれに反応しました。彼はブホロのところへ行きましたが、握手をするのを拒否し、私のところにやって来てそばに立ったのです。

私は、ブホロがフツだとずっと前から知っていましたが、昔からツチを憎んでいたフツの過激派だったと知ったのはその時でした。

またも、ブホロは、ツチであるというだけで、私に屈辱を感じさせたのです。

あまりに恥ずかしく、部屋から出る前に他の人々に挨拶するのにも勇気が必要でした。

それなので、そこに小学校からの親友のジャネットがいるのに気づいた時、私はほっとしました。彼女は他の女の子たちとおしゃべりをしていました。

私は、走って行って叫びました。

「ジャネット！　会えて嬉しいわ。ここ数日は大変だったのよ。世界じゅうがおかしくなってしまったわ。村じゅうでたくさん人が殺されたのよ。まるで、私たち犬のように扱われたわ。ああ、神様、あなたに会えるなんて！　友達の顔を見るのはなんて嬉しいことでしょう」

私は嬉しくて、思い切りジャネットを抱きしめました。でも、彼女はからだを硬くしたままでした。腕を解いてその顔を見た時、そこには友達の顔はありませんでした。それどころか、私から目をそらしていたのです。

彼女はショックを受けているんだわと私は思いました。

「気分が悪いの？　ジャネット？　私もよく寝ていないの。でも、ほんとに会えてよかったわ。お父さんはムリンジ牧師のところに行きなさいと言ったけど、私は、ここでは居心地が悪いの。あなたが来ていたなんて、なんて幸運なんでしょう。私、あなたと一緒に行くわ。事態が収まるまで一緒にいられるわ」

ジャネットはかがみこむとバッグを取り上げて立ち上がりました。

「あなたが何を考えているのか私にはわからないわ、イマキュレー」と、彼女は、相変わ

らず私の顔を見ずに言いました。

「私はあなたをかくまったりはしないわ。もちろん、お父さんだって、うちにツチをかくまうようなことはしないに決まっているわ」

「でも……。ジャネット」

彼女は、他の少女たちの方に行くと、「帰りましょう」と言って家から出て行きましたが、振り返りさえしませんでした。

私は、ホールによろけこみ、壁に寄りかかりました。

どうしてあんな風に、親友が私に背を向けられるというのでしょう。まるで姉妹のように仲が良かったのに、どうして、あんなに冷酷になれるのでしょう。

オーグスティーヌはレキムと一緒に現われました。ムリンジ牧師の末の息子で、私がこれまで持ったうちで一番親しかった男友達でした。

私たちは小学校の時から知っていました。彼がダマシーンの親友だったので、いつもうちに遊びに来ていて、一緒にどこかに遊びに行ったり、ピクニックをしたりしていました。

私たちはおたがいに夢中になり、私の二十歳の誕生日の前に最初のキスをしたのですが、それが私たちのロマンスの最初で最後でした。あまりにすばらしい友情だったので、私たちはその関係を変えたくなかったのです。

「さあ、イマキュレー、気にしないで。みんな今日は変なんだよ」と、レキムはやさしく言うと、私の肩をそっと抱きました。

「おいでよ。僕の姉妹の部屋に連れて行こう。オーグスティーヌは、兄弟の部屋にいたら良い。女の子たちは、きっと君に良くしてくれるはずだよ、イマキュレー」

私は、レキムが私を見つけてくれて本当に嬉しく思いました。

妹のデュセンゲのことならよく知っていました。彼に似て親切なやさしい子でした。私は、私たちが仲が良かったのは、数年前に亡くなった母親のエレナがツチだったからなのだろうかと考えました。レキムもデュセンゲも父親がフツなので、フツだと考えられていましたが、母親のおかげで、ルワンダのツチのことを理解出来るのでした。

私たちが部屋に向かっていると、オーグスティーヌが突然叫びました。

「家に帰りたい。お母さんやお父さんお姉さんに会いたい。キガリに帰りたい」

「どうしたのよ」と、私は彼の手をとって言いました。

「落ち着いて。今は、どこにも行けないのよ。外はとても危険だわ。無事にここにいられることに感謝しましょう。それに、あなたはツチのように見えるかもしれないけど、フツなのよ。身分証明書もあるわ。誰もあなたに危害は加えないわ」

「違うよ、イマキュレー、それは違う。居間の人たちがささやき合っているのが聞こえたんだ。僕がツチ解放軍のメンバーじゃないかって。彼らは、僕がＲＰＦのスパイじゃない

かって思っているんだ。身分証明書なんて何にも役に立たないよ。偽物だって言うだろう。誰一人、この辺で僕を知っている人はいないんだ。

あいつらは僕を殺すんだ。わかってるさ。僕を殺すんだ」

恐怖にうちひしがれ、涙が頰を伝わり、その手は震えていました。

「落ち着いて、オーグスティーヌ。私たちが一緒にいるあいだは、おたがいに守り合いましょう。きっと、私たち大丈夫よ」

そんなことを言える強さがどこから来たのかわかりませんでした。私自身、死ぬほど怖かったのですから。生き残れるかどうかさえ、まったく自信はなかったのです。

でも、私は、神様はきっと助けてくれると信じなければなりませんでした。さもなければ、このような苦しみや、怒り、裏切りに耐えられなかったからです。

デュセンゲは部屋にはいませんでした。

私は、目を閉じて静かに横になりました。その数日、ほとんど寝ていなかったのですが、やはり眠ることは出来ませんでした。ここに来るまでの出来事が脳裏に浮かびます。

母が外で私を守ろうとしていた時の灰色の顔。

何千という群集の前に立って、彼らを勇気付けようとしていた父の顔。

殺人者たちの手の中の大鉈のにぶい光。

様々な思いが駆け巡っていました。

その時、ダマシーンの興奮した声が聞こえました。夢を見たのかと思いましたが、確かに、兄は寝室の外で誰かに話していて、数秒後には部屋の中にいました。

「ダマシーン、どうなっているの？」

「あいつらは、焼き払ったんだ」

「何を？ 誰が何を焼き払ったの？」

「殺人者たちだ。僕たちの家を焼き払った。皆なくなってしまった」

私はベッドに沈みこみました。父は、ちょうどその家を完成したところだったのです。それは、父の生涯の夢であり、老後の城のはずでした。

「お父さんは、それを知っているの？」

「もちろんさ。あいつらはお父さんの目の前で家を焼き払ったんだ」

それから、私が出てからのことを全部話してくれました。

父は、政府が殺人者たちを操っていることがどうしても信じられなかったようです。そこで、彼は、地方長官のカバイに助けを求めに車を運転して出かけました。

「でも、カバイは、お父さんを刑務所で飢え死にさせようとしたんでしょ」と、私はさえぎりました。「何を考えていたんでしょう」

「お父さんは、それしか道がないって言った。殺人者たちは、すっかり家を取り囲んでい

て、新しい避難民は増えるばかりだったんだ。

お父さんは、彼の助けを求めてやってきた人たちに責任を感じていた。だから、カバイのところに助けを乞いに行ったんだ。何千というツチがいることを話し、できる限りの兵隊たちを送ってくれるようにと頼んだ」

カバイは、父に心配しないようにと言い、二人の兵士に家まで送らせました。でも、家に着いた時には、すべては恐ろしいたくらみだったとわかったのです。

「兵隊たちは、お父さんをあざけり始めた。『どこのどいつが、長官がお前とゴキブリどもを守るために我々を送ってくれるなんて考えられるんだ。こいつらは、皆殺しにされなきゃいけないんだから』と言ったんだ」

この時、ヴィアネイが部屋に入ってきましたが、二人とも本当にひどい状態でした。ダマシーンは真っ青で、ヴィアネイはおびえて、うつろな表情をしていました。

「兵隊たちは、殺人者を呼び寄せるために銃を撃った。あいつらは走ってきた。空中に大鉈を振り回し、動物のようにわめきたてながら。家の近くにいたツチたちが、あまりに大声で叫んだので、まるでからすの大群が一度にわめきたてているようだった。彼らは、めいめい色々な方向に走って行った。何千もの人々がパニック状態になったんだ。

お父さん、お母さん、ヴィアネイは、みんな、家の裏口から逃げ出した。僕も後を追った。殺人者たちが僕たちの方に向かってこないのを確かめながら。

兵隊たちが叫んだ。『ここはゴキブリどもでいっぱいだ。消毒してみんな一掃しろ。何を待ってるんだ、やっちまえ。このゴキブリどもを皆殺しにする時が来たんだぞ』

殺人者たちは一気に凶暴になった。家に押し入り、何もかもを叩き壊し、車には火を放った。叩き壊さなかったものは、略奪していった。それから、家に火をつけたんだ。

五分もたたないうちに、家は、完全に炎に包まれた。

お父さんは、地面に倒れて気を失った。自分が見たものが信じられなかったんだ。きっと事態は良い方向に向かうからと言い続けてきたけど、間違っていたことに気づいた。でも、すべては遅かった。彼の人生のすべてが目の前で燃え尽きてしまったんだ。

僕たちは、彼を抱え上げて、バイクが隠してあったところに連れて行った。彼が乗り、お母さんを後ろに乗せた。話をする間もなかった。考える時間も、さよならを言う時間もなかった。

お父さんは叫んだ。『走れ！　ムリンジ牧師のところに行って、妹を探せ。私は、お母さんを安全なところまで連れて行く。隠れろ。後で必ず見つけ出せるから』

お母さんは、お父さんの背中に向かって叫んだ。『息子たち、息子たちはどうなるの？』

バイクのエンジンの音の中で聞こえたのはそれだけだった。

彼らは、行ってしまった」

「でも、でも……。どこへ行ったの？」。胸が張り裂けそうでした。

「わからないよ。セシルおばさんのところか、さもなければ、避難場所の教会のどれかかもしれない。何もかも混乱していて、何千というツチは、皆思い思いの方向に逃げ出した。山に向かい、森に入り込み、沼地に入り、それから競技場に行った人たちもいる。でもイマキュレー、どこへ逃げても、どこにでも殺人者たちがいるんだ。この国のどこにでも。今じゃ、僕たちは隠れるための家も失ってしまったんだ」

私は、声も出ませんでしたが、何か言わなければと必死でした。

「ええ、家はなくなったわ。でも私たちが一緒にいられれば、どこだってそこが家だわ」

私は、勇気を奮い起こして、希望をつかもうとしました。

「みんなで街に行きましょうよ。キガリへ行ってやり直すのよ」

二人は、信じられないと言うようにじっと私の顔を見つめました。

「イマキュレー、何を考えているんだ？　殺戮は、僕たちのまわりじゅうで起こっているんだよ。ここに来るにも、道路に転がった死体を踏み分けてこなきゃならなかった。それもみんな僕たちのよく知っている人たちだ。僕たちは、もう罠《わな》の中に囲まれてるんだ」

彼は、それまでに私が一度も見たことのない表情を浮かべて私を見ました。

「どうして君は、こんなことが起こっているのに、きっと大丈夫なんて言えるんだ」

私のおめでたさにはうんざりだというような表情が、鞭のように私を打ちのめしました。

この私の楽観主義が、父や兄たちをこの信じられない悪夢の中に突き落としたとでもいうのでしょうか。この運命に、私は責任があるのでしょうか。

他に何が出来たというのでしょう。父は動かなかったのですし、物事はあっというまに起こったのですから。

絶望するべきだったのでしょうか。落ち込むべきだったのでしょうか。それとも、事態に対してヒステリーを起こすべきだったのでしょうか。

でも、生き残るためには、希望が必要です。

私は、神様が、私たちツチをただ虐殺されるためにお創りになったと信じるのは耐えられません。でも今、愛してやまないダマシーンは、私を怒りと絶望の表情で見ています。

「ごめんなさい」と、私は泣きながら言いました。「でも私たちに残されたのは希望だけなのよ。それをなくさないようにしましょうよ。まだあきらめてはいけないわ。覚えてる？あなたは、来年、私の卒業式に出席するって約束したのよ」

「ほんとにそう思ってるの?」。兄はいつものすばらしい微笑を見せましたが、心から信じてはいないようでした。

私だって、その夜を無事に過ごすことが出来るかどうかもわかっていなかったのです。

でも、私は、ありったけの勇気を奮い起こしました。

「ええ、もちろんよ、ダマシーン、もちろん私たちは大丈夫よ」

「わかったよ。もし君が希望を捨てないと言うのなら、僕も捨てないよ」

そして、ヴィアネイの方に向きました。

「お前は、オーグスティーヌと一緒にいた方が良い。彼はすごく怖がってるからね。それから、たとえ何が起ころうとも、この家を離れるんじゃない。そうするって約束してくれ。イマキュレーを一人にしちゃいけない。殺人者と強姦をする奴らはそこらじゅうにいるんだ」

「約束する」と、私の可愛い弟は言いました。

それから、ダマシーンは宣言したのです。

「僕はここにとどまらない。僕は、牧師がお父さんをあまり好きじゃないのを知っているんだ。それから、僕のこともあまり良くは思っていない。それにあまりに多くの人々が、僕がここに来たところを見ている。それは、君たちにも危険だ」

私は、お願いだから一緒にいてと頼みましたが、彼の決意は固く、近くに親友のボンが住んでいるので、そこに行くと言いました。ボンはフツなので、兄をしばらくはかくまうことが出来るはずなのです。

私は、ダマシーンを玄関まで見送りました。

私たちは、すぐに会おうねとか、数週間後に会おうねという言葉を交わさずに離れたことはこれまで一度もありませんでした。

でも今、私は、さようならと言うことすら出来ないでいるのです。それが、彼の美しい顔を見る最後になるかもしれないと知っていましたから。

私のお兄さん。私のソウルメイト。

その手は、柔らかく、軽く、羽のようで、どんなに強く握り締めても、彼の手のひらの重みを感じることが出来ませんでした。まるで、消えていく魂の手をとっているかのようにおぼつかない感触でした。

私の胸は張り裂けそうでした。

私たちは、ただ黙ってじっと見つめ合いました。

そして、とうとうダマシーンは、悲しげに微笑んで、門から出て行ったのです。

第8章 少年たちとの別れ

ダマシーンが出て行ってすぐに、牧師の家の玄関がノックされました。ヴィアネイの高校の教師の一人だったジマが、ムリンジ牧師と話しているのが聞こえ、押し殺したような声でのやり取りの後、ドアは閉じられました。

外に出ると、ジマが牧師の家の大きな木の下で一人で座っていました。ぼんやりした明かりの中でさえ、苦悩に満ちた表情なのが見てとれました。彼は、おびえた小さな子どものような声で私に聞きました。

「彼らは何をするつもりなんだろう。みんな殺されるんだと思うかい？」

はじめ、彼の声を聞いた時には、自分勝手にも彼が私を勇気づけ、慰めの言葉を掛けてくれることを期待したのですが、その両方を絶望的に必要としていたのは彼の方だったのです。

ジマは、妻と子どもたちは、離れた村に住む妻の母親を訪ねていると言いました。彼らが一体無事なのか、それとも死んでしまったのかを知る方法はありませんでした。

「妻と赤ん坊が私の目の前で切り殺されてしまっている光景が頭から離れないんだ。

それなのに私には何も出来ない。わかっていることは、彼らはきっとどこかの道路に死んで横たわっているにちがいないということなんだ」

私は、何とか彼を元気づけようとしました。でも、何を言えるというのでしょう。

彼は、深いため息をつきました。「どこへ行ったらいいんだ。外では、誰もが、大鉈を振りかざしているか、銃を持っているんだ」

「ここで虐殺が終わるまでじっとしていたらどうですか？　それから家族を探すのです」

彼は頭を振り、立ち上がりました。「ここにはいられないんだよ。でも、他に行くところもないんだ」

「あなたのために祈っています」

「ありがとう、イマキュレー」

彼は、前庭へ歩いて行きました。そこには、ムリンジ牧師が待っていました。

牧師は、ジマにここにはいられないと告げたのにちがいありません。彼が門の方を指差した時、ジマは一言も言わずに去って行きました。

後になって、私は、この気の毒な男性が、牧師の家からほんの数百ヤード降りたところで、襲われて殺されたことを知りました。

それから数時間後、私は、小さな寝室に一人でいたのですが、そこにムリンジ牧師が、音も立てずに五人のツチの女性を連れてきました。

皆その地域の人なのですが、誰一人よく知っている人はいませんでした。

彼女たちを部屋に入れると、牧師は急《せ》き立てました。

「急いで。急いで。静かに」

あまり早口で、低い声だったので、何を言われているのかわからないほどでした。

「ここで待って。静かにして」。そう言って、彼はドアを閉めて行ってしまいました。

残された六人のツチの女性たちは、おたがいに知らなかったのですが、共通のことが二つありました。一つは追われていること、一つは隠れるところがどこにもないことでした。

私たちは、立ったまま見つめ合いました。誰も恐怖で口もきけず、おたがいに紹介し合うこともありませんでした。外で何が起こっているのかはわかりませんでしたが、牧師の焦《あせ》った態度から、事態は最悪なのだと想像出来ました。

突然、家の外で悲鳴が聞こえました。ぞっとするような叫び声で、鳥肌が立ちました。

それに続いて、恐ろしい怒りに満ちた声が叫びました。

「みんな殺せ、皆殺しだ！　みんな殺せ！　殺せ！」

悲鳴はますます大きくなり、助けを呼ぶ声が聞こえました。

「あいつを殺せ！　殺せ！」という声が続きました。

私たちは、パニックになりました。何人かは、床に身を投げてベッドの下にもぐりこみ

ました。私は、あまりひどく震えるので、床が揺れているのかと思いました。

私の目は、必死に隠れ場所を探して部屋じゅうをさまよいました。そして、天井に小さな割れ目があるのを見つけました。

「あそこに隠れましょう」

私は椅子をその下に引きずって行き、よじ登りました。そして、他の人を引っぱりあげ、次々にその穴から全員が天井に隠れました。

そうして、牧師が戻ってくるまで、その窒息しそうな窮屈な場所に服が汗でぐしゃぐしゃになるまで隠れていました。息をするのも苦しいほどでした。

二時間後、ムリンジ牧師が戻ってきましたが、部屋の真ん中に立って頭をかきむしりました。信じられないというような表情が顔に浮かんでいました。

「どこに行ってしまったんだ？　なんてこった！　ここに確かにいたはずなのに」

それほど恐怖を感じていなかったら、きっと、私は笑い出したにちがいありません。

「ここにいます。上です」と、私は穴から頭を出しました。

牧師は頭を振り、すぐに降りてくるようにと言いました。相変わらず真剣な表情でした。

「君たちが皆怖がっているのはよくわかっている。外ではとんでもないことになってるんだ。殺人者たちは、どこでもかまわず家に押し入っている。彼らはいつ来るかわからな

い。正直言って、私は今、君たちをどうしたら良いかわからないんだ。とにかく考えてみる」

私たちがパニックになっていたので、彼は素早く解決策を持って戻ってきました。

「心配するんじゃない。私は君たちを裏切ったりはしない」と、約束しました。

「よく聞くんだ。明日の朝早く、誰も起き出さないうちに、他の部屋に連れて行く。そこで虐殺が収まるまで待つんだ。私は、家の者に、君たちは去ったと伝える。君たちがここにいるのを知っているのは私だけだ。根拠のない噂は、私たち皆を殺すだろう。こうした大虐殺は以前にもあった。ひとたび血の匂いが充満したら、もう誰一人信じられなくなるんだ。たとえ、自分自身の子どもでさえ。

たった一人でも、君たちに気づいたら、それで終わりだ。神にかけて、私は、ここで死んで欲しくない。私の手の中で死んで欲しくない」

それから牧師は、私に向かって、心臓が切り裂かれるような言葉を言いました。

「君の弟とその友達は、ここにいるわけにはいかない。ここを離れて、自分たちで何とかしてもらわなくちゃならない。男性をかくまうのは危険すぎる。見ての通り、女性たちだけだって私の手には余る数なのだから」

彼は、私の目を見られませんでした。二人とも、ヴィアネイとオーグスティーヌを今、外に出すことは、彼らを死に向かわせることだとわかっていました。

「ああ、ムリンジ牧師様、お願いです。そんなことはどうぞ……」

彼は、指を唇に当てて私を黙らせました。

「彼らは行かなきゃならないのだよ、イマキュレー。数時間後に私が戻ってくるまでに、立ち去らせなさい。誰にも君を見られないように」

牧師が部屋を出た時、私は彼を無言のうちに呪いました。

どうして、私たちをかくまうことによって聖人のように振舞うことが出来るでしょう。弟とオーグスティーヌを殺人者たちに引き渡すことがわかっていながら。

私たちを助けようとしている人を軽蔑したくはありませんでしたが、どうしても最悪の事態を思い浮かべずにはいられなかったのです。

以前の大虐殺の時、あるフツの男たちは、ツチの女たちをかくまいましたが、ツチの男性は助けなかったので、彼らがツチの女性をかくまったのは、彼女たちの美しさのためで、男たちが殺された後で自分の物にするためだったのだと言われました。

私は、牧師には私たちをかくまう裏の目論見があるのではないかと疑ってしまいました。

私たちは、その夜、眠ろうと努力しましたが、これからどうなるのかがまったくわからない状態では、それはとても難しいことでした。

目を閉じるたびに、ヴィアネイとオーグスティーヌが家から出て行って、狂気の人々が

大鉈を振りかざしているところが思い浮かんできました。

少年たちはまだそんなにも若いのです。二十歳と十八歳でしかないのです。どうして手放すことなど出来るでしょう。彼らを行かせることは、私にとっては裏切りでした。

私は、彼らと一緒に行くことを決心しました。そして、また決心を変えました。そしてまた変え、また……。

もし襲われたら、私はどのように彼らを守ることが出来るというのでしょう。かえって足手まといになるのは目に見えています。女性連れではいっそう人目を引き、それは、彼らの死をも意味するのです。

ダマシーンが別れ際に言った言葉もよみがえりました。

「どんなことがあっても、ここを離れちゃいけない」

私は、声を殺してうめきました。でも、それは、他の人たちに気づかれてしまいました。

「心配しないで。あなたの弟はもう大人よ。小さな子どもじゃないわ」

と、中の一人、テレーズが言いました。私が何時間も苦しんでのた打ち回っているのを見ていたのです。

「彼らは立派な大人ですよ。自分たちで十分やっていけるわ。あなたが一緒に行けば、レイプする人を引きつけるだけですよ。行かせなさい。それが一番良いのよ。あなたはここにいるのが一番いいのよ」

おそらく、彼女は正しいのでしょう。それでも辛いことでした。私は、ヴィアネイが行ってしまったら、もう家族の誰にも会えなくなるのではないかと心が張り裂けそうでした。

夜明けの二時間前に、牧師がきびしい調子で私たちを起こしました。

「起きて、行くんだ、早くして」

彼は私を見て言いました。

「弟に別れを告げて、すぐに戻って来なさい」

その部屋に入り、ヴィアネイとオーグスティーヌを起こすのは、それまでの何よりも辛いことでした。涙が雨のように顔を流れました。幸いなことに、夜明け前の暗がりが、私の恥ずかしさと悲しみと恐怖を隠してくれました。

私は、ヴィアネイの背に手を置いて、彼を起こしました。やさしくゆっくり、すすり泣きを気づかれないようにしながら。

「起きなさい、朝よ。牧師様は、私たち皆がここにとどまるのは不可能だと言うの。男たちは行かなければいけないと。大丈夫。きっとお父さんに会えるわ。彼がどうしたら良いか話してくれるわ」

私は、救いのない気持ちでした。まるで心臓が絞り上げられているようでした。

ヴィアネイとオーグスティーヌはベッドから飛び起きました。

「何だって？　イマキュレー、どこに行くって言うんだ！　ダマシーンを待たないで僕たちどこにも行けやしないよ。もし僕たちが行ってしまったら、彼はどうなるの？」

私の弟は眠い目をこすりながら言いました。

ヴィアネイの言葉は私を引き裂きました。私は、彼を危険にさらそうとしていたのに、彼は、兄弟のことを心配しているのです。

私は、赤ん坊を狼の群れに投げ込もうとしている母親のような気持ちでした。

「ダマシーンはきっと大丈夫よ」

何とか、声が普通に聞こえるように私は言いました。

「きっとどこかに無事でいるわ。さあ、行きましょう」

私は、暗い玄関ホールを通って、玄関のところまで彼らを急き立てました。

私は、力の限りにヴィアネイを抱きしめ、何度も何度もキスをしました。

「強くいてちょうだい、ヴィアネイ、きっとすぐに会えるわ」

彼らはドアから出て行きました。

そして、暗闇に呑まれていきました。

第二部

隠れ家へ

第９章　トイレに隠れる

ヴィアネイとオーグスティーヌの後ろでドアを閉めると、私は他のツチの女性たちのところに戻りました。

ムリンジ牧師は、懐中電灯の光で私たちを玄関ホールから彼の寝室に連れて行きました。

壁沿いに光に導かれて一つのドアの前に来ました。中庭に続くドアのように見えました。

「ここが、これから君たちがいるところだ」

彼は、そう言うと、私たちの新しい場所へのドアを開けました。

そこは、小さなクローゼットほどのトイレでした。

壁の下半分は、白いエナメルのタイルになっていて、かすかに光っていました。

片方の端にはシャワーが、反対側にはトイレがあり、フロ桶のためのスペースはなく、天井の換気窓は赤い布で覆われていて、おかげでいっそう狭《せま》く見えました。

このスペースに六人がどうしたら入るのか想像もつきませんでした。

でも、牧師は、私たちを追い立てて、ぎゅうぎゅうと押し込んだのです。

「ここにいるあいだ、絶対に音を立ててはいけない。絶対に」と、彼は言いました。

「少しでも音を立てたら、君たちは死ぬんだ。彼らが何か聞きつければ、見つかってしまう。そうすれば、君たちは殺されてしまう。ここに君たちがいることは、絶対に誰にも気づかれてはいけない。私の子どもたちでもだ。わかったか」

「はい、牧師様」と、私たちは、声をそろえて言いました。

「それから、トイレを流したり、シャワーを使ったりはしないように」

彼は、懐中電灯でトイレの上の方の壁を照らしました。

「この壁の反対側にもトイレがある。そこは同じパイプでことつながっている。どうしてもトイレを流したい時には、そこを誰かが使うまで待つんだ。そうして、確実に同時に流す。わかったね」

「はい、牧師様」

懐中電灯は消され、彼の最後の言葉は暗闇の中で聞こえました。

「おそらく、殺戮はまだ来週も続くだろう。もしかしたら、もっと早く終わるかもしれない。十分注意していれば生き延びることが出来る。私は、もし彼らが君たちを捕まえたらどうするかわかる。それは絶対にさせたくないんだ」

彼は、真っ暗闇の中に私たちを立ったまま残してドアを閉じました。

私たちは、それぞれのからだを押し付け合いました。息の匂い、汗の匂い、肌の匂いが交じり合って、気を失いそうでした。座ろうとしました。でも皆が一緒に動くのは無理でした。まず、背の高い四人が壁に背中をくっつけてタイルの床に腰を下ろし、小さい女性たちを膝の上に乗せました。三時を過ぎていましたが誰もがはっきり目覚めていました。でも誰一人話しませんでした。ただ外のこおろぎの鳴き声と私たちの息の音《ね》を聞いていました。

私は、心のうちで、どうかヴィアネイとオーグスティーヌをお守り下さい、両親とダマシーンが無事でありますように、そして、ムリンジ牧師を遣わしてこのトイレに私たちを導いて下さったことに感謝します、と神様に祈りました。

この数日間ではじめて、私は安全だと感じました。私自身、何度もこの家を訪れていながら、このトイレの存在には気づかなかったのですから。

また、ムリンジ牧師が、自分の危険も顧みずに私たちを助けてくれたことに対してどうぞ祝福して下さいと頼もうとしたのですが、どうしても祈ることが出来ませんでした。弟たちを夜の闇の中に追いやったことで、怒りの炎が燃え上がっていたのです。

私は、神様に、いつか私が牧師を許すことが出来るようにと祈りました。

雲の後ろから月が顔を覗かせました。淡い光が、赤いカーテンの隙間から差し込んでき

たので、一緒にいる女性たちの顔がおぼろげながら見えるようになりました。

月の光で、私の隣に座っているのがアサナシアだとわかりました。黒い肌に大きな目をした綺麗な十四歳の少女です。

その膝の上には、十二歳のベアタが座っていました。学校の制服を着たまま放心したような様子でとてもおびえています。私は、私の膝に乗せてやさしくゆすってやりました。彼女が眠りにつくまで。

私の前にはテレーズがいました。五十五歳で最年長でした。結婚した婦人が着る色鮮やかなルワンダの民族衣装を着ていました。彼女は、私たちの中でも一番心配しているように見えました。六人の子どもたちのうち、ここにいるのはクレアとサンダの二人だけだからなのでしょう。

クレアは、私と同い年ぐらいで明るい肌をしていました。とても神経質になっていて、誰とも目を合わせませんでした。

妹のサンダは、まだ七歳で最年少でした。可愛い子で驚くほど落ち着いていました。みんなが震えているような時でも、一度として泣いたりおびえたりしなかったのですが、きっとショックで心を閉ざしていたのではないかと思います。

音を立てるなという牧師の繰り返しての警告のために、私たちは不自由な格好のままで、体の向きを変えるために動くのも恐ろしく、息をするのもためらわれるほどでした。

私たちは、灰色の夜明けの光が部屋に差し込むのを待って、注意深く順番に立って、体を伸ばしました。二、三分の休息が、許されるすべてでした。

朝になって、庭の大きな木で鳥たちが歌い始めました。

何て羨ましかったことでしょう。何て、あなたたちは幸運なの？ 鳥に生まれてきたなんて！ 自由に歌うことが出来て。ご覧なさい。私たち人間がどんなことをしているかを。


くたびれ果てて、おなかがすいて、ひしめき合って、暑くて、私たちは、最初の一日を朦朧《もうろう》として過ごしました。眠ることなど不可能でした。もし私が居眠りをしようものなら、直ちに足がきつくなって起こされるか、誰かのひじが私の肋骨《ろっこつ》をつつくのでした。

その日の夕方、私たちは、ムリンジ牧師が外の誰かと話しているのを聞きました。

「いいや、いいや」と、彼は言っていました。「何のことを言っているのかわかりません。私は、良いフツです。決してツチなんかかくまったりするものですか。ここにはツチはいませんよ。彼らは昨夜、皆ここを出て行きました」

私たちは、目を見開いておたがいを見つめ合いました。

「政府と面倒を起こしたくなんかありませんよ」と、牧師は続けました。

「私がどんな人物か、よくおわかりでしょう。あなたたちにはここを守ってもらわなくて

はね。良いフツだというので、ツチの解放軍がここを襲うかもしれないのですから」

牧師が話していた人は誰かわかりませんが、去って行きました。

ムリンジ牧師は、私たちを助けるために嘘をついてくれたのです。

私は、彼が殺人者たちに私たちを差し出したりしないと確信しました。

彼自身、もう後へは引けないのです。もし、彼が私たちを引き渡すとすれば、それは、彼が私たちをかくまっていたことを示すのですから。

彼は、穏健派と呼ばれていました。それもまた部族への裏切りと見られ、私たちと同様、殺されかねないのです。

私は、ほっと息をつき、膝の上のベアタを抱きしめました。

私は、まだ小さくて、何かを怖がっていた時、どんな風に母が私を抱きしめてくれたかを思い出して悲しくなりました。両親のことも兄弟たちのことも、何もわからないでいることなど、これまで一度もなかったのです。

私はうとうとしました。そしてヴィアネイとオーグスティーヌとダマシーンが、牧師の家の門を叩いている夢を見ました。後ろでは私たちの家が燃えています。両親が父のバイクに乗っています。母が私に向かってこう聞きました。

「私の男の子たちはどうしたかしら」

私が夢を見ているあいだに、ムリンジ牧師がドアを開けました。そして、一言も言わず

に、冷たいジャガイモと豆のお皿を押し込んできました。

もう夜遅く、十一時ごろでした。誰一人として、この二日間、ほとんど何も食べず、何も飲んではいなかったので、私たちは、お皿に飛びつき、汚れた手のまま手づかみで食べ物を取り、夢中で口に押し込みました。

五分後に牧師がフォークを持ってもう一度やってきた時には、もう何も食べるものは残っていませんでした。彼はお皿を見つめ、それから、いかにも哀れだという風に私たちを見つめました。そして、薄いマットレスを投げ込んできました。

「長いこと旅をしてきたんだ。さあ、少し休みなさい」


次の日起きた時、私たちは順番に痛む筋肉を伸ばしました。

おたがいに話が出来なかったので、ほんの一インチ（約二・五四センチメートル）動くのも大変でした。

私たちは、すぐにサインで交信することを覚えました。

私は、不自然な格好をさせている足の痛みに顔をしかめながら、戦争が終わったら、話すことがたくさんあるわと思っていました。

「聞いてちょうだい、私が耐え忍んだことを」と、私はきっと誇らしげに話すことでしょう。

「私は、小さなトイレの中に五人の見知らぬ人々と一緒に閉じ込められていたのよ。何と

いう英雄でしょう、私は！」

でもすぐに、家族を思って現実に引き戻されました。

両親は燃える家から逃げ出しました。ダマシーンは悲しげに去って行きました。そして、ヴィアネイとオーグスティーヌは、隠れるところもない戸外をさまよっているのです。

エマーブルだけが、ルワンダを遠く離れて無事に外国にいるのが救いでした。

でも私の家に集まってきていた数千のツチたちは今、どうしているのでしょう。彼らに何が起こったのでしょう。彼らは隠れるところを見つけられたでしょうか。それともどこかで血を流して横たわっているのでしょうか。

私は、数千の人々が想像を絶する苦難の中にある時に、自分のことばかりで悲しんでいるのが、とても自分勝手だと感じました。

ちょうど私が、からだを伸ばす番になった時、外で騒ぎが起こりました。

数十人、あるいは数百人の声が、叫んだり、歌ったりしていました。

殺人者たちがやってきたのです。

「森を探せ、湖を探せ、丘を探せ！　教会の中もだ。やつらを地球上から一掃《いっそう》しろ！」

私は、爪先立ちで、カーテンの小さな穴を通して窓から外を見ました。

皆は、私をつかんで引きずり下ろそうとしました。アサナシアが、おし殺した声で言いました。

「降りなさい！　あの人たちは私たちを探しているのよ。見つかる前に降りなさい」

私は彼女を無視し、手を払いのけて外を見ました。でもすぐに見ようとしたことを後悔しました。私が見たものは、呆然とするような光景だったのです。

何百人もの人々が家を取り囲んでいました。

たくさんの人が悪魔のように装い、木の幹で作ったスカートをつけ、干したバナナの葉で作ったシャツを着ていました。何人かは、ヤギの角を頭のまわりに結び付けてさえいたのです。

その悪魔のようないでたちにもかかわらず、彼らの顔はよく見えました。目は殺人者の光を宿し、大声でわめきたて、飛び上がり、槍や大鉈やナイフをふりかざし、死のダンスを踊りながら、皆殺しの歌を歌っていました。

「殺せ！　殺せ！　皆殺しにしろ！　大きいのも小さいのも、みんな殺せ！　年寄りも若いのもみんな殺せ！　赤ん坊の蛇も蛇は蛇。みんな殺せ！　一人も逃すな。殺せ！　殺せ！みんな殺せ！」

歌っているのは、兵隊でも訓練された義勇軍でもありませんでした。

彼らは、私の近所の人たちでした。一緒に育ち、一緒に学校に行った人たちでした。私の家に夕食に来た人たちもいます。

私はカナガに気づきました。私が子どものころから知っている若者です。

彼は高校の落ちこぼれで、父は、何とか彼を立ち直らせようとしていました。フィリップもいました。人の目もまっすぐ見られないほど恥ずかしがりでしたが、今は、この仲間の中でとても気持ちよさそうにしています。

群集の一番前には、ダマシーンの友達だった二人の地元の学校の先生がいました。また、マタバで社会的に重要な地位にある人たちが何人もいました。みんな殺気だち、興奮し、ツチを殺せとわめき、金切り声を上げていました。

殺人者たちは、牧師の家に向かって行進してきました。そして、突然、歌声は、あちこちから聞こえてきました。

「探せ！　見つけろ！　皆殺しだ！」

私はくらくらして、女性たちの上に倒れました。息も出来ないほどでした。

「ああ、神様、お助け下さい」と、私はささやきました。

でも、思い出そうとしても何もお祈りの言葉が出てこないのです。あまりに絶望して、恐怖に気が変になりそうでした。

その時です。悪魔の声が最初に聞こえたのは。

「どうして神様なんかに祈るんだい？　外にいる連中を見てごらん、何百人もがお前を探しているのさ。大勢がね。お前はたった一人だ。生き残ることは出来ないさ。生き残れないよ。連中は家の中にいる。部屋から部屋へ。もうすぐにここに来る。もうすぐにお前を

探し出し、レイプして、それから切り刻むんだ、殺すんだよ」

心臓が飛び出しそうでした。

この声は何なのでしょう。私はできる限り固くぎゅっと目をつぶり、この声を拒否しようとして、父がくれた赤と白のロザリオを握り締め、声を出さずに力の限り祈りました。神様、あなたは聖書の中で、あなたは誰のためにでも何でも出来るとおっしゃいました。私はその誰かです。今こそ、あなたの助けが必要です。お願いです。この寝室に入ってきた時、殺人者たちの目をつぶして下さい。このトイレに気づかないように。私たちを探し出さないように。あなたは、※ライオンの檻《おり》の中のダニエルを助けました。ライオンが彼を引き裂くことから助けました。どうぞ、神様、ダニエルのように私たちもお助け下さい。(※注『旧約聖書』より。処刑のためライオンの檻に入れられたダニエルは信仰の力によってライオンに殺されなかった)

私は、必死で祈りました。これまでそんなに一生懸命祈ったことはありませんでした。

それでも、不安と恐怖は、私の心を打ちのめしていました。

疑いの声がまた聞こえてきました。まるで悪魔が肩の上に乗っているようにはっきりと。

私は、恐怖が血管をどくどく流れて行くように感じました。血が沸き立つようでした。

「お前は死ぬんだ、イマキュレー」声はわめきたてました。「ダニエルだって?　うぬぼれ

るな。ダニエルは清らかな心を持っていて神に愛されていた、預言者で聖人なんだ。それに比べてお前なんか、何者でもないさ。お前なんか、苦しんで死ぬのがふさわしいんだ」

私は、ロザリオを必死で握り締めました。あたかもそれが神様につながる最後の命綱でもあるように。

はい。私は確かに何者でもありません。取るに足りないものです。でもあなたは許しのお方です。私はただの人間で弱いものです。どうぞお許し下さい。どうぞ、どうぞ、あの殺人者たちを私たちが見つかる前に去らせて下さい。

こめかみがドキドキしていました。

暗い声は、恐ろしい、言葉にも出来ないイメージを私の頭の中に撒《ま》き散らしました。

「死体はあちこちにころがってるよ。母親は、赤ん坊が半分に切り殺されるのを見るんだ。子宮の中から胎児が引っ張り出される。それでも、お前は自分が助かると思っているのか？　母親たちは、子どものために祈った。でもその祈りは無視されたんだぞ。罪のない赤ん坊さえ殺されているというのに、何でお前が助けられるんだ。自分勝手で恥知らずさ。

イマキュレー、聞いてみろ。彼らの声が聞こえないか？　殺人者たちはドアの向こう側にいる。お前を探してるんだ」

殺人者たちが叫ぶのが聞こえてきました。

「殺せ！　殺せ！　皆殺しにしろ！」

「違うわ、神様は愛だわ」と、私は、声に向かって言いました。「神様は私を愛してくれているわ。恐怖の中に放っておいたりしない。決して見捨てたりしない。このトイレの床に這いつくばったままで死なせたりしないわ。こんな恥辱の中で死なせたりしないわ」

私は、神様のイメージを思い浮かべようと必死でした。

二つの輝く白い光の柱が、目の前にそそり立って、それは巨大な足のようでした。私は、おびえた子どもが母親にしがみつくように、その柱に腕《から》を絡ませました。

私は、神様に、暗いエネルギーを追放出来るように、その光と強さで私を満たして下さいと頼みました。

神様、私はあなたの足を抱きしめています。私を助けて下さると信じています。あなたが殺人者たちを追い払って下さるまで、あなたから離れません。

祈りと悪魔のささやきのあいだでの葛藤は、私の心のうちに渦を巻きました。私は、決して祈りをやめませんでしたが、そのささやきも決して弱くなることはありませんでした。

その夜、牧師がドアを開けた時、私たちは皆、夢中になって祈っていました。

私は汗まみれで疲れきり、ロザリオを握り締め、自分がどこにいるかも忘れて、次から次へと祈りの言葉を声に出さずに唱《とな》え続け、他の人たちをぼんやり見ていました。

テレーズは一方の手で目をふさぎ、もう片方で頭の上にしっかり聖書を乗せていました。

ベアタはひざを抱えてうずくまり、手を握り締めて祈っていました。

牧師は私たちの名前を呼びました。誰一人聞こえないようでした。ついに、彼は、私たちを揺り動かし、目を覚まさせようとしました。私は、彼が私たちの様子に笑い出した時、やっと我に返りました。

「一体君たち、どうしたというんだ？ さあ、落ち着いて。殺人者たちは、もう七時間も前に出て行ったよ。今まで祈っていたなんて、何てことだろう」

私にとっては、その七時間は、一瞬のように思われました。

疲れきっていました。今までこんなに一生懸命神様を思い浮かべて祈ったことはありませんでしたし、そんなにはっきりと暗闇からの声を意識したこともありませんでした。

私は、殺人者たちの目の中に悪魔を見ました。家が探索されているあいだじゅう、私のまわりに悪魔の存在を感じていました。恐怖に負けてその毒に満ちたささやきの嘘を信じそうになった時、私は、まるで頭蓋骨から皮膚がはがされるような気がしました。

こうして、殺人者たちが最初にやってきた時、何とか持ちこたえられたのは、神様のポジティブなエネルギーに焦点を合わせたからなのでした。

父はいつも言っていました。祈りすぎることは決してないと。この戦争を生き抜く戦いとは、内なる自分との戦いなのだと今、私は気づいたのです。

私の中にある善きもの、信仰、希望、勇気などは、暗いエネルギーの中で壊れそうでし

た。私は、もし信仰を失ったら決して生き残ることは出来ない、戦うためには神様に頼るしかないのだとわかっていました。

私たちは、殺人者たちがやってきたことで疲れきってしまい、ムリンジ牧師が食べ物を持ってきてくれた時にも、食べることさえ出来ませんでした。

嵐の真夜中に、牧師はまたやってきました。

土砂降りの雨がブリキの屋根を叩く音がすごいので、聞かれることを心配しないで自由に話すことが出来ました。

「今日は運が良かった。彼らは、家じゅうくまなく探し回った。中庭も、牛小屋の肥料の山さえ掘り返して行った。天井の上も這い回り、家具の下も見て、私のスーツケースに大鉈を振りおろして中にツチの赤ん坊が隠れていないかと見ていった。まるで凶暴な動物たちのように荒れ狂って。その目はぎらぎらと充血していた。きっと薬をやっているんだと思う。

でも、私の寝室があまりにきちんと整えられていたので、めちゃめちゃにするのをためらったんだ。今回は見ないけれど、この次にはきっと調べると言って帰っていった」

「次にはですって?」と、私たちは息を呑みました。

また同じような試練を乗り越えることが出来るどうか、もう自信がありませんでした。

きっと神様はあんな苦しみを二度も与えるはずはないと信じたいと思いました。

「彼らがいつまた来るかわからない」と、牧師は言いました。

「今にも帰ってくるかもしれない。もし見つかったら、その時は、神様にゆだねるんだ」

その言葉は頭の中でこだまして、夜も眠れず、次の日も一日じゅう考えていました。

ムリンジ牧師は、次の夕方、大慌てでまたやってきました。

「友達から聞いたんだが、グループのリーダーは、昨日の家捜《やさが》しに満足していないそうだ。君たちの誰かが数日前にここで見られたらしい。それで、ここにかくまわれているらしいという噂が広がったんだ。違う殺人者グループが徹底的に調べるために送られたということだ」

私は、まるで体がしびれてしまったようにうめきました。もう一度同じような家捜しに耐えられる強さがあるとは考えられませんでした。

神様、なぜ、今すぐ彼らをここに送ってすべてを終わらせてしまわないのですか？ なぜ、あなたはこんな風に私たちを苦しめるのですか？ 私たちが助かることなんてあるのでしょうか。

一度はあんなに大きく思われたこの家も、今では、監獄のようで、死の罠です。

逃げられる方法はたった一つなのだと私には思えました。

天国に行くことです。

ああ、神様と、私は心で祈りました。もう戦うことなど出来ません。私に強さを与え、

悪魔から守って下さい。殺人者たちが再び見過ごすように、どうぞ守って下さい。

頭を上げ、目を開けた時、私の心にはっきりとしたイメージが見えました。

「私に考えがあります」と、私は、静かな、でもはっきりした声で言いました。

「このトイレのドアの前にあなたの衣装ダンスを持ってきてくれませんか？　あれは、背も高く大きいのですっぽりドアが隠れます。もし殺人者たちがドアを見なければ、私たちの存在に気づかないかもしれません」

ムリンジ牧師は、一瞬考えていましたが、頭を振ると言いました。

「いいや、そんなことをしても無駄だろう。それどころか、事態をますます悪くするばかりだ。もし衣装ダンスの後ろに気づいたら、彼らはもっとひどいことをするだろうよ」

「ああ、牧師様、お願いですから」

私は、神様がそのひらめきを与えて下さったのだと確信していました。もし衣装ダンスがドアの前にあれば、私たちはきっと助かるとわかっていました。

でも牧師は動きませんでした。そこで私は、それまで一度もやったことがないことをしました。ひざまずいて、彼の前に頭を下げたのです。

「お願いです」と、私は頼みました。

「もし衣装ダンスをドアの前に置かなければ、きっと彼らは次に家捜しをする時に私たちを探し出すと思います。

彼らがもっと怒るかどうかは気にしないで下さい。どちらにしても、一度しか殺せないのですから。どうぞ、私たちのためにそうして下さい。もしそうして下されば、きっと神様があなたに報いて下さるでしょう」

「わかった。わかったよ。さあ、声をもっと低くして、イマキュレー。今すぐに動かそう。そんなにうまくいくかどうかわからないけどな」

そうして、彼は消え、衣装ダンスがドアの前に移動する音が聞こえてきました。他の女性たちがささやきました。「すばらしい考えよ。どうしてそんなことを思いつけたの？」

彼の衣装ダンスを見たことを覚えていたかどうかはっきりしませんでしたが、その考えは、私が助けを求めて祈っている時にひらめいたことだけは確かでした。

「おお、神様」と、私は呟きました。

第10章　怒りと戦う

それからしばらくは、比較的静かに過ぎて行きましたが、時折、殺人者たちが、ぞっとするような歌を歌っているのが聞こえてきました。

私たちは、声を出さずに祈り続け、おたがいにサインで交信し、十二時間ごとにストレッチングをし、それ以外は、ほとんど動かずに同じ姿勢で座り続けていました。

トイレの水は、もう一つのトイレを誰かが流す時にだけ流しました。

トイレを使うのは、とても大変でした。いつも誰かが誰かの上に座っていたので、誰かが動かなければならない時には、みんなが動かなくてはなりません。少しでも音を立てれば、発見されてしまうかもしれないのです。

不思議なことですが、ずっとトイレにいたにもかかわらず、私は誰かが用を足しているところを思い出さないのです。私たちの真ん中にあったにもかかわらず。それどころか、匂いに苦しめられたことも覚えていないのです。

一人また一人と、当然生理にもなりました。私たちは、トイレットペーパーをもっともっと欲しいと言って牧師を困らせました。

でも、誰一人この状況を恥ずかしいとは思いませんでした。生きていられることに比べたら、そんなことは取るに足りないことに思われました。

私たちは、牧師が食べ物を持ってきた時にだけ食べました。でも、彼は、ある時には夜中の三時か四時まで現われない日もあり、まったく現われない日もありました。

私たちのところに来る時には、衣装ダンスを動かさなくてはなりませんでしたので、いつでも彼は非常に注意して音を立てないようにしていました。衣装ダンスの下には絨毯がしいてあって、音を消してくれていました。

余分な食べ物を料理していると気づかれないように、彼は彼の子どもたちの食べ残しなど、召使が捨てたようなものを何でも持ってきました。

時には、どんなにおなかがすいていても、食べられないことさえありました。どうしても豚の食べ物にしか見えなかったのです。

家にいた時には、どんなに食べ物に文句ばかり言っていたことでしょう。

ありがたいことに、牧師は、私たちに飲み水を持ってきてくれました。

ある夜、彼は、殺人者たちは近くにいて、家から家へとくまなく探し回っていると告げました。探し出されたツチはみんな殺されたということでした。

「彼らはもうすぐやってくるかもしれない。明日かもしれないし、その次の日かもしれない。しかし、必ずやってくる。絶対に音を立ててはいけない」と、彼は警告しました。

束《つか》の間《ま》でも心の平和を見出すことは不可能でした。殺人者が戻ってくるという不安は、精神的にも肉体的にも絶え間ない拷問のようでした。

床がきしんだり、犬が吼《ほ》えたりするのを聞くたびに、私は、まるで追い立てられている家畜のように感じました。少しずつしか眠れないので、肌はかさかさになって剝《は》げ落ち、常にひどい頭痛がしていました。

精神的な不安はもっと強いものでした。ここに来て以来、私を苦しめている暗い恐怖と疑いは、耐えられないほどになり、心の中にもぐりこみ、私の信仰をぐらつかせました。殺人者たちの声が聞こえてくるたびに、私の心は神様から離れてしまうのです。

それでも祈りさえすれば、直ちに神の愛に取り巻かれるのを感じて、不安が和《やわ》らぎます。私は、目が覚めているあいだは、ずっと祈ることにしました。

最初の祈りは、この牧師の家が建てられて、虐殺のあいだ、私たちをかくまってくれることが出来たことへの感謝でした。それから、建築家が余分にトイレを持った家を作ってくれたことに。そして牧師が私たちが隠れているところを隠すのにぴったりの衣装ダンスを買うように仕向けてくれたことに。

感謝の祈りの後は、ロザリオで祈り始めます。赤と白の玉を手で繰りながら、カトリックの祈りを次から次へと唱えました。

あまり一生懸命祈るので汗が噴き出すこともありました。何時間もが過ぎ、ロザリオの

祈りが終わると、少し休憩して、聖書の中のお気に入りの一節を思い浮かべて瞑想します。

私の信仰が攻撃されているのだと思い、マルコによる福音書の二節を何時間もかけて考えました。それは、信仰の力についてでした。

最初のそれは、「それゆえ、あなたたちに言っておく。あなたたちが祈り求めるものはすべて、かなえられるものと信じなさい。そうすれば、そのとおりになるであろう」〈マルコ11章24節〉（出典・フランシスコ会聖書研究所訳『新約聖書』）

次に私は、もう一つを思い出しました。

「あなたたちによく言っておく。だれでもこの山に向かい、『立ちあがって海に飛びこめ』と言い、しかも心に疑わず、自分の言ったようになると信じるなら、それは聞き入れられる」〈マルコ11章23節〉（同前）

ほんの少しでも、祈ることをやめれば、悪魔の疑いと自分自身への哀れみという二枚の刃を持ったナイフが私を襲います。

祈りは私を守るよろいになりました。私は、しっかりとそれを心に着けたのです。

牧師は、私たちがしくじって何か音を立てやしないかと常に心配していましたので、めったに誰かを彼の寝室に入れることはありませんでした。

でも、時には、子どもたちの一人か召使が入ってくることがあり、私たちは、彼らが去って行くまで、針の筵《むしろ》に座っているようでした。

私たちが到着してから一週間ほどたった時、私たちは、牧師が彼の息子センベバと話しているのを聞きました。

「この殺戮について、お父さんはどう思っているんですか？　いいことだと思いませんか？　これこそ、僕たちフツがやるべきことだと。

学校では、何百年も前にツチは我々に対して同じことをしたと教えてくれたんです。だから、今、同じことをされても当然だと思いませんか？」

「センベバ、お前は自分が何を言っているかわかっているのか。ここから出て行ってくれ。私は眠りたい」と、牧師は言いました。

「ツチのやつらは、いつも自分たちの方が優れていると思っているんだ。いつだってフツを見下している。もし今でも権力を握っていたら、彼らはすぐにでも僕たちを殺すとは思いませんか？　だから、彼らを殺すのは、自己防衛なんですよ」

声がとても大きかったので、彼が衣装ダンスのそばにいるのがわかりました。私は、彼がそれが動かされたことに気づくのではないかとドキドキしました。

でも、とても恐ろしかった一方で、私は、立ち上がって、彼に叫びたい衝動と戦わなければなりませんでした。彼の言葉は、私を怒らせたのです。

私は、無知だからといって、それがすべて彼のせいだとは言えないことも知っています。ツチに対する見解は、学校で教えられたのですから。それも私が通っていた学校で。フツは、子どもの時から、ツチを絶対に信じてはいけない、彼らはルワンダにいるべき部族ではないのだからと教えられ、毎日ツチに対する人種差別を見て育ちます。最初は学校で、それから職場で。そして、蛇とかゴキブリとかと呼んで蔑《さげす》むことを教えられます。彼らが私たちを殺すのにまったく躊躇《ちゅうちょ》しないのも不思議ではありません。蛇は殺されるべきものであり、ゴキブリは絶滅させるべきものなのですから。

世界は、過去にも同じようなことが起こったのを見てきました。ドイツのナチの出来事の後で、世界じゅうの大きな力のある国々は誓いました。もう決してこんなことがないように！と。

でも、今、ここに、この暗闇の中に六人の罪もない女性がうずくまっているのです。ツチに生まれたからというだけの理由で。

どうして歴史は同じことを繰り返そうというのでしょう。こんな恐ろしいことが、どうしてまた起こったのでしょう。どうして、悪魔はまた、私たちのあいだを平気で歩き回れるようになったのでしょう。人々の心に、もうどうしようもなく、手遅れになるまで毒を流し込みながら。

私たちが聞いているのがわかっていたからでしょう。牧師は息子を叱りました。

「お前は、どうしようもなくものがわかっていないな！　センベバ、理由もなしに血を流すための言い訳なんて絶対にないんだよ。さあ、部屋から出て行きなさい。お前が話すのをこれ以上聞きたくない」

「ツチを憎むのが悪いって言うんですか、お父さん。だけど、彼らをかくまう方がもっと悪いとは思いませんか？　皆がなんて言ってるかわかってるんですか？　本当なんですか？　お父さんが家の中にツチをかくまっているというのは？」

私は心臓が飛び出しそうになりました。怒りは消え、再び恐怖が私を包みました。

「お前のバカさかげんには、もううんざりだ、センベバ。誰もツチなんてかくまってやしない。お前のその執念深い言葉はもう聞き飽きた。

お前自身の母親がツチなのを忘れるな。お前の叔母さんや叔父さん、いとこたちは、こうしているあいだにも追われて殺されているんだ。

さあ、私の部屋から出て行け、帰ってくるな。出て行け！」

センベバの恐怖から私たちがまだ立ち直れないでいるあいだに、私たちは、手榴弾が近くで炸裂する音を聞きました。建物が崩れ落ちる音が続いて聞こえてきました。

ものすごい音の後には、歌が聞こえます。

「殺せ！　殺せ！　皆殺しだ！」

この家のすぐそばでも銃撃の音がしました。歌声はいっそう大きくなったので、彼らが

こちらに近づいているのがわかりました。

私は声に出さずに祈り続けました。

その直後に、雷が轟《とどろ》き渡り、続いてものすごい勢いで雨が降り出しました。殺人者たちは、おそらく大慌てで家に帰って行ったのでしょう。その後では、ただ雨がブリキの屋根を叩く音しか聞こえませんでした。

その夜牧師は、真っ青な顔で、目は真っ赤で、疲れきってやってきました。私は、彼がセンベバの疑いを心配しているのだと思ったのですが、事態はもっと深刻でした。彼が外を歩いていて彼が見たのは、私たちを取り囲んでいる恐怖の深さでした。

インテラハムエ義勇軍、兵隊たち、そして普通のフツ市民たちが、すべてのツチの家を破壊しているというのでした。

「外はひどい状態だ。話にならないほどだ。一九五九年にも一九七三年にも虐殺はあったが、今度のはそれとは比べ物にならないひどさだ。

何もかも動いていない。学校も市場も閉まっている。人々は仕事に行っていない。すべてやり終わるまでは、この国は機能を停止したんだ」

「すべてをやり終わるまでってどういう意味ですか？　どんなことなんでしょう？」と、私は聞きました。

牧師は、少し黙っていましたが、「ツチを殺すことだ。すべてのツチを殺すことなんだ。

それが政府の掲げた目標なんだ。それをやりおおせるまで誰も彼もを駆り立てているんだ。私は、今日、絶対に見たくないものを見てしまった」と言いました。

私のおなかはねじれるようでした。家族のことを考え、牧師の声が聞こえないように耳に栓をしたいと思いました。

「彼らは何千という人間を殺している。いや、何万、何十万かもしれない。誰にもわからない。多くのツチは教会に逃げ込んだ。こうした虐殺にも教会だけは、いつでも例外だったから。でも今度ばかりは違う。殺人者たちは、教会を中にいる人ごと焼き払い、逃げ出そうとする人は片端から銃で撃ったんだ」

「ああ、神様」と、私は言いました。「ラジオでは、みんな教会や競技場に逃げるようにと言っています」

「そう言っているかもしれない。でも、殺人者たちは、機関銃や手榴弾を持ってそこに送られるんだ。死体の山は私の家の高さより高いくらいだ。死臭は我慢ならないほどだよ」

「ああ、牧師様、どうぞ、もう、たくさんです。もう何もおっしゃらないで下さい」

「こんなことを言わなくちゃならないのは私も辛い。でも君たちは、何が起きているか知る必要がある。君たちは、このルワンダで唯一生き残っているツチかもしれない。もし私が今日見たものを君たちが見たら、もう生きていたくないと思うだろうよ」

他の女性たちは皆泣き出しましたが、私は泣きませんでした。涙も出ませんでした。

悲しくはありませんでした。それまで経験したことのないほどの怒りが、私の中を吹き荒れました。

牧師に対して、家族が外にいて隠れるところもない私たちに、そんなことを話したことに怒りを覚えました。

政府に対して、大虐殺を野放しにすることに、そして、この大虐殺を止めようともしない豊かな国々に対して怒りを覚えました。

中でもフツに対して、牧師がツチに起きている恐ろしい出来事を暗い調子で話しているのを聞きながら、私の怒りは深い燃え上がるような憎しみに変わっていきました。

それまで誰にも暴力を振るったことはありませんでしたが、その時には、私は銃が欲しいと思いました。そうしたら、手当たり次第にフツを殺せるでしょうから。

いいえ、銃ではなく、機関銃が、手榴弾が、火炎放射器が必要です。

ランボーのようになって国じゅうを炎の中に放りこみたい、もし原子爆弾があれば、それをルワンダに落として、この憎しみに満ちた国の誰も彼もを殺してしまいたいと思いました。

私は牧師を見ました。そして、彼も殺してしまいたいと思いました。

自分の中にこんなに激しい感情があるなどと思ってもいませんでした。

こうした感情をなくすために、私は、必死に祈らなければならないのでしょう。

ムリンジ牧師は、話し終わりました。私たちはそこにただ座っていました。彼を見上げ、さらに恐ろしいことを聞かされるのではないかと待っていました。もし彼が鞭を持って私たちを死ぬまで打ちのめしてくれたら、その方がどんなによかったかしれません。私は、それでもまだ信じられない気持ちで、彼が去って行く時、寝室のラジオをつけてくれるように頼みました。ニュースが聞けるように。

数分後、私たちは、政府の大臣が、国営ラジオ局で話しているのを聞きました。

「ルワンダのすべてのフツ市民に告ぐ。今こそ共通の敵にたち向かう時だ。我々は自分たちを守らなければならない。ツチの蛇どもは我々を殺そうとたくらんでいる。最初に我々が彼らを殺すのだ。見つけ次第殺せ。一人たりとも生かしておくな。老人も赤ん坊もだ。彼らはみんな蛇どもだ。

ＲＰＦの奴らがこの国に帰ってきたら、自分たちの家族の死体だけを見ることになる。すべてのフツは義務を果たせ。奴らを皆殺しにするんだ！」

その時は、私は牧師が嘘を言っていたのではなく、私の家族が政府を信じていたことも間違いだったと知りました。

父が信じていた人々は、皆殺しを計画し、普通のルワンダの市民にそうすることを呼びかけているのです。

ルワンダでは従順は伝統でした。私は、たくさんの穏健なフツも指導者がラジオでツチ

を殺すようにと呼びかければ、義務から大鉈を手にすると知っていました。

一時間後、牧師はBBCにチャンネルを切り替えました。そこでは、RPFは、北の方から首都キガリに向かって勝利しながら戦い進んでいるという報告がありました。大虐殺の背後にいるフツ過激派の政府は崩壊寸前だということでした。

そのニュースは、私たちの心を飛び上がらせました。

もしRPFがキガリに着いたら、彼らは、南の方に向かって戦いを進めることが出来ます。そして、数週間後には私たちの地方にも来ることが出来るでしょう。この小さな村にも来て、きっと私たちを助け出してくれることでしょう。

私は、それがすぐであることを祈りました。もし遅くなれば、間に合わないかもしれないのですから。

第11章　許すことの難しさ

二回目に殺人者たちがこの家にやってきた時、私は必死で祈っているところでした。お昼を過ぎたころで、私は明け方からずっと、世界じゅうの罪ある人への愛と許しを祈っていました。でも、そんなに努力していても、自分自身にふりかかったことについて許すことは出来ませんでした。

私は、神様は誰に対しても祈ることを期待していると知ってはいましたが、何よりも、神様に私の味方でいてくれることを求めていたのです。

妥協案として、私は、ロザリオで何度も何度も祈りました。毎日毎日、マリア様と神様への祈りを全部やり通すには、十二時間から十三時間かかりました。そして毎回、私たちの敵をも許しなさいという節のところに来るたびに、私は殺人者たちのことは考えないようにしました。どうしても私にはそれが出来なかったのです。

二回目の家捜しのあいだに彼らが立てる騒音は、怒りに満ちた声が夢から呼び覚ますように私の祈りのそばまでやってきました。四、五回、大きな音が私の頭のそばで鳴り響きました。彼らは、牧師の寝室の中にいるのです!

彼らは、牧師の持ち物を全部ひっくり返し、壁にかかったものを引きずりおろし、ベッドを持ち上げ、椅子をひっくり返しています。

「見るんだ！」と一人がわめきました。

「この下を見てみろ。このタンスを動かせ。みんな調べるんだ！」

私は、手で口を押さえました。私の息をしているのが聞こえるのではないかと。

彼らは、私の頭のすぐそばにいるのです。

衣装ダンスの前で床がキーキー音を立てました。

衣装ダンス！　私の胸は激しく波打っていました。

彼らは笑っていました。人殺しをしながら、楽しそうにしているのです！

私は彼らを呪いました。地獄に堕《お》ちて焼かれるようにと。

衣装ダンスはドアにはげしくぶつかりました。私は耳をふさぎ、ただ祈りました。

神様、お願いです。あなたは、衣装ダンスをそこに置いて下さいました。どうぞ、どうぞ、そのまま動かさないで下さい。どうぞお助け下さい、ああ、神様！

私の頭の中は燃えるようでした。

その時、またあの醜いささやきが忍び寄ってきました。

「何で、神様なんかに頼むのさ。お前の中にだってあの殺人者たちと同じ憎しみがあるとは思わないかい？　憎しみの罪ならお前だって同じことさ。お前は、彼らが死んでしまえ

ばいいと思った。実際、自分で彼らを殺したいと思ったんじゃなかったか？　神に対して、彼らが地獄に堕ちて、火に焼かれるようにと祈ったんじゃないか？」

私は、殺人者たちが、ドアの向こう側にいるのを聞きました。そして、必死で祈り続けました。ああ、神様、彼らを立ち去らせて下さい。私たちをどうぞ助けて……。

「神様に頼んでも無駄だよ、イマキュレー」と声は再びしのびこんできました。

「彼は、お前が嘘つきだとわかっているさ。彼に祈るたびに、お前は彼を愛してると嘘をついてる。神は、彼のイメージ通りに我々を創ったんじゃなかったかね？　彼の創造したものを憎みながら彼を愛することがどうして出来るのさ」

私は、どうして良いかわからなくなりました。悪魔の言う通りです。私は、神に祈るたびに嘘をついていたのです。虐殺を行っている人々に対する憎しみがあまりに強くて息も出来ないほどだったのは事実です。

その時、牧師の寝室には、少なくとも四十人か五十人の男たちがいました。

皆、叫びたて、あざけりの声を上げていました。酔っ払っていて、彼らの歌は、いつもよりもっとおどろおどろしいものでした。

「ツチの奴らは、大きいのも小さいのも、一人残らず殺せ！　殺せ！　みんな殺せ！」

ああ、どうか神様、彼らをこの家から、この衣装ダンスのところから去らせて下さい。

その恐ろしい歌の下から、暗い声が私をののしります。

「そんな祈りなんか無駄だよ。神様なんか呼んでも無駄なんだよ。一体誰が殺人者たちをここに寄こしたと思うんだ。彼じゃないか。何一つお前を救うものなんかないのさ。神は、嘘つきなんか救いやしないさ」

私は、殺人者たちのために祈り始めました。そして、やめました。どうしても神様のご加護は必要でしたが、心の底では、彼らは死んでしまうべきだと思っていたのです。

私は、彼らが何千という人々を虐殺し、強姦したことがないと信じるふりなど出来ません。彼らが、罪のない人々にしてきた、想像を絶するほどの恐ろしいことを無視することは出来なかったのです。

なぜあなたは、そんな不可能なことを私にせよとおっしゃるのですか?と、私は神様に聞きました。どうしたら、私を殺そうとしている人々を許すことなど出来るのでしょう。彼らは、もう既に私の家族や友達を殺しているかもしれないのです。

殺人者たちを許すことはどうしても出来ません。その代わり、彼らの犠牲になった人々のために祈らせて下さい。強姦されたり、殺されたり、手足を切断されたりした何千という人々のために。親を亡くしたり、夫を亡くしたりした何千という人々のために。正義のために祈らせて下さい。神様、私は、あなたにあの邪悪な人々を罰して下さいとお願いします。でも、彼らを許すことは出来ません。どうしても出来ないのです。

ついに、殺人者たちが去って行く音が聞こえました。最初に寝室から、そしてその家か

ら。最後に、道路を下って彼らの歌声は段々遠ざかって行きました。

私は、また祈り始めました。私たちを助けてくれたことを感謝し、私に衣装ダンスをトイレの入り口に置くことを思いつかせてくれたことに感謝しました。

あなたはなんて賢いのでしょう。なんて頭が良いのでしょう。

私は、また神様に感謝を捧げ、あの殺人者たちがどこに向かったのかと考えながら、私の家族や友人たちのために祈りました。

どうぞ、私の母を守って下さい。彼女はいつでも私たちのことばかり心配していました。どうぞ父をお守り下さい。彼はいつだってあんなにがんこで……。

でも、無駄でした。私の祈りは空々しく響きました。

私の心のうちで再び戦いが繰り広げられ始めたのです。憎しみでいっぱいになった心で祈りを捧げることなど出来ませんでした。

私は、もう一度やってみました。殺人者たちを許すために祈ることを。でも、やはりどうしても心の底では彼らのために祈ることなど出来ないと感じていました。一生懸命祈ろうとすればするほど、悪魔のために祈っているように感じられるのでした。

どうぞ、神様、私の心を開いて下さい。そして、どうしたら彼らを許すことが出来るのかお導き下さい。私は、私の憎しみを鎮められるほど強くはありません。私の憎しみは燃え上がって、私を押しつぶしてしまいそうです。

どうぞ、私の心に触れて下さい。どうしたら許すことが出来るのか教えて下さい。

私は、そのジレンマと何時間も戦い、次の日も一日じゅう、夜遅くまで祈り続けました。

その次の日も、その次の日も、ずっと祈り続けました。食事もせず水も飲まないままで。

どれほど眠ったかも思い出せません。時が過ぎていくのも気づかないほどでした。


ある夜、この家のすぐ近くで悲鳴が聞こえました。続いて、赤ん坊が泣き叫びました。

殺人者たちが、きっと母親を殺したのにちがいありません。そして、赤ん坊を道路に放り出したのでしょう。そのまま死んでしまうように。

その子は一晩じゅう泣いていましたが、朝には、ほとんど聞こえなくなりました。近くで犬たちがうなっています。どんな風に赤ん坊の命が終わるかと思うとぞっとしました。

私は、神様にその子の無垢な魂を受け入れて下さるようにと祈り、それから聞きました。どうして、罪のない子にこんなことが出来る人たちを許すことが出来るのでしょう。

その時、私は声を聞きました。まるで同じ部屋にいるかのようにはっきりと。

あなたたちは、皆、私の子どもたちです。あの赤ん坊は、今、私と一緒にいます。

それは、短く簡単な言葉でした。

でも、それは、明らかに、私がここ数日もがきながら探し求めていた答えでした。

殺人者たちは子どもたちと同じなのです。

そうなのです。彼らは、彼らのやったことで、厳しく罰せられなければならない、野蛮な生き物です。それでも、彼らは、子どもたちなのです。彼らは、残酷で、残虐で、危険です。子どもたちも時々そうなることがあります。でも、それにもかかわらず、彼らは子どもたちなのです。

彼らは、自分たちがどんなに恐ろしい苦痛を与えているかわかっていないのです。何も考えずに人々を苦しめ、兄弟、姉妹を迫害しているのです。彼らは、神を傷つけているのです。そして、自《みずか》らをどんなに傷つけているかわかっていないのです。

彼らの心は、悪魔に占領されているのです。それは、この国じゅうに広がっています。でも、彼らの魂は悪魔ではないのです。恐ろしいことをやっていても、彼らは、神の子どもたちなのです。

そして、私は、子どもを許すことなら出来るでしょう。

簡単ではありません。特に、その子どもが私を殺そうとしているのですから。

神様の目には、殺人者たちでさえ、彼の家族、愛と許しを受ける対象なのです。

私は、神の子どもたちを愛する気がないのならば、神の私への愛も期待することは出来ないとわかったのです。

その時です。私は、殺人者たちのためにはじめて祈りました。彼らの罪をお許し下さいと。

私は、彼らがこの世での命を終える前に、彼らがしている恐ろしい間違った行動に気づくことを祈りました。彼らの恐ろしい罪が裁きを受ける前に。

私は、父のロザリオを握り締め、神様に私を助けて下さいと祈りました。

その時、もう一度、声が聞こえました。

彼らを許しなさい。彼らは、自分たちがやっていることがわからないのだから。

その日、私は殺人者たちを許すために、一歩を踏み出すことが出来たのです。

怒りは、私の中から消えていきました。

私は神様に心を明け渡したのです。そして、神様は無限の愛でそれに触れてくれたのです。

はじめて、私は、殺人者たちに哀れみを感じました。私は、神様に彼らの罪を許し、彼らの魂を神様の美しい光の方向に向けて下さいとお願いしました。

その夜、私は、はっきりと意識を持ち、清らかな心で祈りました。

この場所に着いてからはじめて、私は平安のうちに眠ることが出来ました。

第12章　助けを求める友もなく

私は、心の小さな隅っこに私だけの場所を見つけ、目が覚めるや否《いな》や、そこに入り込み、眠りにつくまでそこにいました。

そこは、私の聖なる庭でした。そこでは、神様と話すことが出来、彼の言葉によって瞑想が出来ました。瞑想をしていると、信仰の核に触れ、魂が豊かに満ちてくるのでした。周辺に恐怖が渦を巻いている時に、私は、訪れるたびにより暖かく、よりすばらしくなる私だけの場所をこの世に見出したのです。

私は、その特別の場所に入り、ただただ祈り続けました。

ロザリオは、神のエネルギーにつながるための錨《いかり》でした。ロザリオの玉が、心の中でゴスペルを歌い、神の言葉を生き生きと抱き続けるために集中する手助けをしてくれました。

私はただ黙って祈りました。でも、常に口は動かして言葉を言っていました。そうすることで、自分自身、確かに私はその言葉を言っているのだと確かめるためでした。さもないとすぐに、疑いが心にしのびより、否定的なエネルギーが沸きあがってくるのでした。

私は、何時間もたった一つの言葉の意味を考え続けました。「救い」「信仰」「希望」……。また何日も、「ゆだねる」という言葉の意味を考え続け、自我をより高い存在の力にゆだねるということが何を意味するのかわかりました。

私は、自分自身を完全に神様に預けました。祈っていないと、私は自分が光の中にいないと感じるのでした。

隠れ始めて一カ月が過ぎたころ、ムリンジ牧師が、ある晩食べ残しの皿と一緒にやってきました。彼は慈悲の心から私たちをかくまったのですが、それも限度に来ているように見えました。その夜は、いつもの私たちを思いやり哀れんでいる表情ではありませんでした。

「君のお父さんはとても悪いツチだった」と、牧師は、私に向かって怒鳴りました。

「何ですって？　どういう意味ですか？」。父が攻撃されたことよりも、過去で語られたのが衝撃でした。私は、家族の誰一人として死んだという事実を認めたくなかったのです。

「父は良い人です。牧師様。おそらく、私がこれまでに出会った誰よりも良い人です」

「いいや、イマキュレー、彼は、悪いツチだった。そして、悪い人だった。彼はＲＰＦのメンバーが反乱を起こすのを手助けしていたんだ」

牧師は、他の女性たちを見、私を指差すと言いました。

「もし君たちが捕まって殺されたら、それは、イマキュレーのせいだ。殺人者たちは、彼

女を探し回っている。彼女の父親のやったことで」

牧師は、私をにらみつけました。他の女性たちの視線も刺すように私を見ていました。

「六百丁の銃が君の家で見つかったんだ。それから手榴弾と、フツの人々の抹殺リストもだ。そのせいで君たちツチが殺されている。もしフツが先に行動を起こさなければ、ツチに殺されるのは我々の方なんだ」

私は、彼の言うことが信じられませんでした。フツの過激派が撒き散らしている毒のある嘘がムリンジ牧師の理性を奪ってしまったのでしょうか。

牧師は、父の古くからの友人で、父が常に貧しい人や、不幸な人を助けるのに身を捧げていたのもよく知っていました。

父は、ツチ、フツ、ツワすべてのために学校や教会を建てました。

どうして、その彼が武器を隠し、殺人を計画したなどと非難することが出来るのでしょう。

父は、私の家に逃げてきたツチにも、フツを殺さないようにと言ったのです。たとえフツが自分たちを殺そうとしてもと。

ムリンジ牧師は、その情報をしかるべきところから聞いたと言いました。

不幸にも、他のルワンダの人々同様、彼も権力のあるところから聞かされたことはすぐに信じてしまうのでした。

私には、わかっていました。父が殺されてしまわないうちは、誰一人、このようなとんでもない嘘を撒き散らすはずはないと。危険人物に仕立てたことは、明らかに彼を殺したことを正当化するためにちがいないのです。

でも、どうしても私には考えられませんでした。家族の誰かが死んだなどとは……。今、今、まだ、今は……。私は、それに耐えられるほど強くはないのです。

私は、牧師に対してあまり腹をたてたので、叫び声を上げたいと思いました。でも、私に一体何が出来るでしょう。彼だけが、私たちを死から守ってくれているのですから。

私たちは、完全にこの人物の慈悲にすがって生きているのです。でも、今彼は、殺人者たちが見るような目で、私たちを見ているのでした。危険にさらされて助けを必要としている隣人としてではなく、人間ではなく、戦争が終わるまでにはすっかり駆除しなければならないように運命づけられたゴキブリたちだと。

私の怒りは、ムリンジ牧師が父の評判を貶《おとし》めたことに対して燃え上がりました。私はかっとなる気持ちを抑えられませんでした。父は、侮辱されたのです。

私は、このトイレに押し込められてからはじめて声を上げました。

「もし父がそれほど多くの銃を持っていたとしたら、なぜ、彼は、助けを求めてやってきた何千というツチにそれを手渡さなかったんですか？　それほどの武器があるのなら、なぜ家が焼き払われる時に抵抗しなかったんですか？　もし、フツを殺そうと計画していた

のなら、彼は、家族を隠れさせ、自分の命を失うことになる前にそうしたでしょうに。教えて下さい、牧師様。何で父は、自分の妻や娘がレイプされ、殺されるのを防ぐためにそれを使わなかったんですか？」

ムリンジ牧師は、私が急に爆発したことにショックを受けていました。女性たちは、命の綱を握っている男性に私が食ってかかるのが信じられないという風に、大きく目を見開いて私を見つめました。

彼は慌てて、静かにするようにと私に手を振りました。そして、銃は、クレマン神父のところからも発見されたのだと言いました。かつて、私が尼僧になりたいと訪ねて行った親切な老神父です。

クレマン神父は、私が知っている誰よりもやさしい人で、ベジタリアンでした。動物が殺されるのを見るのが耐えられなかったのです。暴力や銃には絶対反対でした。牧師の話がまったくの作り話でしかないのははっきりしています。

私は叫びたくなりました。「あなたは、その武器を見たんですか？　牧師様」

「いいや。しかし、それを伝えたのは重要な人々だ。正直で嘘なんかつくはずがない」

彼のような教育を受けた人物が、これほど簡単にこんなことを信じてしまうことが信じられませんでした。とりわけ、何がこの国に起こっているのか十分わかっている時に。

「なら、あなたには、父を非難したことの証拠は何もないのですね」

彼は、ポケットから何も書かれていない紙を取り出しました。それはRPFが使っている紙で、彼らが銃やお金を寄付された時に与えるものだと言うのです。

「これが君の家から発見されたんだ」と言うと、ひらひらと私の目の前で振ってみせました。まるで煙りをはいている銃を持ってでもいるように。

「何も書いてないただの紙じゃありませんか」

「しかし、反乱軍が使っていたものなんだ」

私は、それ以上、彼と話すことが耐えられなくなりました。

「もし、それが、一人の人を非難するに十分な証拠になるというのなら、殺人者たちの殺戮がこのあたりで何でこんなに広がっているのかがよくわかります」

牧師は、その紙を小さく折ってポケットにしまいこみ、出て行こうとしました。

「待って下さい」と、私は彼を呼びとめました。

「聖書を一冊貸していただけないでしょうか。私のは家に置いてきてしまったのです」

牧師は、困った風に見えましたが、一冊持ってくると約束しました。

私は感謝しました。私は、神様の美しい言葉で心を清める必要がありました。

他の女性たちは、まるで正気を失った人でも見るかのように私を見つめていました。不必要に、分別なく、牧師の忍耐と権威に挑戦したと思ったのでしょう。おそらくそうかもしれません。でも、どう思われても、私は、父の名誉を守らなければならないと感じたの

です。そして、牧師は、この時点では、救う人というより、監獄の獄吏のようでした。

また、ムリンジ牧師が父のことを悪く言う時には気分が良さそうなのには、きっとわけがあると私は思いました。

ルワンダ人は、非常に控えめで、めったに自分の感情を表に出さないのです。

牧師は、もし、私が大虐殺を生き延びて、いつかまた前のように会うことがあると考えていたら、決して感情をむき出しにすることなどなかったでしょう。

ムリンジ牧師が寝室のラジオをつけた時、私は、怒りを鎮めようと祈っていました。

新しいルワンダの大統領が話していました。私たちは耳をそばだてました。彼が、私たちの地域、キブエの名を言ったのが聞こえたのです。

彼の声は、元気いっぱいでした。

戦争は終わるのでしょうか。ついにこのトイレから出て家族を探しに行けるのでしょうか。やっと良いニュースが聞けるのでしょうか。

でも、私たちの希望は、一瞬で打ち砕かれ、恐怖に変わりました。

「私は、キブエのフツたちの卓越した仕事ぶりに対して、心からお祝いを言う」と、大統領は言いました。

「他のどの地域よりも、キブエでは、敵のツチを殺すことに成功した」

私は気分が悪くなりました。世界は、この国を覆う狂気に気づいていないのでしょう

か。誰一人、助けに来ようとはしないのでしょうか。

大統領は、キブエのフツたちの仕事振りにとても満足したので、殺人者たちがお祝いが出来るように、何千ドルもの食べ物とビールを送ると約束しました。

「すべての仕事が終わって、敵が皆死んだ後では、我々は天国に住むことになるのだ。もはやゴキブリどもに仕事を奪われることもない。ゴキブリのちびどももいなくなった後では、学校は、フツの子どもたちの天国になる」

生放送なのでしょう。人々が手を叩き、歓声を上げているのが聞こえます。

「キブエでは、いい仕事をした。ほとんどすべての敵は死んだ。さらに我々は一人残らず殺さなければならない。さあ、仕事を終わらせようじゃないか」

私たちは顔を見合わせました。本当に彼の言う通り、キブエのツチは皆死んでしまったというのでしょうか。キブエには、二十五万人以上のツチが住んでいたはずです。

そんなことってあるのでしょうか。

私たちの家族は？　私の両親、ヴィアネイやオーグスティーヌは、ああ、そして、私の大事なダマシーンは今、どこにいるのでしょう。

私は、神様に私を試しているのですかと訊ねました。そして、もう一度、手を合わせて祈りました。それでも、私の中に神様と話す静かな場所を見出すのは難しかったのです。

一方、悪魔は、私の頭の中で叫びたてていました。

放送の後、窓の外から声が聞こえました。その中に古い友達のジャネットの声がありました。

彼女は、トイレの壁の外に立って、私のことを話していたのです。

「イマキュレーですって？」と、彼女は言いました。「まだ誰も彼女を見つけていないわ。私は彼女が友達だと考えていたけど、でも、彼女は嘘つきだったわ。私が安心するように、私が好きなふりをしていただけなのよ。彼女のお父さんが私の家族を殺そうとしていたのを知っていたんですもの。見つかって殺されたって、私は何とも思わないわ」

ああ、神様、今度は何だというのですか！　どうしてジャネットがあんなことを言えるのでしょう。最後に会った時、彼女がひどく冷たかったのは知っています。でもそれは、きっと彼女の父親の影響と戦争のストレスのためだろうと私は考えていたのでした。

でも、今、私の一番古い大事な親友は、私が生きていようと死んでいようとかまわないと言っているのです。

ジャネットが私を見捨てているのを聞いて、私はひどく寂しくなりました。そして、誰か友達と話したくてたまらなくなりました。

どんなに寮に戻りたかったでしょう。サラやクレマンティーヌと笑い合ったり、手を取られて慰められながら、私のこの悲しみを聞いてもらえたら。

そんな私の頭の中を、悪魔はきっと覗き見ていたのにちがいありません。

続いて牧師のラジオから、新しいニュースが流れました。

私の大学のキャンパスで、何百という学生が殺されたのです。皆殺しでした。

「我々は、ブタレの地を焦土《しょうど》にした。我々は、大学で、五百人を超える蛇どもと、フツの裏切り者を殺した」と、アナウンサーは勝ち誇った調子で告げました。

大学の友達の多くは、高校からの仲良しでした。おそらく彼女たちは、イースターの休暇をキャンパスで過ごしていたのにちがいありません。

あのすばらしい少女たち。共に笑い、共に泣き、共に祈った日々。大きくなって、恋をして家族を持つという夢を語り合った日々。私たちは、生涯の友でいることを信じていました。でも、彼女たちの人生は終わりを告げてしまったのです。消滅したのです。

私は、彼女たちが拷問されなかったことを祈りました。私自身も、休暇に帰ってくるようにという父の美しい手紙を受け取っていなかったら、きっと一緒にいたのです。

私は、私の愛していた人すべてを失ってしまったのでしょうか。

私は、目を閉じ、神様に、どうぞ、私と一緒にいることを示して下さいと頼みました。

彼は、私にとって、唯一残された存在、たった一人、私が信じられる存在なのでした。

でも、そのしるしが現われる代わりに、私は助けを呼ぶ声を聞きました。

「ムリンジ牧師様、ああ、ここにいらしたのですね。ありがたい！　どうぞ、どうぞお助け下さい。あいつらがやってきます。私を殺しに、あいつらがやってきます」

女性の声はソニーでした。年老いた寡婦で、夫は一九七三年の虐殺で殺されていました。

彼女は、私が学校からの帰りにバスを降りると、挨拶をし、いつも兄弟たちにと言って果物や何かをくれた、私にとっては、おばあさんのような存在でした。私は、立ち上がってここに一緒に隠れるように叫びたいと思いました。

その時、牧師の声が聞こえました。「ここから出て行って下さい。私はツチをかくまうことは出来ないんです。すまないけど、ここにいることは出来ないんですよ」

「ああ、どうかお慈悲を！　牧師様、どうか。あなたは神の人です。どうぞ、私の命を助けて下さい。誰にも言いません。静かにしています。ああ、私は死にたくないんです。牧師様、私はただの年寄りです。私は誰も傷つけてなどいないんです」

「あなたは敵なんだ。だから、あなたをかくまうわけにはいかないんだ。私は、良いフツなんだ。さあ、出て行ってくれ」と、言って、彼は玄関のドアを閉めました。

遠くで、殺人者たちが、ツチ狩りの歌を歌いながら近づいてくるのが聞こえました。

哀れなソニーはまた叫び始めました。私の心の中で、杖をつきながら、曲がった足で逃げていく姿が見えます。殺人者たちが彼女を捕まえる前にそれほど遠くに逃げることは出来ないでしょう。

私は泣きたかったのですが、涙は出ませんでした。私の心は、絶え間なく押し寄せる悲

しみの猛攻撃にすっかり硬くなってしまっていました。

私は、牧師に対しても怒りさえ感じなくなっていました。おそらく、ソニーがやってきた時、殺人者たちはとても近くにいたので、他に仕方がなかったに違いありません。

私は目を閉じ、神様にソニーの親切な魂を受け入れ、天国にお連れ下さいと頼みました。

そして、もう一度、私を見守っているならしるしを見せて下さいと頼みました。

牧師はドアを開け、何も言わずに前に頼んでおいた聖書を私に手渡してくれました。

私はすぐにそれを開いて見ました。そこは、詩篇九十一でした。


ここに宣言する。彼一人が、私の避難場所である。私の安全の場所である。

彼とは、私の神、私は彼を信じる。

彼はあらゆる罠から救い出し、命に関わる病《やまい》から守ってくれる。彼はあなたをその翼で守ってくれる。それらはあなたの避難場所である。信仰の約束こそあなたのよろいである。

もはや、暗闇を恐れる必要はない。日々の危険を恐れることもない。暗闇の災害を恐れることもない。朝の災害を恐れることもない。

一千もの家が倒壊しようとも、一万の人々が私のまわりで死のうとも、悪魔は決して私に触れることはない。

第13章 孤児たちが集まる

一カ月が過ぎ、もう決して空を見ることは出来ないのではないかと思いました。

殺人者たちは、いつでも好きな時にやってきてはまた去って行きました。昼でも夜でも、突然現われ、ある時は数十人、ある時は数百人に及びました。命令が出た時や密告があった時、ただ退屈して新しいツチを拷問したり殺したりしたい時に来るのでした。

私たちは、彼らが私たちを探し出すまでずっとやってくるのだと知っていました。彼らが戦争に負けることがない限りは。

牧師のラジオから流れるニュースは、ぞっとするようなものばかりでした。政府の指導者たちは、ルワンダじゅうのラジオ局を死の宣伝マシーンに変えました。アナウンサーは、見つけ次第ツチを殺すのが義務であるとフツに広く呼びかけていました。この殺人を遂行するために邪魔になるものはすべて排除されました。

この国は完全に閉ざされてしまったのです。

ただ、一部の農家の人たちが収穫が出来ないと言ったので、政府は一日殺人を休んでも

いいと言いました。その代わり、自分自身でよく武装をするようにと。

「武装を怠《おこた》るな。ツチの蛇野郎は草むらや藪に隠れている。いつでも大鉈を手に持って、見つけ次第半分にぶった切れるようにしておくことだ。銃を持っているなら撃ち殺せ。もし銃がなければ、政府はすぐに銃を届ける用意がある。もし、畑で働いている時にツチの女が赤ん坊に乳を飲ませているのに出っくわしたら、絶好のチャンスを見逃すな。銃を取って女を撃て。赤ん坊も殺すのを忘れるな。子どもでも蛇は蛇だ。一緒に殺すんだ」

地方の役所は、村のガソリンスタンドで大鉈を配り、義勇軍は、家から家へ銃や手榴弾を配って回っていました。

ある晩食べ物を持ってきてくれた時、牧師も肩からライフルを下げていました。

「心配するな、私は君たちを撃ったりしないから。政府の兵隊が今日やってきて置いていった。イヤだと言えば、彼らは、私を穏健派だと非難して撃つだろう」

彼は、手の中でその武器をひっくり返して見せてから、もう一度肩に下げました。

「絶対にどうしても必要な時以外、これは使わないよ」

ルワンダのすべてのフツは、銃か大鉈を持っているということなのです。その上、彼らはツチを殺せという命令を受けているのです。

それなのに、世界じゅうの誰一人、彼らを止めるために指一本動かそうとはしないのです。

私たちは、ラジオの報告で助けはどこからも来ていないということを知りました。

他の国々、とりわけいわゆる西の進んだ文明国が、どうして私たちに背を向けていたのかわかりません。彼らは私たちが皆殺しにあっているのを知っていたのです。それでいながら、何もしなかったのです。

国連は、虐殺が始まってすぐに平和部隊を引き上げることにしました。

でも、カナダの国連平和部隊の責任者、ロメオ・ダレールは、そこを引き上げるという命令に従うのを拒否して、数百人の兵士たちとともに残りました。彼は勇敢で、信念の人でしたが、殺人者の大群の中で孤立していました。

私たちは、彼がラジオで、誰か、誰でも、ルワンダに兵士を送ってくれないかと懇願しているのを聞きました。でも誰一人、彼の言葉を聞きませんでした。

私たちの前の宗主国だったベルギーは、一番最初に兵士を引き上げたのでした。

一方、国連は、虐殺が実際あったことさえ認めようとはしませんでした。

彼らが、この国の指導者がすべてのツチの男も女も子どもも死んでしまうまでこの虐殺を止める気がないことを、まったく知らなかったなどということはありえないのです。そんなことはラジオのスイッチをひねりさえすればすぐにわかるのですから。

時折、牧師は、ラジオではわからない皆殺し計画の詳細を知らせてくれました。

「ひとたびすべてのツチが死んだ後では、彼らは、あたかもツチなど一度も存在しなかっ

たかのようにしようとしている。どんな痕跡も消そうとしているんだ。役所は、すべてのツチの記録を破棄するように命令を受けている。すでに、ほとんどの学校や職場の記録が焼かれてしまった。今は、誕生や結婚、死亡記録などを焼き始めているんだ。どの町も、ルワンダの土の上に、たった一つでもツチの足跡を残すなと命令されている」

唯一、私たちが聞いた良いニュースは、戦争についてでした。フツ政府は、ツチ解放軍はすべて殺したと放送していましたが、BBCや他の外国の放送によると、この国のある場所では、RPFが戦争に勝っているというのです。

時折、私たちは、RPFの指導者ポール・カガメが、ツチに向かって、信仰を失うな、自分たちは、あなた方を救うために戦っているのだからと勇気づけているのを聞きました。

ポール・カガメは私たちの英雄でした。たとえ、今、彼らが戦っているのはキガリのまわりでそこは遠く北の方、マタバからははるか離れていたとしても、それでも、ツチの兵隊がいつか私たちを助けに来るという希望を残してくれました。

戦争が長引くにつれ、牧師は、私たちをこの先どうするか心配を募《つの》らせていきました。

「もしこのまま、戦争が何カ月も続いたら、君たちのための食べ物も底をついてくるだろう。どうしたら君たちをかくまえるか私にはわからない」と、彼は落ち着きませんでし

た。

私は、彼の肩からぶら下がっていた銃を思い出し、もし食べるものがなくなったら、彼はどうするつもりだろうと思いました。

彼が殺人者になるなどとは考えたくありませんでしたが、真夜中に私たちを放り出すことだって出来るのです。オーグスティーヌとヴィアネイにそうしたように。そこいらじゅうに殺人者たちが歩き回っていて、外に出たら一時間と生きてはいられないこともわかっていました。

牧師自身、きっとそのことについて考えつくしたにちがいありません。そして、最後に彼は、神の助けが必要だと決心したのでしょう。

ある夜、私たちに一緒に祈って欲しいと頼んだのです。政府軍が戦争に勝つようにと。

私たちは、彼をじっと見つめました。自分が何を頼んでいるのかわかっていないのでしょうか。私たちの状況や感情になんと無神経になっているかと信じられない思いでした。

でも、私たちに選択の余地はないのです。他に何が出来たというのでしょう。私たちは、みんな手を一緒につないで、祈るふりをしました。

実際、私が祈ったことは、すでに殺された何千、何万というツチの魂についてでした。

それから、私は、殺人者たちのために祈りました。神様の力強い光の中に来るように。そして、その愛によって変わるように。

どうぞ彼らに触れて下さい。あなたの聖なる愛によって。神様。そうすることによってだけ、彼らは大鉈を下ろし、膝を屈することが出来るでしょう。ああ、神様、彼らが、殺戮をやめるように彼らの心を動かして下さい。彼らを許して下さい。

私はまた、牧師が私たちに対してあまりに無情にならないようにと祈りました。私たちを見た時に、私たちもまた人間なのだと思い出してくれるように。

一緒に祈り終わると、ムリンジ牧師は、戦争が終わったら私たちをどうしようと考えているかを聞かせてくれました。

「その時には、ルワンダにはツチは誰も残っていないだろう。誰にも見られずに君たちを外に出して、誰一人君たちを知らないところに行かせなくてはならない。つまり、誰一人、私が戦争のあいだ君たちをかくまったと気づかないところへ」

彼の計画とは、私たちをキヴ湖の真ん中の岸から五十マイル離れた島に送りこみ、アバシ族の妻にするというものでした。

信じられない思いで、私たちはおたがいを絶望的に見つめ合いました。

アバシ族は、森の奥に住む原住民で、外の世界とは、まったく関係のない生活をしていました。学校も教会もなく、腰布だけを身につけて、森の中で採集するか、狩りをして食糧を得ていました。

「他にどういう方法があるっていうんだ。これ以上話すことはない」と、牧師はピシャリ

と言うと出て行きました。

私たちは、自分たちの運命について考えこんでしまいました。

でも、彼がそう考えたことは、納得出来ました。もしフツが全部の仕事を終わったら、私たちは、ルワンダの最後のツチの生き残りかもしれず、敵に囲まれた孤児なのです。

でも、私は、孤児だとはまったく思っていませんでした。何週間も祈り続けてきて、神様との関係はそれまでに想像も出来ないほど深まりました。

私は、この地上のいかなる王よりも愛情深く力を持った王の娘のような気分でした。

私は、毎日、心の中の神様と交信する場所に入り込むと、心をゆだね、聖なる魂と話し、そして聖なる魂は私の心に語りかけるのでした。

神様は、彼の魂とともにあるならば、見捨てられ、一人ぼっちになり、傷つけられることは決してないと私に約束してくれます。

私は、その汚い床に、石のようにじっとしたまま、何時間も続けて座っていて、神様の聖なるエネルギー、愛の力が、私の中を川のように流れ、私の魂を浄《きよ》め、私の心をやすらかにしてくれるのを感じていました。

時折、私は、自分のからだを離れて浮かびあがり、神様の愛にあふれた手の中でゆりかごのようにあやされながら、これまで聞いたこともない見知らぬ言葉を話しているのでした。直感的に、私は、それが神の偉大さと愛の力を賛美しているものだとわかりました。

目覚めているあいだは、毎日十五時間から二十時間、神様と会話し、祈り、瞑想し、数時間眠っているあいだには、イエス様と聖母マリアを夢に見ました。

虐殺の嵐のまっただ中で、私は、私自身の救いを見出すことが出来たのです。

私の神様との絆《きずな》は、この隠れ場所を超え、戦争を超え、大虐殺を超え、今では、生きていること自体も超えたものになりました。私は、神様に心をゆだね、神様は、それを愛と許しで満たしてくれているのです。ここにいることは、私にとって祝福に変わりました。

たとえ、両親が血の海の中で死ぬことがあったとしても、私は決して孤児にはならないのです。私はここで再び生まれたのです。父、神に愛されている娘として。

私たちがそこに着いた時には、牧師の十人の子どもたちの下の二人、息子のレキムと娘のデュセンゲが彼と一緒に住んでいました。

でも、戦争が長引くにつれて、他の子どもたちも戻ってきたので、家には大勢の人がいるようになり、牧師は、私たちの世話をするのがより難しくなりました。

そこで、五週間が過ぎたあたりで、彼は、もっとも信頼している二人の子ども、レキムとデュセンゲに、それまで慎重に秘密にしていた私たちの存在を話すことにしました。

レキムはすばらしい良い心の持ち主でした。デュセンゲは、とてもやさしい少女で、私たちは、長いあいだ良い友達でした。

牧師が、私たちに会わせるために連れてきた時、彼らの目には、哀れみと同情があふれました。デュセンゲは温かく挨拶し、レキムは私の手をとりしっかりと握りました。「ああ、イマキュレー」。彼はささやくと、言葉も出ないのでしたが、私の手を握り締めて言いました。

「ここに隠れてくれていて、ほんとに嬉しいよ。うちの家族が君に何かしてあげられて、何てすばらしいんだ。きっと、きっと、君を守るからね」

彼の親切は、私に何年も前の私たちの無邪気な良い関係を思い起こさせました。神様のなさることに偶然はないのでしょう。

古い友達に会ったことは大きな慰めでしたが、家族がどうなっているか、また、ボーイフレンドのジョンがどうなっているかについてのニュースはまったくありませんでした。戦争が始まって以来、電話はどこも通じなくなり、何がどこで起こっているか、人の消息を知るのは難しくなっていました。

レキムとデュセンゲは、とてもやさしくしてくれました。そして時には、一杯のお茶という贅沢も与えてくれたのです。

五月の中ごろのある夜遅く、トイレのドアが突然勢いよく開きました。

二人の若いインテラハムエの殺人者が、私たちに向かってきました。

私たちは、後ずさりをし、大鉈が振り下ろされるのを覚悟しました。でもその時、私たちは牧師の声が、心配しないように、じっと座っているようにとささやくのを聞きました。一瞬ののち、私たちは、それが殺人者ではなく、二人のツチの女性だとわかりました。私たちは、生きていて呼吸をしているツチの女性を見て喜びましたが、どうしたら彼女たちの場所を作り出せるか、わかりませんでした。

牧師は、二人を押し込むと「音を立てるな」と、念を押してドアを閉めました。窓からもれる薄明かりの中で少女たちの顔がおぼろげに見えてきました。サインで話しかけようとしても、もちろん彼女たちには何のことだかわからないのでした。

私たちは、ささやき声で、どこから来たのか、外はどうなっているのか聞きました。彼女たちの名前は、マラバとソランジュでした。マラバは私と同じぐらいの年で、前に二、三回見かけたことがあるぐらいで、よくは知りませんでした。ソランジュの方は、十代の少女で、それまでに見かけたことのない顔でした。私たちは知らなかったのですが、牧師の年長の娘の一人マリアンヌは、ルワンダの北の方で、虐殺が始まった時に二人のツチの姉妹をかくまったのでした。

解放軍との紛争は、北の方では想像を絶する熾烈《しれつ》さで、フツの過激派はツチのスパイを徹底的に探し回っていました。

マリアンヌは、親切で慈悲深いという評判だったので、それが過激派には疑いの元になり、彼女の家は何度も探し回られました。このままでは遅かれ早かれ、マラバとソランジュが見つけられるのは目に見えていたので、マラバのための偽の身分証明書をなんとかして手に入れ、そして、二人に殺人者たちが着るような洋服を着せて変装させました。

そうして、インテラハムエがツチを殺すために彼女に与えた銃や大鉈や手榴弾を車に乗せ、少女たちをその隣に座らせ、南の彼女の父親の家を目指して、長い危険な旅に出たのでした。そこで安全な場所を見つけられることを祈って。

マラバとソランジュの話では、数マイルごとに、インテラハムエの殺人者たちが、道を封鎖して、車を止め、身分証明書を調べているということでした。

ソランジュは証明書を持っていなかったので、車が止められるたびにもうダメかと思ったというのです。証明書がないのはツチであるのと同じくらい悪く、死刑宣告と同じでした。

「一人の男の人は、ツチの証明書を出したんです。そうしたら、私たちの見ている前で、彼らはその人の頭を切り落としたんです」と、ソランジュは、身震いしながら、かすれた声で言いました。自分の目で見たことが、いまだに信じられないというように。

「彼らは、フツでも、証明書を家に忘れてきただけで殺してしまうんです。私は、男の人が殺されたのを見ました。彼はフツなんです。でも彼らは知らなかったんです。私よりも

ほんの少し背が高いのですが、それだけなんです。彼らは、ツチのスパイだと言って、その人をその場で撃ち殺したんです。

それから他のフツも、ツチを殺すのは間違っていると言っただけで殺されました」

出発する前に、マリアンヌは少女たちに、生き残りたいなら殺人者たちのように振舞うようにと言いました。それなので、止められるたびに、大鉈や銃を振り回しました。

「私たち、無我夢中で叫んだんです」と、ソランジュは言いました。

「フツパワー、フツパワー、ゴキブリどもを皆殺しにしろ！　ツチの犬どもを殺しちまえ！って。殺人者たちは私たちを見て大喜びで、その調子だ、もっとやれ、もっとやれと言って通してくれたんです。ツチを殺そうというのがパスポートなんです。

彼らのほとんどは、酔っているか、マリワナでハイになっているかのようでした。

実際、私は、二つの封鎖地点で、ジープに乗った兵隊が、麻薬とお酒を殺人者たちに手渡しているのを見ました。それで働かせようというのです」

二人の姉妹は、南への道で、あまりにたくさんの死体が道路に転がっていたので、それが死体だったと気づくまでに時間がかかったほどだと言いました。

「ものすごくたくさん。それがうずたかく積み重なっているので、私たち、はじめは何かぼろきれの山かゴミだと思ったんです。でも近づいて、窓を開けてみた時、何だかわかりました。車のエンジンの音よりもハエがぶんぶんいう音の方が大きかったのです。

そして、何百という犬が死体を食べていたんです。争いながら。気持ちが悪くなりました。国じゅうが腐った肉の匂いでいっぱいなんです」

ソランジュは、言いました。真っ青な顔で、震えながら。

「頭からその光景が離れないんです。目を閉じても、死んだ人しか見えないんです」

もし、ラジオや牧師から同じような話を聞いていなかったら、とても信じられなかったでしょう。黙示録の世界がついにやってきたようで、ルワンダにその最初の一歩がしるされたのです。

私たちは、もしかして、彼女たちが何か私たちの家族のことを知っていないかと聞きました。でも、彼女たちは、自分たちの家族のことさえ、今どうしているか知らないのです。

マリアンヌはマラバの名付け親でした。そして、姉妹はちょうど虐殺が始まった時に、彼女を訪ねていたのでした。

マラバは私たちの膝の上にやっと落ち着いた時、すすり泣いていました。

「もしマリアンヌがかくまってくれなかったら、私たちもまた、あの死体の山の中に横たわって、犬に食べられていたんです」

想像するだけでぞっとします。私は、何百万回も、私の両親や兄弟たちはどうしているかと考えてきましたが、今はただ黙って神様にどうぞ彼らを見守って下さいと頼みました。

あなたは、今では、私が話すことの出来るたった一人の家族です。神様、あなたが他の家族も見守って下さることを信じています。

その夜、その隠れ場所は、いつもより一段ときつくなりました。

私は、可愛い七歳のサンダが私の膝で眠っているのを両手に抱きながら、どんなにこの小さな部屋の中の私たち一人一人が、家族から引き離されているか、そして、家族が私たちから引き離されているかと考えていました。

私は、サンダの髪をなでながら、どんなに母に髪をなでて欲しいと思ったことでしょう。

私は、夜明け少し前に眠りに落ち、これまでのどれよりもはっきりした夢を見ました。イエス様が私の前に立っているのを見ました。その腕は、私を抱こうというように私に向かって差し伸べられていました。

彼は腰布一枚という身なりでした。その髪は肩に流れ、あまりに痩せているのに衝撃を受けました。あばら骨が浮き出し、頬は、こけてくぼんでいました。

それにもかかわらず、私を見た時の彼の目は星のように強い光を放っていました。そして、その声は、やさしいそよ風のようでした。

「お前がここを出る時、お前の愛するものたちも、知っているものたちも、ほとんど死んでしまっていることを発見するだろう。私は、恐れるなと告げるために来た。お前は一人

ぼっちではない。私がお前と一緒にいる。私こそお前の家族なのだ。平安な心で、私を信じるのだ。なぜなら、私はいつでもお前の味方なのだから。家族の死をあまり長く悼《いた》んではいけない、イマキュレー。彼らは、今私と一緒にいる、そして彼らは幸福なのだから」

私は、幸せな気持ちで目覚めました。イエス様を夢に見るのは、美しいご褒美でした。

でも、時がたつにつれ、私の心は重くなりました。イエス様は、私の家族は死んでいるとおっしゃったのです。ああ、どんなに彼らに生きていて欲しいと思ったことでしょう。

両親に会いたい。ヴィアネイにどんなにあの晩彼を行かせたことを悔やんでいるかをわかって欲しい。ダマシーンの顔いっぱいに広がる笑顔をもう一度見たい。

あれほど祈り続けたのに、なぜ神様は彼らの命を助けることが出来なかったのでしょう。

私は目を閉じ、自分自身に言い聞かせました。あれはただの夢なのだと。私の家族は生きているかもしれないのだと。

そして、もし夢でなかったとしたら、神様はいつも私を愛して下さると約束したのだと。

私は、神様が決して約束を破ることがないと知っています。

その夢を見てからすぐ、私は窓の外で人々が最近目撃した殺戮について話しているのを聞きました。一人が、戦争の始めのころからずっと隠れていた若い男が捕まったと話していました。

「そいつは修士号を持っていた。殺人者たちは、そのことで彼をののしり続けた。そんなに頭が良いなら何でつかまったんだと。その中の一人が、修士号を持っている奴の頭の中を見てやろうと言った。そして大鉈で彼の頭をぶち割って、頭蓋骨の中を覗いたんだ」

私は息が止まりそうになりました。その地域で修士号を持っている若者は数えるほどしかいません。私は、彼らが私の兄のダマシーンのことを話しているのだと思いました。

ああ、神様、彼でないと言って下さい。私は落ち着こうとしました。ダマシーンのことだとは限らないと自分に言い聞かせ、祈り続け、ムリンジ牧師をひたすら待ちました。

何時間か後に、彼がドアを開けた時、私は、私が聞いたことを彼に話して、そして率直に聞きました。人々が話していたのは、ダマシーンのことだったのかと。

私の質問は彼を驚かせました。私の目を見ることが出来ませんでした。

「いいや、そんなことはない。彼らは若者をたくさん殺している。それが君のお兄さんだと考える理由はない。君のお兄さんのことは何一つ聞いていないよ、イマキュレー」

ああ、牧師様、あなたがもう少し嘘がうまかったらどんなに良かったでしょう。

彼の表情は、ダマシーンが死んだことを告げていたのです。でも、どうしたら確かめられるでしょう。私は唇をかみ締めると、私にそう言わなかったことで、そして、私たちをかくまってくれたことで、彼に感謝しました。

彼は大急ぎで出て行きました。他の女性たちも心配しないようにと言いました。

兄のダマシーンが生きているチャンスはまだあるのだと、もうすぐ彼の美しい笑顔が見られ、一緒にたわいない冗談を言って笑い合うのだと、いくら頭でそう考えようとしても、心はそれを信じることが出来ずに、私はすすり泣き始めました。

始めは静かに。でもすぐにどうしようもなく、ただ泣き続けました。私は顔を叩き、からだじゅうを強くつねってみました。痛みで気がまぎれ、涙が止まるようにと。でも何をやっても無駄でした。

他の女性たちがパニックになっているのがわかりました。私の泣き声が外に漏れやしないかと。でも、どうしても止めることが出来ないのです。なんとか泣くのをやめようと手を嚙んでみましたが、涙は顔を滝のように流れ、私のすすり泣きの声は大きくなっていき、悪いことには、私より若い子たちが一緒に泣き出したのです。

そして、一時間後、私は泣きやみました。

それ以来、その隠れ場所の中で私はもう決して泣きませんでした。

第14章　言葉の贈り物

その七週間は、私たちをぞっとするほどやつれさせました。骨は皮膚から飛び出し、皮膚はたるんでぶら下がり、筋肉や脂肪がなくなるにつれ、お尻のクッションもなくなって、硬い床にじっと座っていることが苦痛になってきました。二人増えたにもかかわらず、毎日隙間が増えるのです。私たちが縮んでいたのです。十分に食べられないことから、皆衰弱し、ほとんどの時間朦朧《もうろう》として過ごしていました。着ているものの感じから、私の体重はおそらく少なくとも四十ポンド（約一八キログラム。一ポンドは約〇・四五キログラム）は減っていたと思います。

皮膚は青白く、唇はひび割れ、歯茎は腫《は》れてズキズキ痛みました。

悪いことには、ここに来て以来一度もシャワーを浴びず、服も変えていなかったので、しらみの繁殖に悩まされていました。時には、私たちの血で膨《ふく》れ上がったこの小さな虫たちが、顔の上を行進しているのを見ることが出来るほどでした。

それでも私は、こんなに自分が綺麗だったことはなかったように感じていました。毎日、目が覚めるとすぐに、神様に命を下さったことを感謝し、毎朝、愛され祝福され

ていると感じていました。

私は、神様が、私を血に飢えた殺人者の大鉈の下で長いあいだもだえ苦しみながら死なせるようなことは決してないし、また、何かとるに足りない小さな病気で死なせるはずもないことを知っていました。

私は、ここで二度病気になりました。それは、一日ぐらい寝ているか、もしあればちょっと薬を飲めば治るようなものでした。最初は四十度近い熱が出て、からだが震えうわごとを言いました。もう一度は、泌尿器系の感染症でこれまでにないくらい痛い経験でした。牧師に出来たことは、ただ、体温計をくれたことと、がんばれ！という言葉をかけてくれたことだけでした。何の薬も持ってきてくれることは出来ませんでした。

私に出来ることは祈ることだけでした。痛みと熱があまりにひどく耐えがたくなった時は、神様に、眠っているあいだ、私の上に癒《いや》しの手を置いて下さいと頼みました。

二回とも、目覚めた時には気分が回復し、熱も痛みも消えていました。

私は、神様の愛の力で癒されたのです。私は、神様は何か大きな目的があって私を生かしているのだと感じ、それがどういうことなのかわからせて下さいと毎日祈っていました。最初、私は、神様が将来を一度に全部見せてくれることを期待しました。おそらく、目のくらむような稲妻と、おまけに耳をつんざく雷も一緒に。

でも、神様は、理解する用意が出来ていないうちは、決して私たちにそれを明らかにには

しないのでしょう。その代わりに、私たちが見なければならない時に、見なければならないことを見せてくれて、私たちの目が開かれるまで待ち、用意が出来た時にもっともふさわしい道に導いてくれるのです。

それでもまだ、歩きだすかどうかは、私たち次第なのです。

神様は、私に行くべき道を示してくれました。

それは、ある日、ムリンジ牧師が戦争について話していてくれた時でした。牧師は興奮していました。国連が、平和部隊をルワンダに送ることを考え始めたというのです。彼は、それが戦争の終結を早めると思ったのでした。

大虐殺が始まったその日にベルギー平和部隊の兵士が十人、フツの兵士に殺されたことで、国連はほとんどの兵士を引き上げてしまっていました。

また、すべての西側の国は、虐殺が始まった時、自国民をルワンダから避難させました。ツチだけが、自分たちの運命に面と向かわせられたのです。

大虐殺が始まって以来、文字通り、外国人は一人も残っていませんでした。

これが、私たちの政府に、皆殺しをしようと世界は誰も気にはしない、ツチの命など誰もかまいはしないのだというサインを送り、虐殺は続きました。

国連が兵士を送る可能性があると言うだけで、大きな意味がありました。虐殺を止める

ことだって出来るかもしれないのです。
でも牧師は問題があるのだと言いました。

「ツチのRPFは、国連が兵士を送るのを望んでいない。彼らは、戦争を続けたいのだ。彼らは、自分たちが戦争に勝って、政府をのっとれると思っているんだ。その上傲慢にももし国連が兵士を送るなら、英語を話す部隊にして欲しいと要求したんだ」

牧師は、ほとんどのRPFの兵士は、英国の植民地だったウガンダで大きくなったので、英語を話すのだと言いました。一方、ルワンダはベルギーの植民地だったので、フランス語を話します。私たちが高校で教えられるのはフランス語でした。

「RPFはフランス語を話すことを拒否している。たとえ知っていてもだ。彼らは、フランスの軍隊がインテラハムエの殺人者たちを訓練したと言っているんだ。だから、フランス軍を憎んでいる。もし、RPFが戦争に勝ったら、彼らはきっと我々みんな英語しか話してはいけないと言うだろうよ」

私の頭の中で、何かがピカリと光りました。
その時、私は絶対にRPFが戦争に勝つと確信しました。ということは、大虐殺が終わった後、私は英語を話す人々に会い、何が起こったかを話さなければならないのです。また、国連で働くことになるという予感がしました。そこでは誰もが英語を話すのです。
私は、突然はっきりと、これからの時間は英語を習うことに費やそうと思いました。

神様が宝くじの当たりくじをくれようとしているような感じです。私がしなければならないことは、それが引き当てられた時、すでに用意が出来ているようにしておくことでした。私の運命に出会うための準備をしなければならないのです。外国語を覚えるためには、たくさんの時間が必要です。祈りの時間を削らなければなりません。

そのことで、悪魔に、待ってましたとばかりに私の頭に飛び込むすきを与えないために、恐怖と疑いから、暗闇と絶望のただ中に私を引きずり込まないように、私は、私に出来る唯《ただ》一つのことをしました。神様にどうしたら良いかと聞いたのです。

親愛なる神様。あなたは、私に英語を習うというアイディアをひらめかせて下さいました。どうか私が学んでいるあいだ、悪魔のささやきから私をお守り下さい。ここに閉じ込められたままで、どうしたら新しい言葉を勉強できるのかをお示し下さい。

私は、他の女性たちにはその計画のことは話しませんでした。彼女たちはすでに私がおかしくなっていると考えていたのですから。もし私が、生きるか死ぬかという時に新しい外国語を習おうとしているのを知ったら、牧師に今すぐ私を追い出すようにと言うにちがいありません。私は、私の夢を秘密にしておくことにしました。

次の日、牧師が食べ物を持ってきてくれた時、私は、英―仏辞典を貸してもらうことは出来るだろうかとたずねました。また、何か英語で書かれた本を持っていやしないかと。

彼は、まるで私が、ステーキディナーを注文したかのような顔をしました。

「あの、何か心をいっぱいにするものが欲しいんです。もう二カ月も壁だけを見ているんですから。それにおたがいに話すことも出来ないので」と、私はささやきました。

彼は、まるで気が変になった人から離れるように大急ぎで行ってしまおうとしました。

「もし私が英語を習ったら、私は国連の平和部隊に、戦いが終わった後、あなたがどんなに勇敢に私たちを守るために行動したかを話せます」と、私は大急ぎで付け加えました。

ムリンジ牧師は、突然その考えが気に入ったようで、本棚を見てみると約束しました。

私は運が良かったのです。英語の本を持っているルワンダ人はほとんどいませんでしたが、牧師は二冊見つけてくれました。その上、英―仏辞典まで。

「初歩の本はなかったよ、イマキュレー。私が持っているのは、難しすぎるかもしれない」と、彼は言いました。

私は彼に微笑みました。ヨチヨチ歩きをするつもりはありませんでした。新しい人生のために大きな一歩を踏み出そうと考えていたのです。

「それで結構です、牧師様」と、私は答えました。

牧師は、どうしたら国連平和維持軍を見分けることが出来るかを教えてくれました。

「彼らだけが、ブルーの帽子を被《かぶ》っているんだよ」と、彼は、二冊の分厚い英語の本と辞書を手渡してくれながら、言いました。

私はただちにそれを開きました。見慣れない言葉にワクワクしながら、まるで金で出来

ているかのように扱いました。アメリカの大学から奨学金をもらったような気分でした。祈りの時間は少なくなりましたが、でも、勉強しているあいだ、神様は一緒にいて下さるとわかっていました。彼が、この言葉を学ぶようにと仕向けてくれたのです。彼の意思の力が私を通り抜けていくのを感じました。自分自身を哀れんだり疑ったりしている暇はないのです。神様は贈り物をくれました。それに報いることこそがお返しなのです。

私は大きな方の本を開いて読み始めました。

私は、とにかくそこにいるあいだほとんどを祈り、瞑想をし、学ぶことで費やしました。一度に一つずつ、英語の言葉を覚えることにして、新しい言葉を見つけると、辞書でフランス語に直して意味を知るのです。最初はなかなかはかどりませんでしたが、面白くてすぐに夢中になりました。まず、現実社会に戻った時に必要な重要な言葉から。

IはJE（フランス語の私）なのだとわかりました。

私は、「私はツチです。私は助けが必要です」「三カ月のあいだ隠れていました」「家族を探しています」「仕事を下さい」と言う必要がありました。

英語を習い始めた日、私は、最初の本の最初のページを何回も読み返しました。それが何について書かれていたかははっきり覚えていませんが、暗くなってきたころには、それを胸の上にしっかり抱きしめて、私がつくった最初の英語の文章を声に出さずに繰り返し

ていました。

「I am Immaculée」

ああ、神様、ありがとうございます。

毎日が終わる時、私は、とても疲れていましたが心はうきうきしていました。

神様が用意している私の新しい人生は、何かこの言葉に関係しているのでしょうか。

日がたつにつれて、私は、必要な英語を覚えていきました。

逃げる、隠れる、戦争、祈り、仕事……。そして神様……。新しい言葉のどれもが、宝石のように大切でした。ＢＥＦＯＲＥとＡＦＴＥＲという言葉も重要でした。なぜなら、私は、私自身の人生を虐殺前と虐殺後で分けて考えていたからでした。

ある朝、辞書を見ていた時、私は、英語の文法のページを見つけました。

文法！　まるで、空からマナ（モーゼに率いられたさまよえるユダヤ人たちに神から与えられた救いのパン）が降ってきたかのようです。英語の秘密を探るための鍵を見つけたのです。動詞、名詞、形容詞、過去、現在、未来……。なんて素敵なんでしょう。

私は、他の女性たちが、眠っているか、ぼんやりしている時に、新しい宇宙を探検し、一日じゅう、祈りを唱え、真夜中過ぎまで窓から漏れるかすかな明かりで、もうこれ以上目を開けていられないというまで本を読み続けました。一瞬一瞬、神様に感謝しながら。

三週間後には、牧師が与えてくれた本を隅から隅まで読み尽くしてしまいました。

次のレベルに進む準備が出来たと感じて、今度は、牧師から紙とペンを借りて手紙を書き始めました。まだ存在していない男性、私たちの救助者に向けて。

私は、私たちが必ず救われると信じていたので、その想像上の英雄がどんな人なのか、頭の中であれこれ思い描いていました。

背が高く、肌が浅黒い、国連の兵士で、小さな口ひげを蓄《たくわ》え、英語圏のアクセントで話すのです。清潔なピシッとアイロンのきいたブルーのユニフォームを着て、ブルーのベレーを右の耳にかかるまで深く被《かぶ》っています。温かい笑顔で、やさしい茶色の瞳は、私が私たちの物語を書いた手紙を読む時、涙でいっぱいになるのでした。

手紙を書くことは新しい人生を思い描くためにより重要な一歩でした。

私は、私たちを助けてくれる人を親切で思いやりのある人として思い描きました。そういう人に助けて欲しいと願ったからです。

未来に起こることを思い描くことはとても重要で、そうすることで、実際にそれが実現するのだそうです。私自身は、その考えの熱心な信者でした。

神様は、私の心に種を蒔《ま》いてくれました。英語を習うようにと。それを勉強することで、私に、大虐殺の向こう側に待っている豊かで刺激に満ちた人生を見せてくれたのです。

私は、信仰を持ち、清らかな心で、善き思いを持って思い描くならば、それはきっと現実になると思っていました。神様がそれが私にとって良いことだとお思いになるならば。

その時、私は、私の運命でさえ、自分で夢見、思い描くことが出来ると気づいたのです。私は、常に望むものを夢に見ようと誓いました。ただ美しいことだけを夢に見ようと。愛、健康、平和……。そうした美しいことだけが、神様が彼の子どもたちに望むことなのにちがいないのですから。

六月の初め、私は、過去と向き合うことになりました。

ボーイフレンドのジョンと私は、二年間、真剣に付き合っていて、私が大学を終わったら結婚しようという話さえしていました。

イースターの前に、私たちは、彼が私の家族を正式に紹介する婚約パーティをしないと言ったことから大喧嘩をしたのですが、私は、まだ修復は可能だと考えていました。

殺戮が始まってから、連絡は途絶えていましたが、私は絶えず彼を思い、彼の無事を祈っていました。そして、彼は私を探しているだろうか、私が死んでいるか生きているか、どこかに隠れているか、彼の助けを待っているかと思っているだろうと考えていました。

ある朝遅く、家の前でなにやら騒がしい音がしました。

反射的に私は、殺人者たちのツチ狩りかと思ったのですが、そうではありませんでした。殺人者たちの歌や、脅しや呪い、怒りに満ちた叫び声の代わりに、幸せそうで喜びにあふれた、やさしく温かい声が聞こえました。

そして、その中に、ジョンが笑う声を聞いて、私は、息が止まりそうになりました。

彼が、キガリからムリンジ牧師の親戚たちと一緒に来たのだということがわかりました。

何千人のフツと同じように、ツチ解放軍が首都に近づいてきたので、報復を恐れて、家を捨て南へと逃げ出したのです。少なくとも、ジョンを含めて四十人の牧師の親戚たちが、ここで、戦争が終わるまでを過ごそうとしていました。

ジョンが生きていた！　もうじき会えるのだと思うと、嬉しくてどきどきしました。

待ちに待った、その夜遅く、みんなが眠った後で、牧師がジョンを連れてきました。

あんまり嬉しかったので、私は、実際、少しのあいだ、どこにいるのかを忘れてしまいそうでした。そして、強く彼を抱きしめたのでほとんど気を失うところでした。

数週間のあいだ、ささやくかサインでの会話しかしていなかったので、どんなに恋しかったか、彼のために祈っていたかを声に出して伝えることが出来ませんでした。

彼は、素早く、後ろに飛びのくと、私を上から下まで見、ようやく言いました。

「なんて痩せちゃったんだ、イマキュレー、骨の袋を抱いているみたいだよ」

私は、彼を見ました。笑いながら、同時に泣きながら。

彼の最初の言葉で気持ちが冷めてしまったのです。私は、彼が私を愛していると、少なくとも、生きていて会えたことが嬉しいと言って欲しかったのでした。

「君はあの素敵なからだはもう持っていないけど、でも、まだ素敵だよ。僕は、君が生き

ているように、誰にもレイプされていないように祈り続けていたんだ。ああ、君は、生きて、レイプされずにいたんだね」

彼の言葉は、私のボーイフレンドではなく、誰か他の人が言っているようでした。

彼は、すっかり変わっていました。髪はアフロスタイルで、顔は、もしゃもしゃのひげの後ろに隠れていました。大虐殺のあいだ、国じゅうに床屋なんてなかったんでねと彼は言いました。

ムリンジ牧師は、数分で彼の訪問を切り上げました。誰かに聞かれたら大変だと。どんなにもっと一緒にいたかったでしょう。心から話すことが出来たら。でもそんなことは不可能なのです。ジョンと私は、牧師がドアを閉める前にもう一度抱き合いました。

私は、神様にジョンの無事を感謝しましたが、すぐに、彼がその家にいることが気になりだしました。彼は自由で、王子様のように暮らし、外を歩き、食事をし、清潔なシーツのかかったベッドで眠り、彼の母親と話すことも出来るのです。

一方私はといえば、動物のように囚《とら》われていて、窓を通して、彼がフツの友達と笑ったり、話したり、バスケットボールに興じながら気の利いた受け答えをしているのを聞いていました。そして、彼は、私が聞いているのを知っているのです。

私は、彼に、座り込んで、ふさぎこんで欲しいと思っていたわけではないのですが、それでも、トイレの窓の下で彼がやっていることは非常に無神経に感じられました。

彼はまるで休暇を過ごしているかのように振舞っていました。私たちの仲間が殺されているという時に。自分のガールフレンドが殺人者たちに追われているという時に。

時折、彼が外で楽しんでいるのを聞きながら、私は聖書の一節を読むのでした。

「愛は寛容なもの、慈悲深いものは愛。愛は、ねたまず、高ぶらず、誇らない。見苦しいふるまいをせず、自分の利益を求めず、怒らず、人の悪事を数え立てない。不正を喜ばないが、人とともに真理を喜ぶ。すべてをこらえ、すべてを信じ、すべてを望み、すべてを耐え忍ぶ。愛は、けっして滅び去ることはない」〈コリント人への第一の手紙13章4節から8節〉（出典・フランシスコ会聖書研究所訳『新約聖書』）

これこそ、私が欲する愛でした。そして、これこそ、神様が私たちすべてに望んでいる愛なのだと思います。

ジョンは、最初の夜から、一、二度私に会いに来ましたが、その訪問はあまりに短く、私たちの考えや感情を分かち合うチャンスはめったにありませんでした。

私は分かち合いたいことが山ほどあったのですが、彼は、私と話す機会を作るために特に努力をしているようには見えませんでした。

もちろん、彼にとって、私を訪ねることは、難しいばかりか危険なことはわかっていま

した。特に今では、牧師の親戚でこの家はあふれかえっているのですから。

それでも、私は、寂しい思いで、一度、彼が訪ねてきた短いあいだに頼んだことがあります。

「短くても良いから、私に手紙を書いてちょうだい。それを、夜牧師かデュセンゲが食べ物を持ってきてくれる時に渡してくれない？　それだけで良いの。ジョン。ほんの数行でもあなたが私のことを思っていてくれて、私がどうしているかと案じていてくれて、私たちの愛を今でも大事に思っていてくれているというほんの数行で」

彼は書くと約束しました。でも、結局、一度も書いてはくれませんでした。

その次に彼が私を訪ねてきた時、私は、貴重な時間を割いて文句を言いました。

「何で、約束したように書いてくれなかったの？　あなたは私がどんな状態になっているのか、どんな気持ちでいるかわかっているの？」

「うん、わかってるさ。今は、一人の男も君を見ていないということだから、僕は、そのことで少なくとも心配しないで済むんだよね」

この言葉で、ジョンは、私たちのあいだにわずかに残っていた愛を殺してしまったのでした。

神様は、おたがいに分かち合い、豊かにするための愛の贈り物をすべての人に下さっています。そのすばらしい贈り物を、ジョンは捨て去ってしまったのです。

第15章　予期せぬ救助者

六月中旬、隠れてから二カ月以上が過ぎた時です。

私は、牧師の息子のセンベバが窓の下で友達と話しているのを聞きました。その近所で最近あった殺戮について、目撃したり、あるいは誰かから聞いたりしたもので、その恐ろしさは今までに聞いた中でも最悪でした。

私は、少年の一人が、まるでサッカーゲームのことでも話しているような調子で身の毛のよだつような恐ろしい出来事を話すのを聞いて、吐いてしまいそうになりました。

「一人の母親が捕まえられたんだ。彼らは次々にレイプをした。その女は、どうぞ子どもたちを向こうにやって下さいと必死で頼んだ。でも、彼らは、その夫と三人の小さい子どものどもとに大鉈を突きつけて、八人から九人がレイプをするあいだ、彼らに見させたんだと。それで、終わった時に全部殺したんだ」

子どもたちは、より苦しんで死ぬように、足を叩き切った後、生きたままその場に放置され、赤ん坊は、岩にうちつけられ、エイズにかかっている兵士は、病気がうつるように十代の少女たちをレイプするように命令されたのでした。

こうした話が、際限なく続きました。私は、耳をふさぐと黙って祈りました。

ああ、神様、もしこれが私たちの運命ならば、たった今、あなたの腕の中に私を受け止め、あなたと共に天国に生きることをお許し下さい。この国が陥《おちい》った地獄の中でなく。

そのうちに、窓の外の会話は、戦争そのものにうつりました。

少年たちは、政府軍はひどくやられていて、キガリが解放軍に占領されるのは時間の問題だろう、もし解放軍が勝ったらどうなるのだろうと心配していました。

センベバは、フランス軍が兵士をルワンダに送ることにしたと聞いたと言いました。皆ほっとしたようでした。フランス軍は、フツ政府と非常に近い関係にあったので、きっと政府軍を助けてＲＰＦを追い払ってくれると考えているようでした。

最初、私は、フランス軍の兵士が来ることをどう考えて良いかわかりませんでした。人々は、フランス軍はインテラハムエの訓練にあたったと言っていました。とすれば、兵士たちは、実際、政府の大虐殺を完遂するために来るのかもしれません。

でも、もしフランス軍がルワンダに来るとなれば、テレビのカメラもあり、レポーターもいるのですから、世界はここで何が行われているか、虐殺やレイプを目にするはずです。そして、もし先進国が、自分自身の目で、ここで何が起こっているかを見さえすれば、確かに見さえすれば、彼らは必ず行動を起こし、この大虐殺をきっと止めるはずです。

私は、フランス兵たちが来るのはきっと良いことなのだと思いました。どの国の人であ

ろうとも、私たちに注意を向けることになるのですから。

私は彼らが無事に着くようにと祈り、神様に彼らを送って下さったことを感謝しました。

これまでのことから考えると、確かに彼らは救助者には程遠いのですが、ここで私が学んだことの一つは、神様のなさることはとてもミステリアスだということなのです。

数日後、私たちは、ラジオでターコイズ作戦について聞きました。これは、フランスがルワンダに兵士を送る計画の名称でした。何カ国か、フランス語を話す国の兵士たちが、キヴ湖の近くにキャンプを設営しました。私たちのいる所からそれほど遠くない所です。

隣国ザイールのラジオが報じたところでは、フランス軍がザイールとの国境近くのゴマに着陸した時、フツ政府の用意した合唱団がこの日のために作られた歌を歌って兵士たちを歓迎し、フランスをほめたたえ、二国のあいだの長い友好関係を祝いました。

牧師は、この式典こそ、フランス軍がツチを殺すためにルワンダに来たことの証明だと言いましたが、私は確信していました。神様は、再び私の祈りに答えてくれたのだと。

国連はフランスの計画を支持していました。これは良いサインです。

それからすぐに、フランス自身が、彼らの意向をラジオでアナウンスしました。

ツチの生き残りのための安全な避難場所を作ることが目的で、ツチが彼らのところにたどり着くことが出来れば、フランスの兵士が守ると言うのです。

「ああ、ありがとうございます、神様」と、私はささやきました。
二、三日後、ヘリコプターが私たちの地域の上空を旋回《せんかい》し、生き残った人々を探し始めました。それは……、私たちです。
でも、ラジオの情報では、彼らは、まだ私たちのところからは遠すぎました。武装をした殺人者たちは、相変らず国じゅういたるところをうろつきまわり、ツチ狩りをしていたのです。

次にムリンジ牧師が食べ残しの皿を持って現われた時、私は思い切って言いました。

「私たち、フランス軍のところに行った方がいいと思うのですが」

「それは、危険な考えだと思うよ、イマキュレー。君は、彼らがツチを助けるためにここに来たことを信じるべきではない。君を見つけた途端に殺すかもしれない」

「かまいません、牧師様。私、いっそ外国の兵士に撃たれて死ぬ方が、インテラハムエの殺人者たちになぶり殺しにされるよりいいんです。綺麗なままでフランス軍に殺された方が、私たちを苦しめる人の手にかかって虐殺されるよりもずっと」

牧師は、私が言ったことにショックを受けているようでした。そして、私と他の女性たちにも、この隠れ場にじっとしたまま、最善の結果になることをただ祈りなさいと言いました。

でも、彼は、他の七人が私の方を向いて、熱心にうなずいているのを見たのです。

「フランス人は、助けてくれるか、殺すかどちらかでしょう。牧師様、でも私たちは彼らに賭けたいと思います」

彼は長いため息をつきましたが、ほっとしているようでもありました。戦争が始まったころに比べて、とても大勢の同居者が家にいたので、私たちのことがばれてしまわないかと絶えず心配していたのです。

「もし本当に行きたいなら、彼らがどこにいるのか調べてみよう。それから、そこに君たちを連れて行くことが出来るのかどうか考えてみる。

しかし、私は、それは良い考えではないと思うよ。いまだに、どこもかしこも危険なんだから。ツチが道路に現われたら、一瞬で殺されてしまうんだよ」


ムリンジ牧師は、心配だったのです。三カ月ものあいだ、こんなに小さな場所に監禁状態にあったために私たちの頭がどうかなってしまったのではないかと思ったようで、少し刺激を与えようと考えたのでしょう。ある夜、驚くような招待をしました。他の部屋へ私たちを連れて行き、そこで映画を見せてくれると言うのです。

夜もふけて、家じゅうが寝静まったころ、牧師は、玄関ホールから使っていない寝室へと私たちを連れて行きました。そこにはテレビとビデオがセットされていました。

何カ月も座ったままだったので、皆、足はぐらつき、よろめいては壁にぶつかりまし

た。牧師は、いつものように唇に指をあてて、静かにするようにと合図しましたが、トイレから出るチャンスを与えてくれたことに心から感謝し、誰もがこれ以上ないというほどの笑顔を見せていました。

私たちは、音を消してビデオを見たのですが、幸いなことに、唇の動きで言葉がわかるようになっていたので、映画を理解するのにまったく問題はありませんでした。

その映画の名前は忘れてしまいましたが、物語はよく覚えています。

それは、砂漠の中にある村の看護師の物語で、医者は不在で、命を救うために彼女は免許なしに医療をしなければならず、そのために迫害されるのですが、最後には名誉を回復し、勝利を収めます。

物語も興味深かったのですが、私がもっとも印象深く覚えているのは、少年が、自転車に乗って歌いながら公園を走って行くところでした。私は、反射的に殺人者たちに見つかりやしないか、早く隠れるようにと叫びたいと思ってから、それがただの映画なのだと気づきました。その上、ルワンダの話でもなかったのです。私は、ツチであるだけで死ぬほどの罰を与えられることのない国が存在することを忘れていました。

少年が安全だとわかった時、私は、スクリーンに飛び込んで、一緒に走りたくなりました。草原を走り、美しい歌を歌い、神様に向かって楽しい音を響かせるのです。

私は、子どもたちが笑い、誰も隠れる必要のない世界に行きたいと心から思いました。

映画の楽しみは、あっというまの出来事でしたが、悪いことに、牧師の家の下働きの少年が一人、外にいて、窓にテレビのチカチカする光が映るのを見たのでした。そこは、空っぽの部屋のはずなのにと彼は思いました。

褒美が欲しくて、彼は見たことを殺人者の一団に話しました。長いあいだ、ムリンジ牧師がツチの女性たちを家のどこかに隠しているのではないかと疑っていたと。

牧師の友達の一人が、大掛かりな殺人者の群れによる探索が計画されていると警告してきました。彼らが、牧師がずっと嘘をついていたと思って非常に怒っていると。

それを伝えに来た時、牧師は真っ青でひどくおびえていて、膝をがっくり落とし、両手を握り締めて私たちの魂のために祈ったのです。

「おお、神様、今がこの女性たちがあなたのところに旅立つ時ならば、どうぞ、早くお召しになって下さい」

もちろん、それは私たちを慰めるには何の役にも立ちませんでした。

「牧師様、その少年は、私たちがここに戻って来たのを見たと思いますか？　私たちがどこにいるかはっきりわかっていると思いますか？」と、私はささやきました。

「彼らが何を知っているかはわからない。でも、すぐにわかるだろう。殺人者たちは、こっちに向かっている。もし彼らがこのトイレの存在を知って君たちを見つけたとしたら、彼らは私たち皆を殺すだろう」

第16章　信仰を持ち続ける

私は、殺人者たちが私の名前を呼んでいるのを聞きました。

恐怖が私のからだを駆け抜けました。そして、悪魔が再び私の耳にささやきました。

「どうだ、彼らは、お前が誰だか知っている。お前がどこにいるかも知っているぞ」

頭の中が真っ白になりました。なぜ、彼らは私の名前を呼んでいるのだろう。なぜ、私がここにいるのがわかったのだろう。彼らはここにやってくるのだろうか。

私は、神様に祈ろうと必死でしたが、心の内には、否定的な声しか聞こえませんでした。家じゅうに響き渡る、殺人者たちの恐ろしい、冷酷な歌声と一緒に。

私は汗びっしょりになり、何とか私の信仰を取り戻そうともがきました。

今回は、何百人もが押し寄せてきていて、牧師に怒鳴りちらし、脅かしています。

「あいつはどこにいる?」と、彼らは怒鳴っています。「あいつがここのどこかにいるのはわかってるんだ。あいつを探し出せ、イマキュレーを探すんだ!」

殺人者たちは牧師の寝室にいます。壁一枚隔てたすぐそばに。ほんの一インチにも満たない漆喰と木の壁があいだにあるだけです。彼らが歩くたびに家が揺れ、大鉈や槍が壁を

こする音がします。

その中に、私は、家族ぐるみで友人だった一人の男の声がするのに気づきました。「俺はこれまでに三百九十九人のゴキブリどもを殺したんだ」と、彼は自慢げに言っています。「イマキュレーで四百人目だ。なんて良い数字なんだ！」

悪魔が私をあざ笑っています。「彼らはお前の名前を知っている。お前がここにいるのを知っている。お前の神様とやらは今、どこにいるんだい？」

殺人者たちは、牧師に詰め寄っています。

「ツチはどこにいるんだ？　俺たちが見つけたらどうするかわかってるだろうな。あいつはどこなんだ、牧師？　え？　イマキュレーはどこなんだ？　あいつが最後に姿を見せたのはここなんだ。どこにあいつを隠したんだ？」

私の心は、震え上がり、恐怖で気が遠くなりそうでした。彼らの声は、私の皮膚を這い回りました。まるで燃えている石炭の上に身を横たえてでもいるようです。私のからだじゅうを痛みが波のように襲い、何千という目に見えない針が、皮膚を突き刺しました。

それでも、私はどうにかして祈ろうともがいていました。

ああ、神様、お許し下さい。信仰の間違いをお許し下さい。私は信じます。あなたが助けて下さることを知っています。あなたはここにいる悪魔たちよりもお強いのですから。

殺人者たちは、今度は私たちが映画を見た部屋にいます。

家具をひっくり返し、繰り返し、繰り返し、私の名前を呼びながら。

「イマキュレーを探し出せ！　イマキュレーを殺す時がやってきた！」

私は耳をふさぎました。もし大鉈を持っていたら、彼らに切りつけてその叫び声をやめさせられるのにと思いながら。

「ああ、神様」と、私は声に出して祈ろうと思いました。でも、言葉が出てきませんでした。つばを飲み込もうとしても喉が貼りついてしまい、口の中は砂よりも乾ききっていました。私は、目を閉じ、自分が消えてしまいたいと思いました。

声はどんどん大きくなりました。彼らには慈悲のかけらもないことはわかっていました。

もし私を捕まえたら、彼らは私を殺すだろう。

もし私を捕まえたら、彼らは私を殺すだろう。

もし私を捕まえたら、彼らは私を殺すだろう。

私は、口のあいだに聖書を押し込むと、歯で力の限りかみ締めました。

私は、神様の言葉を飲み込みたかったのです。私の魂の中に飲み込みたかったのです。でも、私の中の恐ろしいイメージはどんどん広がっていきました。殺人者たちが私を見つけたらどんなことになるか、拷問され、辱められ、殺され……。

ああ、神様、お願いですと、私は声に出さずに叫びました。どうしてこんな思いをおさせになるのでしょう。なぜですか？　私のあなたへの愛を証明するのにこれ以上何が必要

なのですか？　神様、あなたが私を助けて下さると信じたいと思っています。どうしたらもっと信仰を持てるのですか？　私はひたすら祈り続けてきました。でも彼らは今すぐそばにいます。ああ、もうだめです。神様、私はもうだめです。くたびれ果てました。

私は気が遠くなりました。意識が遠のき、彼らの声は遠くで鳴っている雷のようでした。そして、私は眠ってしまい、イエス様の夢を見ました。

私は、空中を羽のように漂い、他の女性たちは床の上に震えながら、ロザリオを口にあて、神様に慈悲を願っていました。イエス様は金色の光に包まれて、私の上に浮かんでいました。その腕は、私に向かって差し伸べられています。

私は微笑みました。何週間ものあいだうずくまっていたために絶え間なくあったからだの痛みは消えていました。飢えも、渇きも、恐怖もなく、ただ平安のうちにあって、幸せでした。

その時、イエス様が話されました。

「山も信仰で動く。イマキュレー、しかし、もし信仰がたやすいことだったら、すべての山は動いてしまうだろう。

私を信じなさい。そうすれば、私が決してお前を見捨てないことがわかるだろう。

私を信じなさい。そうすればもはや恐怖はなくなる。

私を信じなさい。そうすれば私はお前を助けよう。

私はこのドアに十字架を掛けよう。そうすれば、彼らはお前に近づくことは出来ない。私を信じなさい。そうすれば、お前は生きるだろう」

気がつくと、私は、床の上に他の女性たちと一緒にいました。私の目は、大きく見開いていました。

ドアいっぱいに、巨大な輝く白い光の十字架が掛けられていたのです。

そこから放たれるエネルギーが、私の顔をなで、私の皮膚を太陽のように温めてくれました。直感的に、それが十字架から放射される聖なる力だとわかりました。それが殺人者たちを撃退してくれるのです。私たちは守られていて安全なのです。

私は、飛び上がりました。まるでライオンのような強さに満ち溢れている感じでした。

私は、再び、神様に、彼の愛に触れさせて下さったことを感謝しました。

そして、私がそこに隠れてからはじめて、たった一度、仲間の女性たちに叫びました。

「私たちは大丈夫。信じて。何もかもうまくいくから」

私の声の大きさに彼女たちは顔を殴られたかのように驚き、私に飛びかかると、床に引きずりおろしました。

私は微笑みました。その時には、ドアの上の十字架は消えていましたが、私は、それがそこにあったことを知っていました。

殺人者たちは、その時までには家から去っていき、彼らの歌声が道を遠ざかって行くの

が聞こえました。

その夜遅く、牧師がやってきました。

「彼らは、君たちが映画を見た部屋にやってきて、めちゃめちゃにかき回していった。何も見つからないとわかると、下働きの子を引き裂かんばかりだった。そして、謝って帰って行った。

しかし、ここはもはや安全とは言えなくなった。私は、その子をやめさせたが、彼は怒っているし、疑ってもいる。他の召使も彼の仲間だ。きっと彼らは、私の一挙手一投足を監視するにちがいない。

さあ、フランス軍が一刻も早くここに到着するのを祈ろう」

次の週ずっと、私たちは、気が気ではありませんでした。

殺人者たちは、再びやってきました。ムリンジ牧師の寝室を上から下までひっくり返し、また来ると言って帰って行くのでした。

牧師が、監視を恐れるあまり食べ物を運んでくる回数を減らしたので、私たちは、冗談を言い合いました。殺人者たちから逃れる確かな道、それは、飢えて死ぬことだと。

七月の初め、召使の少年の一人が牧師の寝室のドアをノックするのが聞こえました。

「牧師様、この前ここのトイレを掃除してから随分たちます。今、掃除しましょうか？」

私たちはからだを硬くしました。この拷問はいつまで続くのでしょう。

「トイレのことは、気にしなくていい」と牧師は答えました。「自分でやるから」

「それはいけません。私の仕事ですから。入れて下さい。綺麗に磨いておきましょう」

「いいや、私は鍵をなくしてしまったし、あそこのトイレは使っていない。さあ、もういいから行ってくれ。私は、邪魔されたくないんだ」

「鍵なしで開けられますよ」

「行ってくれ。邪魔するなと言っただろう」

その三カ月間ではじめて、そのトイレを掃除しようという申し出を誰かがしたのです。ということは、私たちがどこに隠れているかに気づいたということです。

私たちは発狂しそうでした。きっと彼は殺人者のところに行って、どこを探せばいいかを話すに違いありません。この家の中で、唯一まだ探していないところなのですから。

牧師は、召使の少年が去った後でやってくると、すぐに彼が殺人者たちのところに行くとは思えないと言いました。

「彼らは、あの時、密告した子をほとんど殺すところだった。彼が見たと言ったところにツチを探し出せなかったんだ。だから、今度は、なんとか証拠を見つけようとするだろう。今日行くとは思えないが、きっとすぐに彼らのところに行くことになるだろう」

私たちは、顔を見合わせました。時間はもう残されていないのです。

「今朝、フランス軍がこの地域に入って、ツチの生き残りを探しているというニュースを聞いた。私は、今日彼らと話をしてくる。私が出かけているあいだ、絶対に音を立ててはいけないよ」。牧師はそう言うと、大急ぎで出て行きました。

彼が出て行くやいなや、その少年が、トイレの窓の外を歩き回る音が聞こえました。何か声や動く音が聞こえやしないかと耳を澄ましているのは確かでした。殺人者たちのところに行く前に、確かめようとしていたのです。

私たちは、何時間もまったく体を動かしませんでした。

そのうちに、椅子か何かを引っぱってきて窓に登ろうとしているようでした。私たちは、息を潜めていましたが、彼の影がカーテンに映った時には、皆ほとんど気を失いかけました。でもありがたいことに、その窓は彼には少し高すぎたようです。

それでも、誰かが呼ぶまで、彼は一日じゅうそのあたりをうろついていました。

牧師は夕方戻りました。良いニュースでした。それまでで一番良いニュースでした。

「フランス軍が見つかった。彼らに君たちのことを話した。ここからそんなに離れてはいない。明日早朝に君たちを連れてきなさいと言った。二時から三時のあいだに」

信じられませんでした。やっとこのトイレから出られるのです！

「ああ、神様、ありがとうございます」。私たちはいっせいに言いました。

でも、牧師は、私たちの心をすぐに沈ませました。

「そうだ。神様に感謝しなければいけない。ただ、それが遅すぎないように祈るばかりだ。帰って来る時に友達に会ったんだが、殺人者たちがまた、私の家を調べにくると言っていたそうだ。今夜かもしれないし、明日の朝かもしれない。どうか、明日の朝になるように祈ろう」

私たちは必死に祈りました。

私たちには、荷造りするものなど何もありませんでした。持っているものといえば、この三カ月ずっと着続けていた服だけでした。

私たちは、せめて伸びた髪をおたがいに編むことにしました。フランス軍に出会った時に、少しでも身綺麗に感じ良く見えるようにと思ったのです。

ムリンジ牧師は朝の二時にやって来て、彼の寝室で待っているようにと言いました。子どもたちを起こし、彼らに私たちのことを話すのだと言うのです。

私たちは、待っているあいだ、寝室の鏡で自分たちを見ました。

ここに来てはじめて自分たちを見たのですが、あまりのショックに息も止まるほどでした。私たちは皆死人のようでした。頬はこけ、目は窪《くぼ》み、頭は中に何もない空っぽの頭蓋骨のようで、肋骨は皮膚から突き出し、服は、箒《ほうき》の柄から垂れ下がっているかのようでした。

私の体重は、ここに来た時は百十五ポンドでしたが、出た時には六十五ポンドでした。牧師が十人の子どもたちと戻ってきた時、彼らは皆（レキムとデュセンゲを除いて）、ぎょっとして後ずさりをしました。

彼らは、どういうことなのか、何が起こっているのかわからないようでした。少女たちは泣き始め、その中の一人は、部屋から飛び出して、「お化け！　ツチの幽霊！　私たちを殺すために戻ってきたんだわ」と、叫びました。

牧師は、静かにするように、落ち着くようにと言い、彼らに私たちが誰なのか説明しました。

皆、私たちがそんなにも長いあいだ、秘密のうちに隠れていたとは信じられないようでした。私たちに触れ、頬骨や肋骨や腕にさわり、本当に生きている人間なのかを確かめようとし、それから、質問が降り注ぎました。

どこから来たのか、どうしたらあんなに狭いところに入っていられたのか、どうして音を立てずにいられたのか、ここにどのぐらいのあいだいたのか、シャワーを浴びることは出来たのか、話はしなかったのか、横にならずに、どうしたら眠れたのか……。

私たちは答えようとしましたが、立っていられなくなりました。何カ月ものあいだ床の上に座っていたので、筋肉や関節が立っていることに耐えられずに悲鳴を上げていました。

牧師は、子どもたちに私たちをよく見ておくようにと言いました。

「さあ、皆、よく聞きなさい。神の恩寵《おんちょう》によって」と、彼は言いました。

「もし、お前たちが、この女性たちのように困難に出遭い、不幸に見舞われている人を助けるチャンスがあったら、きっとそうして欲しい。たとえ、自分の命を危険にさらすことになるとしてもだ。それこそが、神が私たちに望んでいることなのだから」

この数カ月の間、私は、彼に対して激怒したことがしばしばあったことは確かでした。彼は、時に無神経なことも言い、無知で冷酷なことも言いました。

でも彼は、命を賭けて私たちを助けてくれたのです。

そこに立って、私の人生の次の章が始まるのを待つあいだ、私は、ただ、彼に感謝しました。そして神様に、私たちがいなくなった後、どうぞこの人を見守って下さいと頼みました。

牧師の子どもたちは皆、彼を尊敬のまなざしで見つめ、私たちにやさしい同情のまなざしを向けました。たった一人、センベバを除いては。センベバは、何週間か前に、ツチは皆死んでしまうべきだと言っていた息子でした。

今、彼は隅に立っていました。しかめ面《つら》をして床を見つめながら。

私は祈りました。いつの日か、彼が、神の真実と許しを見出すことが出来るようにと。

そして、私たちが出発する前に、殺人者たちに私たちのことを密告しないようにと。

私たちを見たとたんに部屋から飛び出して行った娘のシムエは、私にタオルとセーター

を一枚くれて、力の限りぎゅっと抱きしめると、私のために祈ると言ってくれました。

長いあいだ、誰一人とも言葉をかわさず、悪意に満ちた環境の中にいた後なので、その温かさは、私を言葉もないほどに感動させました。

私たち八人は、牧師の子どもたちに別れを告げ、牧師に連れられて、トイレからさわやかな夜の空気の中に出て行ったのです。

私が隠れていたトイレ。ここで3カ月、7人の女性と過ごしました。虐殺から10年後にムリンジ牧師の家をたずねた時の写真。この小さな場所に8人がどうして隠れていられたのか、今でも信じられません。

第三部

新しい道

第17章　自由の痛み

夜の気配が私を圧倒しました。肌に触れる涼しい空気、肺に流れこむ新鮮な匂い、きらめき渡る気も遠くなるような星たちのダンスは、私の心に歌う喜びを呼び覚ましました。

「神に栄光あれ！」

「何を見てるんだ、急げ、ここを早く出るんだ！」

私が、自由の最初の一滴を味わっていると、牧師がイライラしながらせきたてました。

彼は、他の女性たちとジョンと一緒に門のところで私を待っていました。

ジョンは、私たちをフランス軍のところまで送り届ける役を買って出たのでした。

そのことは私の心を打ちましたが、すでに遅すぎました。

この大虐殺を生き延びることが出来るかどうかわかりませんでしたし、それどころかもう一度夜明けを見られるかどうかもわかりませんでしたが、唯一つ、私たちの関係が終わったことだけはわかっていました。

牧師は門を開けました。センベバを除く彼の息子たちが、皆、槍や棍棒《こんぼう》やナイフを手に飛び出してきました。

彼らは、私たちのまわりをしっかり取り囲み、疑い深い召使や、悪意を持った近所の人たちの目から守ろうとしました。私たちは外に出て、埃っぽい道を急いで歩きました。三カ月前に私をあのトイレに導いたのと同じ道でした。

目が暗さに慣れてくると、ムリンジ牧師もジョンも武装しているのに気づきました。ジョンは、長い槍を携え、牧師は、ライフルを肩からつるしていました。

私は、もし殺人者たちの一群にあったら、彼らはどうするのだろうと考えていました。それはすぐにわかりました。殺人者たちは、夜の闇から忽然《こつぜん》と姿を現わしたのです。おそらく六十人を超すインテラハムエの一群が、二列に並んで行進してきました。恐ろしい制服こそ着ていませんでしたが、手に手に大鉈や銃や手榴弾や槍、肉切り包丁を持って足早に歩いていました。弓と矢を持っている者までいました。

すぐそばを通ったので、彼らのからだの匂いやアルコール臭い息の匂いまで感じるほどでした。

驚いたことに、私は、トイレに隠れていた時よりも彼らの横を通った時の方が怖くなかったのです。神様にどうぞお助け下さい、私の恐怖を鎮めて下さいと祈りました。

私たちは、まわりを取り囲んでいる人たちの真ん中で頭をたれ、身を縮めていました。インテラハムエが私たちが女性だと気づかないでいてくれるように祈りながら。

ありがたいことに、何事もなく私たちはそこを通過しました。それどころか、何人かの

インテラハムエは、すれ違う時に挨拶をし、ジョンと牧師にがんばれ！とさえ言いました。深夜のツチ狩りの殺人者の仲間だと考えたのか、神様が彼らの目をふさいでしまったのにちがいありません。この大虐殺のまっただ中に一カ所にこれほど大勢のツチが生きているなどと考えてもいなかったのでしょう。

それも不思議ではありません。道路はどこもかしこも死体でいっぱいだったのですから。神様は、祈りに答えて下さり、私から殺人者に対する恐怖を取り除いてくれたのです。でも、ムリンジ牧師とジョンは気の毒なほど震え上がっていて、彼らが見えなくなるや否や、言いました。

「ここから先は、自分たちで行かなければならない。フランス軍はもう近い。行きなさい。ここで、君たちが見えなくなるまで見守っているから」

私は牧師の手を急いで握り締めました。そうして、彼と子どもたち、ジョンは、急いで藪の中に隠れました。

私たちは、今では丸見えなのでした。ぐずぐずしている暇はありません。フランス軍のキャンプは五百ヤード（約四六〇メートル。一ヤードは約〇・九一メートル）先です。皆、無我夢中で出来る限り速く走りました。

キャンプに着いた時、私の心臓は飛び出しそうでした。

それは、放棄されたプロテスタントの尼僧院の土地に建てられていました。

他の女性たちも門のところに押しかけました。みんなおびえていて、門をガタガタならして、声の限りに叫びました。「助けて下さい。助けて下さい。どうぞ助けて下さい」最後に声を出して話してから随分時がたっているので、叫ぶたびに喉が痛み、声はしゃがれて低かったので、なかなか聞き取れないほどでした。

女性たちは、誰も出てこないのを見てパニックになり、泣き始めました。

数秒後、六、七人の兵士が現われ、機関銃を私たちに向けました。

私だけがフランス語を話すので、兵士たちに、私たちは誰で、どこから来たかを話しました。

兵士たちは、疑い深そうに私たちを見ました。銃は、いつでも発射できるように構えられています。

「本当です。私が話したことはみんな本当です。あなたたちが助けに来てくれるのを待っていたのです」と、私は、必死に訴えました。

そのグループの中で一番背の低い兵士が、ゲートのところにやってきて、私たちの顔をライトで照らし出しました。気難しい表情の白人で、坊主頭の人でした。

彼が私たちの鼻を調べているのは明らかでした。古い言い伝えでは、フツは低い幅広の鼻で、ツチは長く狭い鼻だと言われていました。

テストに合格したようで、門が開き、私たちは中に入れられました。

でも、身分証明書の提示を求めるあいだも銃はそのままだったので、女性たちの呼吸が速くなりました。誰一人、身分証明書を持ってはいなかったので、きっとその場で撃たれるにちがいないと思ったのでした。

幸い私は、三カ月前に家を出る時に、ポケットに私の身分証明書を入れていました。その兵隊は、私の証明書を調べました。そこには、大きくツチとスタンプが押されていました。彼は、うなずきました。

私は、すぐに他の女性たちに言いました。「私たち、大丈夫だと思うわ」

何カ月ものあいだ閉じ込められていた、恐怖や不安などの感情の大波が、一挙に堰《せき》を切ってあふれ出しました。みんなすすり泣き始め、止まらなくなりました。

それを見て、兵士たちの態度が変わりました。銃口を下げ、やさしく話しかけてきた彼らの声は、親切で思いやりにあふれていました。

水とチーズが与えられました。この数カ月で食べた何よりも美味しい食べ物でした。

私たちは夢中で食べました。フランス軍は私たちを殺さないとわかったのです。

「もう、大丈夫ですよ」と、背の低い兵士が言いました。

「もう心配することはありません。悪夢は終わったのです。私たちは、あなたたちの誰も傷つけたりしません。わかりますか？　もう安全です。私たちがあなたたちを守ります」

私は他の女性たちに通訳をしました。そして、皆、また大泣きに泣きました。

私たちは今、ここにいるのです。銃を持った訓練された兵士たちに守られて。彼らは、もう決して殺人者たちを近寄らせることはないと約束してくれたのです。

私たちが落ち着いた時、彼らは、ここは野営キャンプの中なので、ここから十マイル離れた本拠地に私たちを移送するためにトラックを送ってくれるよう、無線で連絡すると説明してくれました。そして、待っているあいだ、少し眠るようにと言いました。

私は、他の女性から離れて歩き回りました。長いあいだ、そんなにも必要としていたもの、私だけの時間が欲しかったのです。

私は、地面に横になりました。岩がごつごつと私の背中に当たります。埃っぽい土が指にさわり、乾いた木の葉が頬をひっかきます。暗闇の中をこそこそと走り回る動物たちの気配がします。

私は生きているのです！　何とすばらしいことでしょう。

夜空を眺めながら、私は神様の御業《みわざ》、無数の星たちの美しさに息を呑みました。星の光があまりに強かったので、私は、私たちが来た道を見ることが出来ました。

それは、私の家に通じる道でもありました。もし、私の家がまだあるならば。

私は、私の家族はどうしているだろうか、無事でどこかこの近くに隠れているのだろうか、それとも、次の世にすでに移り渡り、私の頭上に広がるこの永遠の銀河の向こうのどこかに存在しているのだろうかと考えていました。

私は、また道路を見つめました。私たちがどこへ行くにも通った道です。子どものころ、朝の水泳のためにキヴ湖に行ったり、毎朝学校に通ったり、日曜に教会に行ったり、夏休みに何か新しい冒険を探しに行ったり、この道は、どこへでも、楽しいこと、すばらしいことへ私を連れて行ってくれたのでした。

それは、私の人生にまっすぐに伸びた道でした。でも、その人生は終わったのです。その道は、今では、一直線に殺人者とレイプをする人へとつながっているのです。

夜が明けかけていました。私は深い悲しみでいっぱいでした。

これからどんなことが起こるとしても、もう決してこれまでと同じではないのです。

私は目を閉じ、神様に言いました。私が行くべき新しい道を見出すのはあなた次第です と。

私は身震いしました。冷たい空気に鳥肌が立ちました。

私は、もう、あの窮屈なじめじめしたトイレの中にいるのではないのです。立ち上がってからだを伸ばし、それから、キャンプを歩き回りました。まったく怖くありませんでした。影のような黒い塊になって座っていた二人の男性にぶつかった時でさえ。

私は彼らを驚かせました。その一人が飛び上がると、突然叫びました。

「イマキュレー？　君なのかい？」

「ジャン・ポール？」

「どうして生きていられたんだい？」

「神様に助けられたのよ。どうしてあなたは助かったの？」

「神様が助けてくれたんだ」

「ああ、会えてなんて嬉しいんでしょう」

「ああ、ほんとに会えて嬉しいよ」

私は、笑ったり泣いたりしてしまいました。友達と声に出して話すことはなんとすばらしいのでしょう。ジャン・ポールは、私の兄弟の良い友達でした。

「あら、ジャン・バプティスト、あなたにも会えて、ほんとに嬉しいわ」

私は、そばにじっと座っているジャン・ポールの弟に言いました。

でも、ジャン・バプティストからは何の反応もありませんでした。そして、私は、握手をしようと身をかがめた時、なぜなのかわかりました。

シャツの襟《えり》に隠れて、ぎざぎざの一インチほどの深い傷が首にあったのです。まだ完全に治りきらず、白っぽくて赤い傷が痛々しく、黒い肌と対照的でした。

彼は、頭にも深い傷がいくつかありました。その一つは相当深かったので、よく生きていられたと思ったほどでした。

「今は、あまり口をきかないんだ。悲しいよ」と、ジャン・ポールは静かに言いました。

私たちは座っておたがいの話を始めました。私は、どこにいたのか、牧師のところでどうしていたのかを話し、彼は、キガリが陥落したので、北の方では虐殺の嵐は少し収まったけれど、私たちのいるこのキブエ地方では、引き続き非常に悪い状況だと言いました。

「キガリが陥落したの？」と、私は、嬉しくて飛び上がりました。

「うん、でも、まだまだ虐殺は続いている」と、彼は答えました。

「実際、このあたりでは、前よりひどくなっている。戦局が不利になればなるほど、あいつらはひどくなるんだ。あまり大勢のツチを殺したもんだから、殺そうにももう、あまり残っていないけどね」

私は、ジャン・ポールとその弟にキャンプで出会って、実のところとても驚きました。なぜなら、ずっと彼らはフツだと思っていたからです。彼らは、黒い肌で、背が低く、ひらべったい幅広の鼻で、ヨーロッパの人々が考える典型的なフツに見えたのです。

何代にもわたる部族間の結婚がこの考え方を古臭い偏見でしかないものにしていたので、今ではそうしたことはあまり意味がなくなっていたのですが、ジャン・ポールはこうした彼らの外観が、生き残ることが出来た理由の一つだと言いました。

「大統領の飛行機が撃ち落されて一週間後に、殺人者たちはやってきた。

僕は友達のローレンのところにいたんだ。彼はフツで数軒先に住んでいた。両親の家に殺人者たちが着いた音が聞こえた。三百人はいたと思う。ほとんどが近所の人や古い友達

だ。彼らは玄関を蹴破って、誰も彼もを叩き切ったんだ。兄弟たちも、姉妹たちも、お母さんも、お父さんも。あいつらは全部殺した。少なくともそう思った。でも、ジャン・バプティストはまだ生きていたんだ。出血がひどくてほとんど死にそうだったけれど。

僕は、彼を藪に隠れながら引きずって、誰も僕たちを知らない場所の病院に運んだ。そうして、ローレンが僕たちをフランス軍が来るまでかくまってくれたんだ。

それは恐ろしいことだった。彼は我々をかくまって命を助けてくれた。でも、僕たちは生きていることが苦痛だった。ローレンは、毎朝、我々を起こしてお早うって言うんだ。それから出かける。何時間もツチ狩りをするためにね。僕の家族を殺した奴らと一緒にだ。

彼が夕方帰ってきて夕食を作る時、洗い落とせなかった血が飛び散った跡が、手にも服にもついているのが見えるんだ。僕たちの命は、彼の手の中にあったから、何も言えなかったけれど。どうして、そんなことが同時に出来るのか、僕にはわからないよ」

「虐殺は、人の心の中で起こるのよ、ジャン・ポール」と、私は言いました。「殺人者たちだってきっと良い人なのよ、でも、今は、悪魔が彼らを支配しているんだわ」

私は、もしかしたら、彼が私の両親や兄弟たちがどうしているか知っているかもしれないと思いました。大虐殺のあいだ、彼は、その地域にいたのですから。

問題は、私自身が、何が起こったのか本当に知りたいのかということでした。それを知っても大丈夫なほど強いかどうか。もし、彼らが確かに死んでしまったとわかったら、そ

こで私のこれまでの人生は終わるのです。もう、昔に戻ることは決してないのです。それでも私は、真実に向き合う決心をしました。

私は、家族の死をすでに知っているふりをしなければなりませんでした。さもなければ、ジャン・ポールはきっと何も言わないにちがいありません。私は、ポケットの中のロザリオを握り締め、神様にどうぞ強さをお与え下さいと頼みました。

「ねえ、ジャン・ポール、私のお父さんだけど、彼が殺されたことは知っているんだけど、どこで殺されたかは知らないの。もしかして、何かそのことで知っているかしら」

「うん、詳しく知っているよ。ローレンがその場にいて、何もかもを見たんだ。あいつらは、君のお父さんをキブエの町で殺した」

彼の言葉は、槍の一突きよりも鋭く私の心を突き刺しました。私は、顔を手で覆い、涙が見られないようにしました。

「君のお父さんは、僕の両親が殺された一日か二日後に殺された」と、ジャン・ポールは続けました。「確か、四月の十四日だったと思う。彼は、役所に行って、長官に競技場に避難した人々に食べるものを送って欲しいと掛け合ったんだ。何千もの人々が、何日も何も食べていなかったからね。もちろん、それは大きな間違いだった」

ああ、お父さん！　何で、あなたはそんなに良い人なの？　そして、何でそんなに愚かでいられたのでしょう。

キブエの長官は、知事のような存在で、父とも親しい間柄でした。でも、他の友人だった人たちは、彼を裏切ったのです。なぜ、それでも彼らを信頼することが出来たのでしょう。私は、父が飢えた人々に食べ物を与えようと、自分の命を犠牲にしたのだと思いました。ジャン・ポールが話し続けるのを聞きながら、胃がきりきり痛みました。

「ローレンの言うのには、長官は彼を馬鹿とののしって、兵隊に外へ引きずり出させ、役所の階段のところで彼を撃ち殺し、そのまま、死体を道路に転がしておいたんだ」

「わかったわ。話してくれてありがとう、ジャン・ポール。これで気が済んだわ」

私は、何とか普通の声を出そうとし、暗闇が顔を隠してくれていることに感謝しました。

「で、私のお母さんは？　彼女も殺されたのは知っているけど、どんな風かは……」

「ああ、ローズ？　彼女は、この地域で最初に殺された何人かの中の一人だ。君のお父さんの死んだ何日か前に殺された。

僕は、ローレンもそれに参加していたのではないかと思うんだ。彼は何もかもを知っていたから。彼女は、君のおばあさんの近所の家の庭に隠れていた。その近くで誰かが殺された時、叫び声を聞いた君のお母さんは、それが君の兄弟の一人じゃないかと思い込んで飛び出した。私の子どもを殺さないで！　私のダマシーンを殺さないでって叫びながら。

それはダマシーンじゃなかった。それを見た途端、あいつらは彼女に迫ったんだ。もし金をくれるなら逃がしてやると言って。彼女は友達のムレンゲに借りに行った。だけどム

レンゲは断ったんだ。『私のうちから出て行って。ゴキブリを助けたりはしないわ』。そう言うと殺人者に、『殺すなら通りでやって、私の庭を汚さないで』と言ったんだ。あいつらは気の毒な君のお母さんを通りの端に引っぱって行って、そこで死ぬまで切り刻んだ。

でも、近所の人が埋めてくれた。彼女は、埋葬してもらえた数少ない一人だよ。すぐ、そこらじゅうに死体が溢れて、その反対に墓を掘る人はいなくなってしまったからね」

彼の一言一言が拷問のようでした。でも、聞かないわけにはいかないのです。

「私の弟のヴィアネイのことは何か知ってる？」と、私は聞きました。

牧師の家から真夜中に弟を追い出したことの罪悪感が私を揺さぶりました。

「ヴィアネイは、友達のオーグスティーヌと一緒にキブエの競技場にいるところで殺された。そこには、何千人もの人がいたんだ。その人たちは、みんな殺されてしまった。殺人者たちは、始め、機関銃を撃ちこみ、それから手榴弾を投げたんだ。誰一人生き残ったものはいないと思うよ」

手が震えました。呼吸が苦しくなりました。何とか落ち着こうとして、ダマシーンのことを聞こうとしたのですが、どうしても彼の名前を言うことが出来ませんでした。

私は、彼がきっとどこかに生きていて、私を待っているにちがいないという望みにしがみついていたのです。でも、ついに私は言いました。

「兄のエマーブルは、セネガルにいるからこのことは何も知らないわ。私は、彼の住所も

持っていないから、どこに手紙を書いて良いかわからない」

「ダマシーンの友達のボンに聞くといい。彼は、ダマシーンの持っていた書類は全部持っているはずだ。少なくとも前は持っていた」

「え？　どういうこと？」と、私は聞きました。心臓がひっくりかえりそうでした。

「ああ、彼は君のお兄さんをかくまっていたからね。それで、ザイールに向けてダマシーンが出発した時、ボンにすべてを残して行ったんだ。

だけど、もしかしたら彼はみんな処分しちゃったかもしれない。君のお兄さんが殺された時、彼は気が狂ったということだったから」

その言葉は、弾丸のように私を貫きました。

ああ、お願いです。どうか、どうか、ダマシーンまで……。

それ以上耐えられなくなって、私は立ち上がりました。そして、よろけて倒れてしまい、顔を地面に押し付けました。その冷たく固い地面に私の家族と一緒に眠りたいと思いました。何も聞きたくありませんでした。何も見たくありませんでした。何も感じたくありませんでした。

ジャン・ポールは、私の顔から汚れた土を払いのけ、やさしく私の首をなでました。でも私は、彼の手を払いのけました。涙は、際限なく後から後から、土に吸われて行きました。

「お願い、一人にしておいて。これから私は一人なんだから、学ばなければいけないの

よ、ジャン・ポール。世界じゅうの誰一人、今の私を慰められる人はいないわ。どうか、しばらく一人にしておいてちょうだい」

彼は、キャンプの反対側に向かって去っていきました。黙ったままの弟を連れて。

私は、からだを横たえ、空を仰ぎ、これ以上一滴も涙が出ないというまで泣き続けました。

私は、夢の中でイエス様が私に約束してくれたことを思い出し、話しかけ始めました。

「あなたは、私が隠れ家《が》を出る時までには、皆死んでしまっていると言いました。その通りでした。皆死んでしまったんです。私がこの世界で愛したものは皆奪われてしまいました。私は、私の命をあなたに預けます。イエス様、どうぞお約束下さったように私をお守り下さい。私は約束を守り、あなたの信仰厚い娘になります」

私は目を閉じました。家族の顔が一人一人目に浮かびます。私は、神様に、どうぞ皆をおそば近く暖かいところにおいて下さいと祈りました。

トラックの車輪のキーキーいう音が、私を驚かせました。

夜明けの数時間前です。二筋の光がキャンプを照らしました。

門の近く、ジャン・ポールとジャン・バプティストと一緒に立っている女性たちのシルエットが白熱灯にくっきりと照らし出されました。

そのトラックは、塀の近くでガタガタと停まりました。それは、軍隊の護送用のトラックで、荷台は迷彩色をした防水布で覆われていました。

フランス兵は、後ろに乗り、静かにしているようにと言いました。

「フツの道路封鎖の検問所はまだそこらじゅうにある」と、その一人が警告しました。

私たちは、まず、キャンプから一マイルのところで最初の検問にぶつかりました。

殺人者たちの声が防水布の外側で聞こえました。それまでにも何度も経験したことですが、今度は、私たちは武装した護衛兵と一緒です。でも、殺人者たちは数百人で、こちらはほんの一握りの兵隊だけしかいないのです。

「荷台には何が載ってるんだ」と、殺人者の一人が聞きました。

「我々は、キガリから南下してくるフツの難民キャンプのために食べ物と綺麗な水を運んでいる途中だ」と、運転手は答えました。

「よろしい。あのツチの蛇どもは、キガリで我々を殺しているんだ。よし、通れ」

運転手はギアを入れました。そして、トラックはよろめくように発進しました。

キガリからの何万人というフツの避難民は、首都がツチ解放軍の手に落ちたので、南に逃げてきています。そのほとんどが、ここキブエ地方を目指したのです。ここに落ち着くか、キヴ湖まで行ってそこから国境を越えてザイールへ逃げようというのです。

多くのフツは争いを避けようとしていますが、同時に、この地方には、新しいインテラ

ハムエもまた増えているのでした。

次の検問所では、殺人者たちは直ちに手を振りました。

「フランスは我々の味方だ。通ってよろしい。通せ」

その後、五カ所の検問所も同じように通ることが出来、トラックは、夜を通して走り続け、新しい日を迎えました。

私の魂は、ルワンダからどこか新しい世界に向かって飛び立ちたいと思いました。

神様は、きっと私のために新しい世界を用意してくれていると信じていました。でも、それは、いつ、どこで始まるのか、私にはまだわかっていませんでした。

三十分後にトラックがベースキャンプに着いた時、私は、とてもがっかりしました。

確かに私たちは自由です。でも、まだルワンダにいて、恐怖は続いているのです。

トラックから降りて私が見たのは、荒れ果てた学校の建物でした。ドアに掛けられた木の標識にはルウインピリと書かれています。そこは、母が最初に教師となった学校でした。

悲しみがこみ上げてきました。

「おお、神様、なぜここにお連れになったのですか？　家族を哀悼《あいとう》しなければならないのはわかっています。でも、今はまだ出来ません。どうぞ、生き残るために必要な強さをお与え下さい。悲しむのはそれからにさせて下さい」

数分後、私は、学校の建物に入って行く強さがわいてくるのを感じました。

この一部屋しかない、地面が床の教室を、母はどんなに愛していたことでしょう。「大切なことは学校で何を習うかよ。どう見えるかではないわ」と彼女は言うのでした。夜明けがやってきました。朝の光が学校の建物いっぱいにあふれました。その光で、私の生き残りの仲間たちを見ることが出来ました。

そこには、他におよそ二十人のツチがいましたが、私は、私と仲間の女性たちがどれほど幸運だったかに気づいたのです。他の人たちは、私たちよりはるかにひどい状態でした。三カ月森の中で過ごした人たちがいます。穴の中で草と木の葉以外食べるものもなく。太陽があまりにまぶしくなったので目を覆った指のあいだから、私は親しい顔を見つけました。

「エスペランス!」

私は呼びかけました。母の妹でした。でも、彼女は聞こえないようでした。

「エスペランス、私です。イマキュレーです。ああ、神様、生き残っている人がいたんだわ」と、私は彼女をしっかりと抱きしめました。

彼女は、弱々しく抱き返すと、私をぼんやりと長いこと見つめていましたが、やっと声を出しました。私は、彼女が正気ではなくなったのかと心配しました。

「あなたが生きていてくれてよかったわ。こっちに来て他の叔母さんたちに会いなさい」

彼女について校庭を突っ切って行くと、彼女の姉のジャンヌと三人の私の女のいとこた

ちがいました。皆まだ十代で、地面に座り込んでいました。

目の前の光景は、信じられないものでした。

彼女たちの顔は、一面虫に刺されて膨れ上がり、唇は裂けて血が流れ、からだじゅうだれやかさぶた、傷で覆われているのでした。おそらく何週間も膿《う》んでいたのでしょう。

私が立っているところまで、ひどい匂いが漂ってきました。

ジャンヌ叔母さんは教師でしたが、着るものについてはいつもとても気を使っていました。清潔については非常に厳しく、彼女の家を訪問する人は誰でも、子どもたちに挨拶する前に手を洗わなければならないのでした。

それが今、子どもたちと一緒に泥の中に座り込んでいます。着ているものは擦《す》り切れて糸が見えるほどで、お尻が垂れ下がっているのが見えます。

私は膝をついて抱きしめようとしましたが、ジャンヌは涙を見られたくないようでした。

「ああ、イマキュレー、許してちょうだい。私はきっと物すごい格好なのにちがいないわ。目の中に何かが入って涙が出てくるの」

私は微笑みました。もしここに母がいたら、涙を見せるのを恥ずかしがって、きっと同じことを言ったにちがいないでしょう。

「ジャンヌ、ああ、あなたに会えてなんて嬉しいんでしょう」

私は、彼女を抱きしめ、それから、少女たちを一人一人抱きしめました。少しずつ光が彼女たちの目に戻り、おずおずとした微笑が広がりました。

私は、黙って祈りました。神様に、彼女たちの心を癒して下さいと頼みました。

そして、彼女たちのからだを治すために出来る限りのことをしようと誓いました。

私たちは悲しい会話を始めました。家族の誰が殺されたか、私たちに何が起こったのか。

ジャンヌは、夫と三人の息子を失い、エスペランスの家族は、全員殺されました。

私の大好きな祖父も殺されました。そして、七人の叔父たちも皆。

私たちは、皆泣き出しました。涙が止まることが一体あるのだろうかと思いました。

一時間ぐらい話したころ、エスペランスが私に一通の手紙を渡してくれました。彼女は、森の中で数週間もそれを無事に持ち続けていたのです。

「ダマシーンが、この手紙をあなたに渡して欲しいと言って置いて行ったのよ」と、彼女は言いました。

「彼はザイールに行く途中だった。でも……。行き着くことは出来なかったんだけど……」

それは、涙でにじんでいました。私は、彼女たちのもとから走り去りました。誰のそばにいることも耐えられませんでした。兄弟の名前を聞くだけでも辛いのです。

そして、今、私は、彼の最後の言葉を手にしているのです。

第18章　ダマシーンの手紙

私は、たった一人で学校の裏に行き、ダマシーンの手紙を開きました。見慣れたちょっと癖のある手書きの文字が目に入り、胸が痛みました。

私たちが学校にいるあいだに彼が書いてくれた手紙の数々が思い出されました。決して感傷的でなく、でも、いつも愛とやさしさに満ち溢れ、私を褒め称《たた》え、勇気づけ、心からの助言や忠告、そして、ちょっとした噂話やユーモア、ええ、本当に素敵にユーモラスだったのです。

私は、学校の壁に背をもたれて座ると、読み始めました。

一九九四年、五月六日

愛する（お父さん、お母さん、ヴィアネイ、そして）イマキュレー

僕たちがバラバラになり、悪夢のような毎日の中で、すでに一カ月がたちました。この状況を見ていては考えられないにもかかわらず、僕は、一つの部族が他の部族を完全にこの世から消し去るのは、唯一神がそうお望みになった時だと信じています。

僕たちの命は、もしかしたら、ルワンダが救われるための代償なのかもしれません。僕は、たった一つ、心から信じています。僕たちは、きっとまた一緒になれると。僕はこの国から脱出するつもりです。でも、成功するかどうかわかりません。僕は祈り続けました。死ぬ覚悟も出来ています。もし、僕がルワンダから脱出出来たら、平和が戻り次第、すぐに皆に連絡します。

ボンが、僕に起こったことは皆話してくれるでしょう。


ダマシーンの友達のボンは、後になって話してくれました。

ダマシーンはここまで書くと、ペンを置いて、彼を見上げ、言ったのです。

「ボン、君は僕の親友だ。そして、僕の気持ちを考えてくれているのも知っている。でも、どうか今は、話して欲しい。僕の家族の誰かは殺されたんだろうか?」

ボンはフツでした。虐殺のあいだでもどこへでも自由に行けたので、誰が殺されたかを知ることが出来たのですが、両親とヴィアネイが死んだことは言っていませんでした。ダマシーンを心から好きだったので彼の気持ちを考えたからですが、ダマシーンの率直な質問に、知っていることを話しました。家族が全員まだ生きていると信じたままで、ダマシーンにこの手紙を書き終わらせることが、ボンには出来なかったのです。

そこで、ボンは、私たちの父も母も弟も殺されたと話したのです。たった一人、私だけ

がもしかしたらどこかに生きているかもしれないと。

ダマシーンは一日中泣いていました。だから、この手紙には涙の跡がついているのでした。

キヴ湖を渡る船を捕まえるために出て行く前に、ダマシーンはもう一度手紙を取り出し、父と母とヴィアネイの名前をかっこでくくり、数行を書き加えました。


イマキュレー、どうか、強く生きて欲しい。

お父さんとお母さん、ヴィアネイも殺されたと聞いた。

出来る限りすぐに連絡するから。

抱きしめて、たくさんキスを送る。

君を心から愛している兄より

それは、それまでに読んだどれよりも辛い手紙でした。

私は、指先でそっと、涙でにじんだ文字をなぞりました。

この先永遠に、この手紙を涙なしに読むことは出来ないでしょう。

後になって、私は、ボンが家族の反対を押し切って兄をかくまったのだと知りました。

彼は、私にとって永遠の英雄です。虐殺が始まった日、彼は、寝室のベッドの下にダマシーンを隠すことに成功しました。でも、家族に発見され、殺人者たちに引き渡すようにと迫られました。ボンの叔父の一人はブホロでした。昔、私が、学校で部族点呼でいじめられた先生です。ブホロは、熱狂的なフツ過激派で、恐ろしい大量殺人者でした。

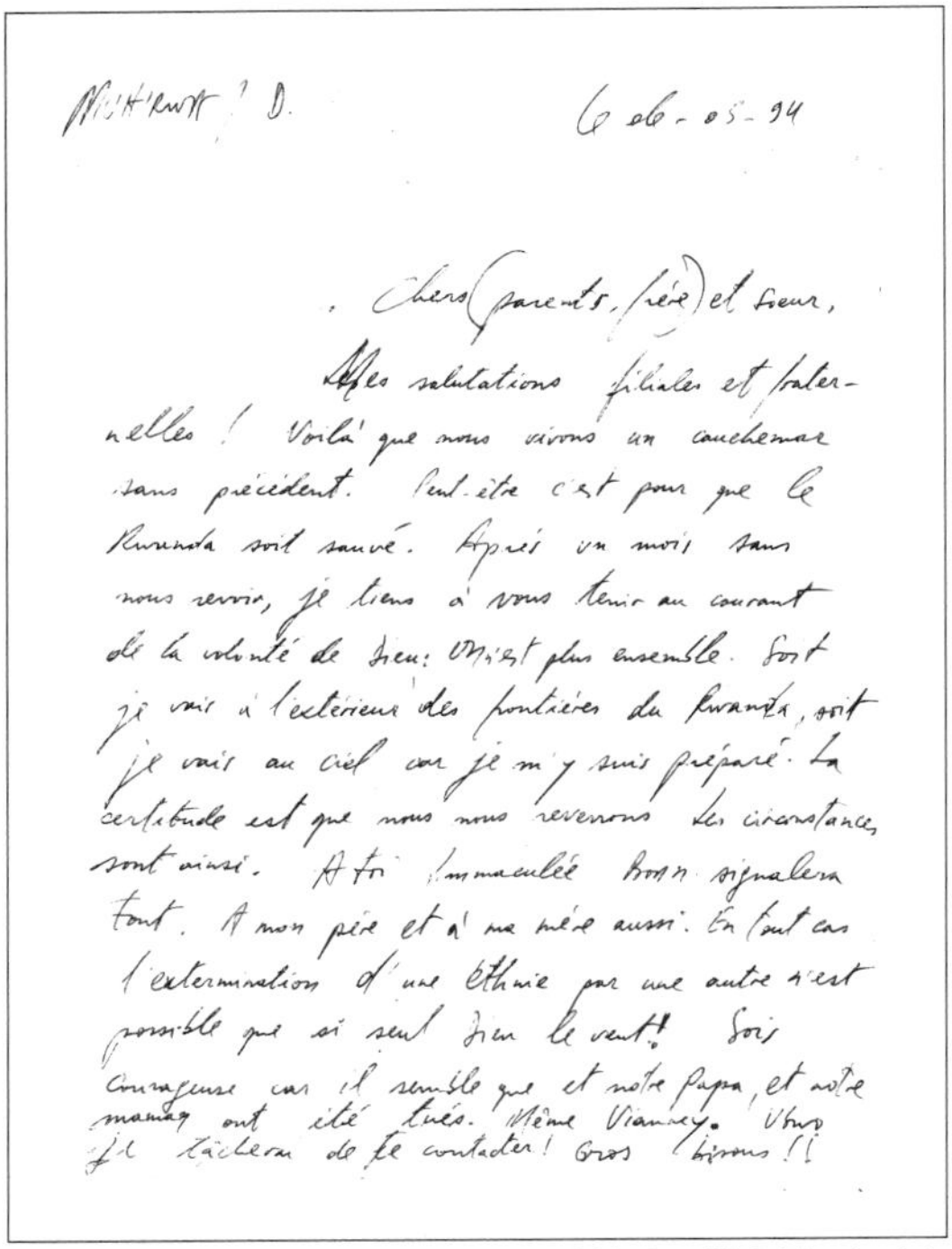

Ntarama ! D.　　　Le 06-05-94

Chers (parents, frère) et sœur,

Mes salutations filiales et fraternelles ! Voilà que nous vivons un cauchemar sans précédent. Peut-être c'est pour que le Rwanda soit sauvé. Après un mois sans nous revoir, je tiens à vous tenir au courant de la volonté de Dieu : on n'est plus ensemble. Soit je vais à l'extérieur des frontières du Rwanda, soit je vais au ciel car je m'y suis préparé. La certitude est que nous nous reverrons. Les circonstances sont ainsi. A toi Immaculée Bosco signalera tout. A mon père et à ma mère aussi. En tout cas l'extermination d'une ethnie par une autre n'est possible que si seul Dieu le veut ! Sois courageuse car il semble que et notre Papa, et notre maman ont été tués. Même Vianney. Vous je tâcherai de te contacter ! Gros bisous !!

死ぬ前の夜に書かれたダマシーンの手紙。心が引き裂かれるようです。

彼に疑われた時、ボンは、これ以上ダマシーンをかくまうことは出来ないと覚悟し、夜遅く、家の敷地の隅に穴を掘り、それを木の枝と葉で覆いました。そして、ダマシーンを無事に寝室から出してその穴に隠しました。ブホロの密告を聞いた殺人者たちが家捜しを

しに現われた、ほんの一時間前でした。

殺人者たちは、ボンの家をくりかえし調べに来ました。

そのあいだ三週間、ダマシーンはその穴の中で過ごしたのです。

でも、殺人者たちは、ボンの行動を見張り、ついに、彼が外に食べ物を持ち出すのを見つけました。ダマシーンは、キヴ湖を越えてザイールへ逃げることを決めました。

ボンは、一人の善きサマリア人のようなフツを知っていました。彼は漁師で、ツチの避難民を密かに湖を越えてザイールまで無事に送り届けていました。

真夜中にダマシーンを穴から出し、彼らは湖へと急ぎました。建物の陰から陰、藪から藪へと隠れながら。でも、道は遠すぎて、夜の船に間に合わなかったのです。

夜明けが近づいていました。もう一度ボンの家に帰るのは無理だったので、ダマシーンは湖の近くに住んでいたボンと彼の良い友達だったセンジの家に逃げ込みました。

センジは、フツの穏健派で私たちの家族ととても仲が良かったのです。父は、彼の兄弟の何人かの学費を出してあげていました。彼らが、数日ダマシーンをかくまってくれることになりました。

でも、センジの兄弟のシモニは、決して同じように親切ではありませんでした。

彼はダマシーンには笑顔を見せていましたが、次の午後、彼が眠っていて、センジが船の手配をしに外に出たのを見計らって、こっそりと殺人者たちのところに行きました。

夕食の前に、シモニはダマシーンを起こし、ザイールに発つ前に着ているものを脱いで洗ったらどうかと親切そうに言い、彼が下着まで脱ぐと、それを隠してしまいました（後になって、彼は告白しました。私の兄弟が、死ぬ前に辱められるようにと思ったのだと）。そして、シモニはダマシーンを居間に呼びました。そこには、数十人の殺人者たちが待っていて、私の兄に飛び掛り、道に引きずり出しながら殴りつけました。彼は、パンツ一枚のほかは何も身に着けていませんでした。

私の家で昔働いていた女性の一人が見ていて、後ですべて話してくれました。

「お前の綺麗な妹はどこなんだ？」と、殺人者は、私の兄に聞きました。

「イマキュレーはどこにいる？　お前の家族のゴキブリどもの死体は見たけど、あの女のはまだ見ていない。あいつはどこだ？　話せば助けてやろうじゃないか。もし話さないなら、一晩じゅうなぶり殺しにしてやる。イマキュレーがどこにいるか話せ、そうすれば放してやる」

ダマシーンは、傷だらけの、膨れ上がった顔で彼らを見ました。そして、これまでもずっとそうしてくれたように、私のために立ち上がったのです。

「僕の美しい妹がどこにいるか知っていたとしても、話すものか。イマキュレーは決して見つからない。彼女は、お前たちが皆でかかっても敵わないほど頭が良いんだから」

彼らは、大鉈の柄で彼をさんざん打ちのめし、あざ笑いました。

「あの女はお前みたいに賢いっていうのか？　お前は修士号を持っているのに、俺たちにむざむざ捕まったじゃないか。さあ、お前の妹がどこにいるか話すんだ」

ダマシーンはもう一度よろけながら立ち上がり、殺人者たちに向かって微笑んだのです。


彼が恐れていないことが彼らを混乱させました。

彼らは、大勢のツチたちが最後にあげる命乞いの声を楽しんでいたのです。

ダマシーンの態度は、彼らの喜びを奪うものでした。取引をしようとも、慈悲を願おうともせず、彼らに殺されることに立ち向かっているのです。

「やってくれ！」と、彼は言いました。「何を待ってるんだ、今日が、僕が神様のところに行く日なんだ。僕は、彼の存在を感じることが出来る。彼は僕を見守っている。僕を連れて行こうと待っているんだ。さあ、やってくれ、仕事を終わらせて僕を天国に送るんだ。

僕は君たちが気の毒だ。まるで子どもの遊びのように人を殺している。殺人は遊びじゃない。君たちは神様の怒りに触れて、代償を支払わなければならないだろう。君たちが殺した罪もない人々の血は、君たちの後をついてくるだろう。

だけど、僕は君たちのために祈る。君たちが、自分たちのしていることの中に悪魔が宿っていることに気づき、神様に許しを乞うように、手遅れにならないうちに」

これが、私の兄の最後の言葉でした。

残酷な殺人の苦痛からは解放されなかったとしても、私は、彼が殺人者たちの前に立ち、生きている時と同じような尊厳を持ち続けたことに心から誇りを感じました。

プロテスタントの牧師でカレラというシモニの兄弟があざ笑いました。

「こいつは、まるで自分が牧師かなんかだと思ってやがる。牧師は私だ。その私がこの殺戮を祝福しよう。この国にゴキブリどもを一人も残さないことを祝福しよう」

そして、彼は殺人者たちに向かってけしかけました。

「何を待ってるんだ、お前たちは臆病者か、このゴキブリは殺してくれって頼んでるんだ。そんなとこに突っ立っていないで、さあ、殺せ、殺すんだ！」

「お前たちツチは、いつもフツより自分たちが優れていると考えてきた」と、一人の若い殺人者は、大鉈を振り上げながら、ダマシーンの顔めがけて叫びました。

「お前は、修士号なんか持って、俺たちよりずっと賢いと思ってやがるんだろう。よし、それじゃ、修士号を持った奴の頭の中がどうなっているか見てやろうじゃないか」

彼は兄の頭めがけて、刃を思い切り振り下ろし、それからよろめいて膝をつきました。

他の殺人者が前に出て、大鉈を二回振り下ろし、彼の手を切り落としました。

最初の殺人者がもう一度前に出ると、今度は、頭蓋骨をこじ開けて中を覗き込み、兄の血を浴びて跳ね回りました、修士号を持った奴の頭の中を見たと叫びながら。

私には、このダマシーンの殺されたところを考えることは決して出来ませんでした。た

だ、彼がどんなに勇敢に死と向き合ったか、どんな風に死ぬ前に微笑んだか、彼を殺そうとしている人たちのためにどんな風に祈ったかだけを考えました。

彼こそ、私の心です。勇敢な兄弟です。私の愛するダマシーン……。

後になって、私は、殺人者の一人が気がおかしくなり、その殺人の後で数日泣き続けたと聞きました。セマエという名の若い男で、ダマシーンと学校が一緒でした。

彼は、絶え間なく、彼とダマシーンがやってきたことについて喋り続けていました。サッカーをしたり、聖歌隊で歌ったり、司祭助手を一緒にしたり。

セマエは、私の兄が彼や他の少年たちに示した親切なことの思い出につきまとわれ、誰彼かまわずに、どんなに後悔しているかと話していたのでした。

「僕はもう誰も殺さない。僕は、ダマシーンの顔を頭の中から追い出すことが出来ないんだ。彼の言葉は、僕の心の中でいつまでも燃え続けるだろう。あんな人を殺すなんて、罪だ。そんなことは罪なんだ」

第19章　慰めのキャンプ

フランス軍のキャンプは、ツチを中に、フツを外に分ける要塞のようでした。兵士たちは、武装した車を、学校の建物の前に円陣を組んで停めていました。

そして、キャンプの前には、昼夜、少なくとも百人の兵士がパトロールしていました。

私たちは、その武装した車に守られて、配属された三十人ほどの兵士たちと二十四時間共にいました。用を足したい時には、兵士が森についてきてくれるのでした。

フランス兵たちが、こんな惨《みじ》めな状態のところで申し訳ないと謝るので思わず笑ってしまいました。

これまでを考えれば、ここは夢のように快適なところです。まず私たちは小川へ水を汲みに行き、からだを洗い、着ているものを洗いました。それも、石鹸を使って！

私たちは戸外で眠りました。私は大喜びでした。埃にまみれ、小枝につつかれ、岩や石の上に横になるので背中は痛みましたが、星空を見上げながら眠るのはすばらしい気持ちでした。神様のお顔を見ながら眠るようでした。

料理をすることは許されませんでしたが、どの道、新鮮な食糧はないのです。兵士たち

は、チーズやクラッカー、缶に入ったミルク、缶詰の果物などを食べさせてくれました。

少しずつ、体重が増え始めました。もうベルトの穴を増やさなくても済むのです。

フランス兵たちは、彼らの仕事は、私たちを守ることだと言いました。その通り、キャンプにいるあいだは一度も殺人者たちの恐怖を感じることはありませんでした。

フツは、そのあいだも、武装した車のあいだからのぞきこみ、私たちの姿を見ていました。まるで動物園の動物や絶滅寸前にまで追いつめられた種の最後の生き残りでも見るように。

「あいつらは、君たちをまるで動物でも見るように見ているけど、あいつらこそ動物だ」と、部隊のキャプテンが、私に言いました。

私がフランス語が話せると知って、私たちの話を聞き、彼は心から同情してくれました。彼は、この国ルワンダがどんな状況なのか、その歴史や人種間の争いを知っていました。

「ここだけの話だけど、僕は僕の国の大統領がどうして自分を許せるのかわからない。フランスの手は血で汚れているんだ。我々が、フツにどうやって殺すのかを教えたんだから」

はじめて、ルワンダで起きたことに対して責任を感じている外国人の言葉を聞いて、私は、少し慰められました。

私は、牧師のラジオを聴きながら絶望していたのです。世界が、私たちに何が起こっているかを知りながら、ただ、無視を続けていることに。

「わかって下さってありがとうございます」

「イマキュレー、あいつらは悪魔だよ。恐ろしい怪物だ。でも、君には是非わかっていてもらいたい、もう大丈夫だと。僕がこの任務についている限り、絶対大丈夫だからね」

と、彼は腰に下げた銃を叩きながら言いました。

「ただ、君たちを守るだけではなく、正義のしるしも見せよう。これも、ここだけの話だけど、もし復讐して欲しかったら、君を追いかけたフツの名前を言いなさい。お父さんやお母さん、お兄さんたちを殺したフツの名前がわかれば君のために彼らを殺してあげよう」

私は驚きました。それこそ、あの隠れ家ではじめのころ私がずっと考えていたことです。牧師が、何が起こっているかを話してくれた時に。私は武器が欲しいと思いました。フツを殺す銃や大砲が欲しい、徹底的に復讐をしたいと心の底から思ったからです。

でも、それは、私が神様の許しに心を開き、殺人者たちに対して平安な心でいられるようになる前のことでした。

キャプテンは、私に完璧な復讐を申し出てくれました。私の命令次第で、訓練された兵士たちが殺してくれると言うのです。ただささやくだけで、家族の復讐が出来るのです。

彼は、心からそう申し出てくれたのですが、私は、その中に悪魔の声を聞きました。殺人の約束で私を誘惑しようとしているのです。

私はポケットの中に手をつっこみ、父のロザリオをしっかり握り締めました。

「そんなふうに言っていただいてありがとうございます」

「君が望むフツは誰でも殺すよ」

彼はすぐにでも殺しに行きそうな熱心さで、私の言葉をさえぎりました。

「もし、このキャンプの中に知っているフツがいたら……。すぐに言ってくれ。私自身ですぐにでも撃ってやる。あいつらは許せない」

「ええ、でも、フツが悪魔なのではありません。キャプテン、あの殺人者たちなのです。彼らは、悪魔に心を奪われているんです。神様から離れてさまよっているのです」

「イマキュレー、フツは悪魔だよ」と、彼はもう一度さえぎりました。「彼らが何をしたか知っているだろう？　これが神の意思だとか、悪魔の仕業だとか言わないで欲しい。フツがやったことなんだ。あいつら自身でその代償は払わなくちゃならない。

さあ、いいかい、もし考えが変わったら知らせてくれ。私は、誰にでもこんなことを言っているのではないんだからね」

私は神様に、どうぞあなたの許しの心でキャプテンの心に触れて下さいと頼みました。そして、殺人者たちが、彼らの大鉈を捨て、神の慈悲を乞うようにと。

キャプテンの怒りは、私に、憎しみの連鎖について考えさせました。

ルワンダに対する不信感は、簡単には解消しないのでしょう。

殺戮が終わってからも、きっと、きっと、より激しい苦《にが》い思いは残るにちがいありませ

ん。そしてそれはまたいつ暴力に変わるかしれないのです。

ただ、神の聖なる許しだけが、今、また起きようとしていることを止められるのです。私は、これから神様がどんな人生を私のために用意しているにしても、人が誰かを許すことを助けることこそが、私の人生の仕事の大きな意味なのだと気づきました。

次の日、キャプテンは昨日の言葉が嘘ではないことを証明しました。心底フツを憎んだのです。

血を流しながら一人の男が、キャンプにさまよいこんできました。男は、虐殺の生き残りで、ツチの解放軍が戦っている最中に怪我をしたのだと言いました。

でも、キャプテンは彼の言うことを信じませんでした。

兵士たちは、男をひざまずかせ、その頭に銃をつきつけて尋問し、インテラハムエのメンバーかどうか聞きました。最初、男は否定していましたが、さらに問い詰めているうちに、ついに耐えかねて、インテラハムエのスパイだったと認めたのです。

キャプテンは兵士にうなずいてみせました。彼らは男を引き立てて行きました。それ以来、私たちは、二度とその男を見ることはありませんでした。

私は、できる限り、叔母たちといとこたちの世話をしました。

食べ物は足りているか確かめ、兵隊たちから薬をもらって届け、傷の手当てをしました。

彼女たちが夜恐ろしがったりする時のために近いところに寝ていましたが、すべての時間を一緒に過ごしたわけではありません。

彼女たちが生きていて、ほんとに嬉しかったのですが、それでも、失った私の家族の代わりになるわけではありません。私は私で新しい人生を始めなければならないのです。

一緒に隠れていた女性たちと行動をともにすることもめったにありませんでした。

それぞれキャンプの中の離れた場所に落ち着き、微笑みは交わしても、話はしませんでした。

あんなにも長いあいだ、すぐ近くで生きていたのですが、誰もよく知らないのです。

私たちのコミュニケーションは、手のサインによるか、唇の動きを読むかしかありませんでしたし、それもいつも恐怖か絶望に関する言葉だけでした。

もし、あの中で会話が出来ていたら、友達になれたかもしれませんが、今では、会うたびに、あまりにも痛みに満ちた思い出ばかりが思い出されるのでした。

新しい知り合いを作る機会はたくさんありました。

毎日、新しいツチの生き残りの一団がキャンプに到着しました。

ほとんどの人が、混乱し、どうして良いかわからずにいました。彼らはキニヤルワンダ語しかしゃべれなかったのです。

私は両方話せたので、新しい難民が来た時の登録係をやって欲しいと頼まれました。名

前と年齢を記録し、傷の具合とどんな治療が必要かをフランス兵に報告し、一人一人、どんなことがあったのかを書き記すのです。

この仕事を通して、私は、たくさんの身の毛のよだつような話を聞きましたが、同時に、良い友達も出来ました。

新しい友達の一人、フローレンスは、やさしく無邪気な笑顔の、私と同年代のとても綺麗な女性でした。目と目のあいだに大鉈で切られた深い傷があるにもかかわらず。

彼女の話も、悲しいことに、他の人のものと同じようにすさまじいものでした。

フローレンスは、私の村からそんなに遠くないところに住んでいました。

大虐殺が始まった時、彼女の家族と三百人ほどの近所の人々は地域の教会に避難場所を求めました。殺人者たちも教会には敬意を払うと考えたのです。

ツチが一カ所に集まっているのを発見したことは、殺人者たちには好都合でしかありませんでした。彼らは、ただ座席のあいだを行ったり来たりして大鉈を振るい続けたのです。

「私たちは、何も武器を持っていなかったので、防ぐすべがなかったんです」と、フローレンスは言いました。彼女の大きなやさしい瞳は涙でいっぱいでした。

「叫び声と、命乞いをする声が聞こえました。でも、ほとんどの人は、ただ自分の番が来て殺されるのをじっと待っていたんです。まるで、何か殺されるようなことをしたのだと

でもいうように。彼らは近づいてきました。そして、私が覚えているのは、大鉈が私の顔に振り下ろされたことです。次に目を覚ました時には、私はトラックの上だったんです」

フローレンスの傷は深かったのですが、死には到りませんでした。でも、殺人者たちは、他の死体と一緒にトラックの後ろに放り投げました。気がついた時、彼女は、両親の死体の上に乗っていました。そして、妹が、彼女の上に乗っていたのです。

「妹の胸にはまだ槍が刺さったままでした。死にかかってはいましたが、まだ何か音を立てていました。私は、彼女に近づこうとしたのですが、その時、殺人者の一人が気づいて、槍で私を刺し始めたのです。ここと、ここと、ここと……」と、彼女は、自分の胸と、お腹と太ももを指差しました。

「怖くはありませんでした。代わりに、神様に私の痛みを取り去り、命を救って下さるように祈りました。殺人者は、きっと私があまりにたくさん血を流したので、死んだと思ったにちがいありません」

そのトラックは、アカンヤル川を見下ろす高い崖の端でとまりました。

インテラハムエのお気に入りのスポーツは死体を投げることでした。

「彼らは死体を全部、崖から川に投げ込んだんです」と、フローレンスは続けました。

「彼らが私の足をつかんで、振り子のように振りながら空中に投げ上げたのを覚えています。水が流れる音が遠くで聞こえました。でも、私は落ちて行った記憶がないのです。次

の朝、私は川岸の泥の中で気がつきました。両親と妹もそこに倒れていましたが、皆すでに死んでいました。私は崖を見上げました。どうして助かったのかわかりません。少なくとも、二百フィートはあるのですから。ただ、神様がきっと何かのために私を助けて下さったのだと思うしかありません」

フローレンスは起き上がることが出来るまで、一日川岸に横たわっていました。そして、起き上がり、歩き出し、一番近い家によろめきながら入って行きました。

幸いそこは親切なフツの家で、彼女の傷の手当てをし、かくまってくれました。

「彼らは私の命を救ってくれました。でも、彼らの息子は、毎朝家を出てインテラハムエのところに行き、私の町のツチが一人残らず殺されるまで殺し続けていたのです。

もう、私には、どう考えて良いかわかりません。イマキュレー、なぜ、私は生き残り、両親と妹は死ななければならなかったのでしょう」

「神様は、きっとわけがあってあなたを助けられたのよ」と、私は答えました。

「私はあなたの物語を書きます。きっといつか誰かがこれを読んで、何が起こったのかを知るわ。あなたは、私と同じようにそれを伝えるために生かされたのよ」

難民たちとフランス兵のために通訳をしたおかげで、私はたくさんの兵士たちと知り合いました。中で一人、ピエールという若い兵士が、特別の興味を私に持ちました。

彼は日中、この場所を守るように命令されていましたが、夜になると、星を見上げている私のところにやってきて話をするのでした。

私より数歳若い、感じの良い青年で、礼儀正しくやさしく、よく話を聞いてくれました。私は、彼に私の家族や私の村に何が起きたかを話しました。彼は、両親のこと、フランスでの生活のこと、ルワンダに来る直前に別れた恋人のことなどを話しました。

恋人はいるかと聞かれて、ジョンのこと、空《むな》しく別れたことも話しました。

ピエールと一緒にいるととても気持ちが和《なご》み、楽しかったので、毎日の現実から心をそらすことが出来ました。

日がたつにつれ、ピエールは何かと理由をつけては私のそばに来るようになりました。食べるものを持ってきてくれたり、水を汲みに行くのに一緒に行ってくれたり、何か読む本を持って来てくれたりしました。

彼の友達は、そのことで彼をからかいましたが、私は気にしませんでした。この虐殺に直接関係のない友達を持つのは救いでした。彼にこれからの希望や夢を語っていると、また人間に戻った気がするのでした。

ある日、ピエールの友達のポールが、私に、あの青年はあなたに夢中だと言いました。

思わず笑ってしまいました。この三カ月、一度もシャワーを浴びる機会もなく、同じものをずっと着続けているのですから。

「いいや、ピエールは、君のことばかり話しているよ」と、ポールは私に保証しました。「あいつは、君が経験したことを考えると、驚くほど君の心が開いていて、ユーモアのセンスも抜群だって言うんだ」

「こんなことで冗談を言うには、ユーモアのセンスを持つしかないわ」と、私は言いましたが、ポールが私をからかっているのではないとわかりました。

悪い気分ではありませんでしたが、だからといって興味もありませんでした。

私は、家族を亡くしたばかりで、この戦争が終わるまで生きていられるかどうかもわからないのです。その上、ジョンとのことで落ち込んでいたので、ロマンスなどすっかりあきらめていたのでした。

私は、もう一度誰かを愛することが出来るのだろうかと考えました。

その夜、ピエールが散歩に誘った時、私は、彼に、愛情を浪費しないようにと話しました。「君は僕にとって、友達という以上の存在になってしまったんだ、イマキュレー」と、彼は情熱的に私の手をとって言いました。

「君は、とても特別な人だ。こんな死や苦痛、暴力が渦巻いている中で、今はとても聞きたくない言葉だとは知っているけど、僕は君を愛している。君と一緒にいたいんだ」

私は、彼の言い方があまりにもまっすぐだったので驚いてしまいました。

「ピエール。私の心は悲しみでいっぱいなの。そこに今いられるのは、神様だけなのよ。

私はまた恋をするとはとても思えないわ。私はまだまだ乗り越えるべきものがたくさんあるのよ。自分のことだけでせいいっぱいなの」

「僕は心から君を愛し、君を守る。僕は君と一緒にいたい。君を失いたくないんだ」

彼の一生懸命さに少し心を動かされましたが、でも私は、彼は、神様に引き合わされた人ではないと感じていました。神様は、ジョンが私のための人ではないと知らせてくれたように、今、ピエールもそうではないと知らせてくれているのです。

私は、私に用意が出来た時には、神様はきっと愛をもたらしてくれるとわかっていました。そして、その時には、まったく不安も疑いもないのだということも。

「いいえ、ピエール、今は、私は生きている人のことより死んだ人のことしか考えられないわ。あなたの気持ちはとても大切だけど、どうか、このまま友達でいましょう」

「わかったよ」と、彼は悲しそうに言いました。「もし君の心を得られないなら、僕は君をあきらめよう。さよならを言わなきゃならない。お休み、僕の愛《いと》しい人」

そう言うと、彼は体をかがめて、驚いている私の唇にキスをしました。

私は目を閉じました。一瞬、彼の唇は私の唇に触れました。キスの温かさが、私に痛みと悲しさを思い出させました。

ピエールは他の兵士たちのところに行き、私は、神様にすべてをゆだねました。

私は、無性《むしょう》に兄のエマーブルと話したいと思いました。私が生きていることを知らせたいと思ったのですが、郵便も電話も出来る状態ではありませんでした。彼の電話番号もわからず、電話をかけるお金もないのです。

エマーブルは、三千マイル離れたセネガルで勉強していました。私は、ただ、彼がそこにとどまっていてくれるようにと祈りました。もしルワンダに帰ってきていたら、彼もきっと死んでしまっていたでしょう。一体いつ、戦争は終わるのでしょう。

フランス軍は私たちにニュースを聞かせてはくれませんでしたし、私たちは、誰一人ラジオを持っていませんでした。唯一、ますます膨れ上がるキャンプに新しく着いた人たちがもたらすニュースだけが頼りでした。

七月の末に私は、RPFツチ解放軍が北での勝利を宣言したと聞きました。でも、戦争は東と南では続いていました。フランス軍が、私たちが今いるルワンダの西を支配していました。キヴ湖のまわりと、ザイールとの国境もそこにありました。

それは良いニュースでしたが、状況は相変わらず非常に危険でした。何万人ものフツの難民がキヴ湖へ向かい、ザイールに脱出しようとしていました。

毎日新しいツチの生き残りが現われ、三週間後には、数十人から約百五十人にまでなりました。

私は、彼らの話を記録し、治療の必要を報告しました。

難民の多くは重傷でした。拷問のために手足がない人も大勢いました。傷が化膿していて、もう助かる見込みがないとわかる人もいました。また、記憶の中に閉じ込められた悲しみや恐怖から、精神に異常を来《きた》した人もたくさんいました。

そのキャンプの中で、私が一番辛かったのは、孤児たちの存在でした。

私は、二人の小さな男の子たちを決して忘れることは出来ません。年は三歳と四歳で、キガリから来たのでした。

両親は、殺人者たちがやってきた時、大急ぎで彼らを天井裏に隠しました。

両親は殺されましたが、その子たちは、親切な近所のフツに数日後に助け出されたのです。そして、首都を脱出して南に逃げる彼らと一緒にやってきたのでした。彼らは、その子たちをフランス兵に引き渡しました。彼ら自身はザイールへ逃げるつもりでしたが、子ども連れではあまりに危険すぎたのです。

なぜか、その兵隊は、子どもたちの名前も近所の人の名前も記録しませんでした。

加えて、二人とも、キャンプに着いた時には、高熱を出していました。

彼らはキャンプでも一番小さな子どもたちでした。両親はもとより親戚も、誰も彼らを知っている人はいなかったので、私が臨時に親の役をして彼らの面倒を見ることになりました。

フランス軍のキャプテンの助けを得て、私は、学校の建物の中に、彼らのベッドを作

り、熱を下げる薬をもらいました。

彼らが話しているのを聞くのは、胸もつぶれるようでした。

彼らは、両親の死体を見たのですが、死が何なのか理解出来ないでいました。

兄の方は、知らない人には礼儀正しくするようにと、弟に一生懸命教えていました。

三歳の弟は、お兄さんにフライドポテトとソーダをねだっていました。お兄さんは、それにいつでもやさしく辛抱強く答えていました。

「僕たちは、今、家にいるんじゃないのを忘れちゃいけないよ。ここじゃ、フライドポテトもソーダももらえないんだ。パパとママが迎えに来てくれるまで待っていなきゃいけない。そうしたら、またもらえるからね。行儀が悪いことをしちゃいけない。そうしないと、もっと悪いことがおきるんだよ」

小さな弟が泣くと、彼は両腕に抱きかかえてあやすように言うのです。

「泣かないで。ママとパパは、もうじき来るよ。そうすれば、いっぱいフライドポテトがもらえるよ。待っていなきゃいけない。ママとパパが来ればもう大丈夫だからね」

この子たちはもう決して両親に会えないのです。おそらく親戚もみんな死んでしまっているのでしょう。

私は、彼らの将来が、悲しみや、虐待、差別などでいっぱいで、苦い思いと憎しみが入り込むような人生にならないことを、ただ祈りました。

そして、私は、これが、私が生かされたもう一つの理由なのだと感じました。

私は誓いました。いつかきっと、私が十分強くなったら、虐殺で残された孤児たちのために出来る限りのことをしようと。彼らの人生に希望と幸せをもたらすように努力し、彼らから両親と家族の愛を奪うことになった人種間の憎しみを、彼ら自身が抱くことのないように導こうと。

八月の初めに、キャプテンは私に言いました。そのキャンプは難民でいっぱいになってしまったので、大多数を他の場所に移そうとしていると。

そこはキブエの高校の中で、水道と、より良い食べ物とベッドが用意されるのです。

私は、孤児の兄弟は、最初に行けると思いました。そうすれば、もう少し快適になるのだと。それから、私の叔母といとこたちも移されると思いました。

彼らの頭上には屋根が、周囲には壁が必要なのです。より安全だと感じられるように。

私自身も行くつもりでみんなの世話をしていたのですが、キャプテンは、私にお願いだから残ってここを運営するのを手伝って欲しいと言いました。

まだ通訳が必要だったのです。生き残りの人々は次々に到着していました。

「もしとどまってくれたら、君は、たくさんの命を救えるんだよ」と、彼は私に言いました。どうして私に断れるでしょう。

私は、キャンプにとどまりました。それ以来、一度もあの小さな兄弟に会うことはありませんでした。でも私は、暴力の犠牲になった孤児たちの面倒を見ると決めた私の誓いを忘れたことはありませんでした。彼らは、ルワンダに数え切れないほどいるのです。

そこには三十人ほどの難民が残りました。中に、フローレンスのようにそこで友人になったものやジャン・ポールなど、八人ほどがいました。私たちの九人グループは、まるで家族のように強い絆を感じていたので、グループとして一緒じゃなければ他に移らないと決めました。

私たちはツチの難民を受け入れ続けました。ここは乗換駅のようで、生き残りの人を登録すると、一日か二日後には、彼らは、町のもう少し大きなキャンプに移されるのです。

八月の初めのことでした。私は、長いこと聞いていなかったものを聞きました。深い、とどろき渡るような、心からの笑い声でした。新しく到着した難民の一群の中の一人の女性が笑っているのでした。

彼女は車椅子に座っていて、兵士たちが、トラックから下ろそうと持ち上げていました。私は、こんなに何もかも悲しいのに何だってあんな風に笑っていられるのだろうと思いました。

彼女は、生きていることが嬉しくて笑っているのでした。私は、兵士たちが注意深く地上に車椅子を下ろし、二人の子どもを彼女に手渡すのを見ていました。

子どもたちは、彼女の顔じゅうにキスをしました。そして、彼女はまたキャンプじゅうにとどろくような笑い声を立て始めました。

「アロイーズだ」と、ジャン・ポールが言いました。「このキャンプに有名人が来たぞ」

アロイーズの名前は聞いたことがありました。子どもの時、両親が話してくれたのです。彼女は、強い意志を持って一生懸命努力すればどんなことが出来るか、というお手本でした。

アロイーズは九歳の時に小児麻痺にかかり、以来歩くことが出来なくなりました。でも、彼女は学校で良い成績を修め、ルワンダでももっとも優秀な生徒になりました。彼女について私が覚えているのはそれだけでしたが、彼女は有名になり、キャンプの中でもたくさんの人が、彼女のことを知っていました。

ジャン・ポールは、彼女の夫はキガリにある国連の事務所で働いているのだと言いました。アロイーズは、すべての外交官と大使を知っているのでした。

「彼女は、誰でも知っている。そして、誰にでも良い仕事を世話してるんだ」と、彼は尊敬を込めて言いました。

「みんなは、もし彼女が障害者じゃなかったら、首相になっただろうと言っていた。僕は、彼女がツチだと知っているけど、何年か前にフツの身分証明書を買ったはずなんだ。政府との契約が出来るようにね。彼女は、すごく頭の良い女性だよ」

「そう。それじゃ、私、行って、私たちの有名なお客を登録してこなきゃね」と、私はノートを持ってトラックのところに行きました。

アロイーズは、車椅子から私を見上げました。

ところが、驚いたことに、彼女の陽気な調子が突然変わり、声を上げて泣き始めたのです。

「ああ、神様！　お母さんにそっくりだわ！　お父さんの面影もあるわ。私、いつもあなたとあなたの家族を訪ねたいと思っていたけど出来なかったのよ、この脚だからね」

私は、この女性は頭がおかしいか、私を誰かと間違えているのかと思いました。

彼女には一度も会ったことがないのです。どうして私が誰なのか知っているのでしょう。

「そんな目で見ないでちょうだい、イマキュレー・イリバギザ。私は、あなたが誰だかよく知っていますよ。あなたのご両親、ああ、彼らのご冥福《めいふく》を。彼らは私の大事な友達だったのよ」

アロイーズは子どもたちを下ろすと、涙をぬぐい、私の方に手を差し伸べました。

私は、こわごわ近づき握手のために手を差し伸べたのですが、彼女は、私の腕を摑《つか》むとぐいと引き寄せ、思い切り強く抱きしめて、しばらく放してはくれませんでした。

「あなたのお母さんは私の恩人なのよ。知らないと思うけど。

八歳の時、私が学校が大好きなのに両親にその余裕がないというのを聞いて、あなたのお母さんは学校の費用を払ってくれたのよ。それどころか、私が病気になってもう歩けなくなってからもずっと、払い続けてくれたの。私は心から感謝して、きっと社会の役に立つ人になろうと決めたの。そして、誰よりも一生懸命勉強しようと。

私が今日こうしていられるのは、皆、あなたのお母さんのおかげなのよ、イマキュレー。彼女は本当に聖女ですよ」

アロイーズは、やっと、長い抱擁から私を放してくれました。

このパワーに満ちた女性との出会いに度肝《どぎも》を抜かれていた私は、落ち着くために少し時間が必要でした。

「あなたとお子さんたちのために、何か食べるものと水を取りに行ってきます。すぐに戻ってきて、それからあなたの登録をします」

歩き出すと、アロイーズの大声が追いかけてきました。

「イマキュレー、きっとあなたのお母さんの魂が私をここに連れて来たんですよ。私は彼女に借りがあるのよ。あなたを助けることでそれを還しましょう。何が出来るか考えさせてちょうだい。きっと何かあるはずだわ」

私は彼女に手を振って、歩き続けました。二人の小さな子どもの面倒をみなければならない車椅子の難民が、私を助けるために出来ることは何だろうと考えながら。

ここでまた、私は、神様のなさることは思いもよらないと知らされたのです。

次の日、私はアロイーズを登録しました。彼女は法律的にはフツでしたが、夫のファリがツチだったので、子どもたちサミとケンザはやはりツチだと考えられ、彼女は、子どもたちが危険だと恐れてキガリの家を出て、両親の家に隠したのです。

夫は、彼女が家を出た時、天井に隠れましたが、その後生きているか死んでしまったか、彼女は知らないのでした。

「お母さんの恩に報いるために何をしたら良いか思いついたわ」と、彼女は言いました。「戦いが終わったらすぐに、キガリの私の家に一緒に行きましょう。あなたは、私の本当の娘のようにそこで暮らすのよ」

私は微笑んで、申し出に感謝しましたが、このキャンプの中に家族のようになった友人たちがいて、一緒にいると約束したのだと伝えました。

彼女は肩をすくめて見せ、信頼できる人と一緒にいるのは良いことだと言いました。

それで話は終わったと思ったのですが、次の日、また彼女がやってきました。

「イマキュレー、よく考えたんだけど、あなたの友達皆キガリへ一緒に連れていらっしゃい。九人全部引き受けるわ。そんなに豪華な家じゃないけど、部屋は用意出来ますよ」

私たちは顔を見合わせました。突然の申し出にどう答えて良いかわからなかったのです。

「さあ、考えておいてちょうだい。戦争が終わった後どうするつもりか知らないけど、あなたたち皆精神的にも大変だと思うの。戦争は終わりかけているわ。あなた方の将来を考える時期ですよ」

アロイーズの言う通りでした。

首都は解放軍の手に落ち、戦いが終わるのは時間の問題でした。私たちは、皆家族を失い、家を失い、着るものを失い、誰一人、一円のお金もないのです。

アロイーズの申し出を受ける決心をするのに長くはかかりませんでした。

次の日、私たちは、グループで申し出をありがたく受けることを彼女に伝えました。

「私に感謝はいりませんよ。感謝するならイマキュレーのお母さんにね」と彼女は言いました。「私は、彼女のためではなく、ローズのためにやるんですよ」

そう言うと、彼女はクスクス笑い始めました。

そして、その声は再び幸せな温かい笑い声になって、キャンプじゅうにとどろき渡ったのでした。

第20章　解放への道

八月の末のある暑い午後のことでした。

フランス軍のキャプテンが、私たちはその地を離れなければならなくなったと言ってきました。ターコイズ作戦が一段落したので、フランス軍はルワンダを離れることになったのです。

「今日で我々はこのキャンプを閉めることになった。二時間以内に皆に出かける用意をさせるように」

「どこへ行くんですか？　ここには三十人の人がいます。その人たちにどこへ行くと言えば良いんでしょう。私たちには家がないんです」

私は突然のニュースに驚いて言いました。

「我々は君たち全員をツチの兵士たちのところに連れて行く。ＲＰＦはこの地域に到着して、ここから数マイルのところにキャンプを設営したんだ。そこに君たちを連れて行って、彼らにひき渡す。君たちにもその方が良いはずだ。彼らは君たちと同じ民族なんだから」

ついにツチの兵士たちが、ここまで戦いを進め、インテラハムエを国の外に追いやった

のです！

私はまた、私たちのヒーロー、ＲＰＦのリーダーのポール・カガメが、キガリに新しい政府を作ったと聞きました。

ああ、神様、ついに、ついに、私たちは助かったのです。虐殺が終わるのです。

私はキャンプじゅうを走り回り、出発することを伝えました。

来たばかりの人々はそれでも本気には出来ないようでした。フランス軍は、難民キャンプを、虐殺を組織したフツをキヴ湖を越えて安全にルワンダから逃がす目的で、世界の目をごまかすために利用しているのではないかと思っているのでした。

「そんなことないと思います」と私は言いました。「この何週間も、フランス軍は私たちを安全に守ってくれていました。あの人たちは、私たちに自由をくれようとしているんですよ。彼らは、やると言ったことは何もかもやってくれました」

準備に時間はかかりませんでした。誰一人として何も持っていなかったのですから。

私は、わずかなものをビニールの袋にまとめました。ムリンジ牧師の娘がくれたタオルとセーター、ピエールがくれた二冊の本、兵士にもらった石鹸とＴシャツ。

でも、その時、母が、殺人者たちが家を取り囲んだ時に、スーツケースに彼女のものを詰め込んでいたのを思い出しました。そして、過去からのものを新しい人生に引きずって行くのはよそうと決心しました。私は、真新しい出発をしたかったのです。

私は、その袋を学校の建物の中に持って行って、隅っこに置きました。きっと誰か、家のないツチが見つけてくれることを祈って。

私が行こうとした時、ピエールにばったり会いました。彼は出口のところに立っていましたが、うちしおれた様子で、私に一枚の紙を手渡しました。

「ここに僕のフランスの住所がある。万が一、君の気が変わることがあったらと思って。君がいなくなったら、どんなに僕は寂しいだろう。いつまでも君を思っている。どうか、神様が君を無事に見守ってくれるように」

「さようなら、ピエール、神のご加護がありますように」と、私も言いました。

私は、トラックの荷台に最後に乗りこみました。

門が閉められ、防水布が私たちを隠すために下ろされ、トラックは出発しました。私は、たった一つ手放さなかった、父がくれたロザリオを取り出して祈り始めました。

この新しい出発をどうぞ祝福して下さい。どうぞ、ツチの兵隊たちのところに無事に連れて行って下さいと。

トラックは、武装した車を連れて道路に出ました。殺人者たちの海の中へ。

防水布の裂け目から何千ものフツが重い足を引きずりながらキヴ湖を目指して歩いているのが見えます。中にインテラハムエの制服を着て大鉈を手に下げたフツも大勢いまし

た。

「ああ、神様！」。私はトラックの後ろに座り込んで呟きました。「またなのでしょうか」

私たちは、混雑する道をのろのろと進みました。フツに向かって警笛を鳴らし、道をあけて通してくれるようにと。

もし彼らが私たちを止めるか、トラックが故障したりしたら、一瞬にしてインテラハムエは私たちに飛び掛ってくるでしょう。

あのトイレを出てからこんなに恐ろしかったことはありませんでした。

ああ神様、と私は祈りました。「あなたはここまで私たちを連れてきて下さいました。お願いです、もう少し、最後まで、私たちをお導き下さい。あの殺人者たちの目をくらませて下さい。どうか、このトラックの後ろを見ないように、慈悲深い神様、どうか彼らの憎しみの目から私たちを隠して下さい」

ＲＰＦのキャンプまで半分以上来た時、突然トラックが止まりました。

フランス軍のキャプテンが来て、防水布を開けると言いました。

「我々はこの地域での銃撃戦の報告を聞いた。そして、何としても、戦いを避けるようにとの命令を受けた。我々はここから引き返す。だから、ここで君たちには降りてもらう」

聞き違いかと思いました。「私たちも一緒に連れて帰ると言ったのですか？」

「いや、キャンプはもうおしまいだ。君たちは、ここから出て行くんだ。すまない、イマ

キュレー」

私は、ここ数週間でこのキャプテンのことはよくわかったと思っていました。

彼は、フツの殺人者たちを憎み、できる限りツチを守ると言っていたのです。だから、彼が私たちをインテラハムエのまっただ中に放り出すとは信じられませんでした。

私はトラックから降りて、彼に問いただしました。

「キャプテン、ここで私たちを見捨てたらどんなことになるか、あなたが一番よくご存知のはずです。まわりじゅう殺人者でいっぱいなのですよ。どうかお願いです。もう少しですから、RPFまで私たちを運んで下さい。ここで見捨てて私たちを殺させないで下さい」

「すまないイマキュレー、でも命令なんだ」

「どうか、キャプテン、どうか、私たちを……」

「だめだ！　皆を後ろから降ろすんだ。出発しなきゃならない」

何が起きたのか信じられませんでした。もうすぐそばに、十人以上のインテラハムエが立って、私たちの会話を興味深そうに聞いています。

私はめまいがしました。道はぐるぐる回り出し、トラックにつかまって何とかしっかり立とうとしました。そして、はじめて、道いっぱいに重なり合った死体に気づいたのです。死体は、いたるところに、道にそって見渡す限りにありました。

私はキャプテンを見ました。必死に彼の目を見ました。でも無駄でした。もしかした

ら、彼らは殺人者たちを助けるためにここにいるのかもしれません。なぜなら、彼らが私たちをここに残して行くということは、私たちの死を意味するのですから。

「トラックから降りるのよ」と、私は皆に言いました。

「皆降りて。フランス軍は、私たちをここに残して行ってしまうのよ」

信じられないという恐怖に満ちた叫びがトラックの後ろから起こり、殺人者たちは、私たちに向かって近づいてきました。

私は、一人のインテラハムエの目をまっすぐに見すえました。きっと彼だって本当は殺したくない、私の心は、彼も私と同じ人間なのだと言っていました。きっと彼だって本当は殺したくないのだと。私はロザリオを握り締め、必死で彼に愛のメッセージを送り、神様、どうぞ、あなたの愛の力で彼に触れて下さいと祈りました。

私は、瞬《まばた》きもせずに見つめていました。まるで一生ほどにも感じられる時間でした。ついに、その殺人者は、私の凝視に耐えられなくなって視線をそらし、背を向けると持っていた大鉈を下ろしました。彼のからだの中の悪魔が出て行ったとでもいうように。でも、とって代わる殺人者たちはいくらでもいました。少なくとも十五人のインテラハムエがトラックからすぐのところに立っていました。手には大鉈を持ち、顔には薄笑いを浮かべて。何が起こったかを探ろうとし、誰かがトラックを離れるのを待っていたのです。

私たちは、トラックから降りるしかありませんでした。次々に、私の仲間たちは飛び降

りました。全部で三十人が、立って殺人者たちと向き合ったのです。

最後に、フランス兵がアロイーズを降ろし、ケンザとサミがその傍らに立ちました。

そうして、トラックは全速力で走り去りました。私たちを砂埃と不安の中に残して。

「見ろよ、このツチの奴らを」と、殺人者たちの一人が面白そうに言いました。

「まだ生きてやがったなんて考えられるか?」

「こいつらはフランス軍が守っていたゴキブリどもだ。誰が今、お前たちゴキブリを守るっていうんだ?」

皆はあまりにおびえていたので動くことも出来ずに、私をつつき、どうしたら良いかを聞きました。まるで、私が無慈悲な殺人者たちの扱い方を知ってでもいるかのように。

私はフローレンスの顔の大鉈の傷を見ました。そして、教会に座ったままで、殺人者たちが大鉈を振るう順番を待って殺された彼女の家族の物語を思い出しました。

でも、私は、ただこんな風に立ったままで死ぬのを待つのはごめんです。

「行きましょう。RPFキャンプまで歩くのよ。兵隊たちはすぐ近くにいるわ」

殺人者たちは私がRPFと言ったのを聞いて、にわかに落ち着かなくなりました。

でも、私たちは、歩き始めてすぐに立ち往生してしまいました。

道路にはあまりに岩や死体が散乱していて、アロイーズの車椅子を動かせなくなってしまったのです。アロイーズの子どもたちは、泣きながらお母さんの腕にしがみつきました。

私は、ジャン・ポールとカレガをグループから呼び出しました。

「あなたたち二人、私と一緒に来てちょうだい。後はアロイーズと一緒にいて。そして祈ってちょうだい。私はツチの兵隊を見つけて、彼らに助けに来てもらうわ。ここから動かないで。さもないとこのフツの難民の中であなたたちを見つけることが出来なくなるから」

アロイーズは、疑わしそうに私を見ました。

「ほんとに行くつもり？　彼らはあなたを殺すわ。男の人を行かせなさい」

「いいえ、私が行きます。どうか、祈っていて下さい」

そう言うと、私はフランス軍が私たちを置き去りにする前に目指していた方向に向かって思い切って歩き出しました。

歩きながら、私はロザリオを握り締め、必死で神様に話しかけました。

「神様、私は、今、死の谷を通り抜けようとしています。どうか、私とともにいらして下さい。愛の力で守って下さい。あなたは、私たちが今歩いている大地をお創りになりました。どうか、殺人者たちがあなたの娘の血をここに撒き散らさないようにお守り下さい」

三人のインテラハムエが、私たちがグループを離れたのを見て後を付けてきました。

その中の一人が私に気づきました。

「このゴキブリが誰だか知ってるぞ。レオナールの娘だ。こいつを俺たちは何カ月も探してたんだ。まだ生きてやがったなんて信じられるか。他の奴らは全部殺したのに、こいつ

は俺たちの手をすり抜けたんだ」

「愛する神様」と、父のロザリオを手にしっかりと握り締めて、私は出来る限り速く歩きながら祈りました。「あなただけが私を助けることが出来るのです。あなたは私を守ると約束なさいました。ええ、今です。私が本当に助けを必要としているのは。後ろから、悪魔や禿げ鷹が迫ってきています。どうか、どうか、私をお守り下さい。この人たちの心から、悪魔を追い払って下さい。あなたの聖なる愛で彼らの憎しみを取り除いて下さい」

私は、足元も見ないで歩きました。転がっている岩や死体につまずいて転ぶかもしれませんが、神様が必ず私を安全に導いてくれると信じていました。

私たちはどんどん歩いて行きました。殺人者たちは、私たちを取り囲んで大鉈を空中で振り回しています。私たちはまったく無防備です。それなのに、なぜ、彼らは襲ってこないのでしょう。

「もし彼らが私を殺しても、神様、どうぞ彼らをお許し下さるようにお願いします。彼らの心は憎しみで何も見えなくなっているのです。彼らは、なぜ私を傷つけたいのかもわかっていないのです」

そんな風に半マイルも歩いたでしょうか。突然、ジャン・ポールが叫ぶのが聞こえました。

「おい、彼らがいない、行ってしまったぞ」

私はあたりを見回しました。本当でした。殺人者たちは消えていました。

ジャン・ポールは、彼らはきっとＲＰＦの兵士が近くにいるのを知っていたのにちがいないと、後で言いました。

でも、私は本当の理由を知っています。

数分後、私たちはＲＰＦの兵士たちの道路封鎖の検問所を目にしました。そこには、何十人かの背の高い、やせた、石のような顔をしたツチの兵士が守備に立っていました。

私は全速力で走り、彼らの前にひざまずき、目を閉じて、賛美の祈りを唱えました。

「神様、ああ、神様、ありがとうございます。私たちは助けられました。ああ、神様、あなたはここにいらして下さったのですね。神に栄光あれ！　私たちがどんな思いだったかを知って下さったら！　ああ、ありがとうござい……」

その時、凍るような金属的な、機関銃の引き金を引く音がして、私は我に返って目を開けました。

そして、銃口が私の顔にまっすぐに突きつけられているのに気づいたのです。

第21章　キガリへ

ああ、神様、いつになったらこの悪夢を終わらせていただけるのですか？

私は銃身を見上げ、冷たい怒りの色をしたツチの兵士の目を見ました。彼らの目は、二十分前に見た殺人者たちの目を思い出させました。

大虐殺が始まって以来、近所の人々は私に背を向けました。殺人者たちは私を追いました。フランス軍は私たちを見捨てました。そして今、ツチの救助者たちは、私の頭をぶち抜こうと身構えているのです。私はここで死ぬのだと思いました。

神様、あなたの御意思にお任せします。と、私は心の中で祈りました。あなたの御意思がそうならば、生きるのも死ぬのもかまいません。あなたはここまで私を連れてきて下さいました。さあ、どちらでも、どうぞお決め下さい。

私は立ち上がろうとしました。ゆっくり手を上げ、私たちはツチなのだと説明しながら。「フランス兵は、私たちを道路に置き去りにしたんです。まだ、虐殺の生き残りの人たちが、そこで殺人者たちに囲まれているんです。どうか、急いで彼らを助けに行って下さい。一刻も猶予《ゆうよ》は出来ないんです」

「黙れ！　座るんだ」と、兵士は叫びながら、ライフルで私をこづきました。

「もしお前がツチだっていうなら、何で今まで生きていられたんだ？」と、他の一人が叫びました。私に銃を向けたままで。

「皆、死んだ。皆死んだんだ。お前たちは、殺人者にちがいない。フツのスパイだろう。スパイはどうなるか知っているか？　じっとしてろ、喋るな。動くな」

兵士たちは私たちを取り囲みました。話すことも出来ません。私は口を閉じて、ただ、運命が私たちをどこに連れて行くのか待っていました。

数分が過ぎました。殺人者たちの真ん中でアロイーズたちが助けを待っていると思うと気が気ではありませんでした。ああ、神様、彼らをお守り下さい。

やがて、解放軍の司令官が、私たちに質問をするために到着しました。

私たちを監視していた兵士たちは、彼に挨拶し、少佐と呼びました。

背が高く痩せていて、穏やかな顔をしていましたが、まるで私たちが、彼の家に忍び込もうとして捕まった泥棒ででもあるかのように、フランス兵がインテラハムエのスパイを捕らえた時と同じ表情を見せました。

私は十字を切りました。あの男に何が起こったかを思い出したのです。その少佐が、私たちを信じていないのは明らかでした。

でも、またしても、神様は、手を差し伸べてくれたのでした。

「イマキュレー？　イマキュレー・イリバギザ？」

少佐の隣に立っていた兵士が私の名を呼び、信じられないというように見つめました。

「イマキュレー！　君が生きているなんて！　本当に君なのかい？」

「バジル？」

「君なんだね！」。彼はライフルを下ろして地面にひざまずくと、私を抱きしめました。

バジルは、ツチ解放軍と一緒に戦うために出て行った近所のフツの人でした。

私たちは学校で一緒でした。彼は母の一番のお気に入りの生徒でした。非常に頭が良く、才能に恵まれていたからです。私たちは、彼を先生のお気に入りと呼んでいました。

「この娘を知っているのか？」

彼がひとしきり私を抱きしめるのを待って、少佐が聞きました。

「ええ、僕たちは一緒に学校に行ったんです。彼女のご両親は、その村で非常に尊敬されているツチでした。彼らはすばらしい人たちです。彼女は大丈夫です、少佐。スパイなんかじゃありません。イマキュレーの言うことは本当です」

私は、危機一髪の時にバジルを送って下さった神様に感謝しました。

兵士たちが銃を下ろし、少佐が近づいてきて握手のために手を差し伸べてきました。

「私は、トゥワリ少佐です」と、彼は言いました。

「勘違いをしてすみませんでした。どこにでもスパイがゴロゴロしているんでね。この辺

は、まだまだとても危険なんですよ。でも君たちは、もう安全です。君たちの戦争は終わった。これからは私たちが君たちを守る」

「ありがとうございます。少佐。でも、助けを必要としているのは、私たちの仲間なんです」と、私は、大急ぎで説明しました。

「フランス兵は、インテラハムエたちのまっただ中に私たちを置き去りにしました。ここから半マイル離れた道路の真ん中に三十人のツチの生き残りがいるんです。殺人者たちに囲まれて。まだ彼らが生きているかどうかもわかりません。ああ、どうか……」

少佐は、私が全部話し終わる前に、兵士たちにアロイーズたちを助けに行くよう指示を出しました。

「君の仲間については心配しないで。きっと助けるから」

「ああ、ありがとうございます。どうか、神のお恵みを」

バジルは私の隣に座って、熱心に質問を浴びせかけました。

「もう何カ月も家には帰っていないんだ。村のことを何か知ってるかい？　先生はどうしているの、君のお母さんは？　僕の両親や兄弟、姉妹たちはどうしているか知ってる？　最後に会った時には、彼らはこの国を出て行くところだった。うまく出られただろうか」

私は、手をバジルの腕に乗せました。私が言うことがどんなに彼を悲しませるかわかっていました。

「何て言っていいかわからないけど、バジル、真実を言う他はないわ。誰もかも死んでしまったのよ。私の家族もあなたの家族も。ツチとフツの穏健派は皆。皆死んでしまったのよ」

彼は、言葉を忘れてしまったかのようにしばらく私を見つめていましたが、突然身をかがめると地面にうずくまり、銃身の上に倒れて発作のようにすすり泣いていました。かわいそうなバジル。彼は両親を失い、四人の兄弟と三人の姉妹を失ったのです。

私は、なぜ私たちが着いた時にそんなに疑われたのかがわかりました。兵士たちは、ウガンダからずっと戦ってここまで来たのですが、その道すがらでは何のニュースも入っていないのでした。彼らは、今、家族が、長年仲良く信頼し合ってきた近所の人たちに殺されているのを発見しつつあるのです。

解放軍のキャンプにも悲しみが漂っていました。

私は、アロイーズたちに最悪なことが起こっていないようにと必死で祈りました。間もなく、トラックが近づくのと一緒に彼女の楽しげな笑い声が聞こえてきました。

「ああ、あなたの祈りのおかげですよ、イマキュレー」。アロイーズはくすくす笑いながら言いました。

「あの殺人者たちは、私たちを切り刻みたいというようにずっと見ていたわ。でも動けなかったんですよ。その場に凍ってしまったみたいにね。私たちまるでライオンの檻に放り

込まれたダニエルみたいだったわ。そう、ライオンの檻の中のダニエルですよ」

アロイーズは、彼女の子どもたちを引き寄せて、ぎゅっと抱きしめました。あまりに笑ったので、最後には、涙が彼女の頬を流れ落ちました。

私の心は舞い上がりました。そして言いました。

「生きてこの言葉を言えるかどうかわからなかったけれど、でも、私たち、二度ともう殺人者たちに会うことはないのです。虐殺は終わったんだわ。神様は私たちを助けて下さった。新しい命を授《さず》けてくれたんだわ。神様を讃えましょう。ああ、ありがとうございます、神様、ありがとうございます」

アロイーズは私に微笑みながら言いました。

「アーメン、イマキュレー、アーメン」


アロイーズの明るさと自立の精神は、硬くなっていた兵士たちの心を魅了しました。彼女は、キャンプでの最初の数時間、彼女がこれまでに会った有名な人々の話で彼らを夢中にさせました。それから、ちょっと卑猥な冗談で彼らを笑い転げさせたのです。

何より彼らが感動したのは、彼女の何にも負けない楽天主義でした。彼女は、決して彼女の運命に対しての不満を言ったことがありませんでした。どんな状況でも、どんなにそれが難しくても、それを克服してきたのです。

アロイーズと私はとても仲が良かったので、少佐は彼女が私の母かと聞いたほどでした。

「いいえ。でも彼女はまるで私を娘のように扱ってくれます。私の両親と二人の兄弟は虐殺の最中に殺されました。親戚たちもほとんど殺されてしまいました」

「気の毒に」と、少佐は言いました。「私たちを恨んでいるかい？」

「どういう意味ですか？」

「兵士たちの多くが、起きたことは自分たちのせいだと思っているんだよ。私たちがキガリを手に入れるまでに時間がかかりすぎたために、何万人ものツチが殺されてしまったと。その中に彼らの家族も入っているんだ。もう少し早く着いていたら……」

「そんな風に思ってはいけません、少佐。あなたたちのせいではありません。あなたたちは、私たちのために戦ってくれたんです。今度は私たちが、同じような戦いを決してくりかえさないと誓わなくてはいけないんです。殺すことをやめて、許すことを学ばなければ」

彼は、私に向かって首を振ってみせました。同意は出来ないという風に。

「神だとか悪魔だとか言うのはやめるんだ。誰がやったかはわかっているんだから。君は好きなだけ許しても良いけど、イマキュレー、でも、私がどれだけたくさんの死体を見たか見当もつかないだろう。その墓場を埋めた奴らは、今もそこにいるんだよ。よく聞くんだ。彼らは許されるに値しない。撃ち殺されて当然なんだ。私は、彼らにふさわしいことをするつもりだ。彼らが死んだら許してやろうじゃないか」

少佐は、近くにあるバプティスト教会を指差しました。

「他にもまだ生き残った人たちが、あそこにいる。私たちが、この先どうしたらいいか言うまで中にいなさい。歩き回ってはいけないよ。忘れちゃいけない、君たちはまだ戦争地域にいるんだからね。もし、君がインテラハムエにバッタリ出会ったら、彼らは、君のように寛容じゃないからね」

私たちは、他の百人ほどの生き残りの人たちと一緒にその教会の中にいました。ベッドも毛布もありませんでした。でも、頭の上に屋根があるというだけで、私たちは幸せでした。それに神の家にいるのはとても気持ちが良いのでした。

バジルが食べ物を持ってきてくれたので、私はそれを料理しようとしました。でも外で火を焚こうとした時、むかむかするような甘い匂いに吐き気がしました。

「この匂いは何なの？」と、私は、護衛のために配属された兵士に聞きました。

彼は、私の手をとると、一言も言わずに教会の裏手に連れて行きました。

それは、地獄絵図でした。

薪《まき》を積み上げるように、何百という死体が何段にも積み重なり、その上を真っ黒い絨毯のように一面の蠅が覆っていました。カラスの群れが、一番上の死体をつつき、一人の老人が、そばに立って、近寄ってくる犬を木の枝で追い払っていました。

私は、口を押さえました。目は恐怖で見開かれました。

それからその兵士は、その死体の山の向こうを指差しました。そこには、少なくとも三十ヤードの幅で二十フィートの深さの穴が掘られていて、死体でいっぱいでした。おそらく何万人もの死体だったでしょう。

私は振り返りざま、吐いてしまい、よろめきながら教会の前に戻りました。

その兵士も私の後について戻りましたが、やはり一言も言いませんでした。

「あなたはこの近所の方なんですか?」と私は聞きました。彼はうなずきました。きっと、この死体の山のどこかに彼の家族もいるにちがいないと、その時私は気づいたのです。

彼の悲しみは、言葉を超えていたのです。

この恐怖と悲しみを乗り越えるために、ルワンダは一体どれほどの時間、どれほどの世代を経なければならないのでしょう。

私たちの傷ついた心が癒されるまでにはどれほどの時間が必要なのでしょう。私たちの凍り付いてしまった心がやさしく溶けるには。

それは、きっと私には長すぎて待ちきれないにちがいありません。

兵士の目を見た時、私はルワンダを去らなければならないと思いました。

この国の悲しみと苦しみから離れていなければなりません。少なくともしばらくのあいだだけでも。私は、神様が私にそうすることを望んでいらっしゃると思いました。他の人々が癒される手伝いをするためには、まず自分自身を癒さなければならないのです。

フランス軍のキャンプで出会った孤児たち。復讐だけしか考えられなくなっているたくさんの人たち。いまだに人を殺している殺人者たち。目の前にいる兵士のように悲しみで魂が窒息してしまった人たち。

でも、私には、その前にやるべきことがあります。それに、今は仕事もお金もなく、何の当てもないのです。私の持っているものといったら、着ている洋服とポケットの中の父の形見のロザリオだけでした。

私たちは、数日のあいだ、解放軍の兵士たちとともに過ごし、そのあいだ、どうしたらお金がなくてもキガリに行けるかを考え続けていました。

私たち十二人は皆、キガリではアロイーズの家に滞在することが出来ます。でも、いまだに危険がいっぱいの道を五時間かけてキガリまで行く方法がないのです。

私は、何日も、祈り続けました。他の人たちにも同じようにして欲しいと言いました。

そうするうちに、神様は答えてくれて、少佐が解決策を持って会いに来てくれたのです。

少佐は、私たちにトラックを提供し、アロイーズの家の前まで連れて行ってくれると言いました。そればかりでなく、兵士たちを付けてくれ、お米や粉、砂糖、豆、コーヒー、ミルクの缶、そして油の缶までトラックに乗せてくれたのでした。

これまで何カ月も見たことのなかったほどの食べ物です。みんなが秋じゅう食べられる

ほどでした。私たちは、何度も彼の寛大さに感謝し、手を振ってキガリに向かいました。数カ月前あんなに活気に満ちていた首都は、まるでゴーストタウンのようでした。通りには人気がなく、時折国連のトラックかＲＰＦのジープが空っぽの通りを埃を巻き上げて、転がっている死体をよけながら走っているだけでした。

そして、人間の死体をむさぼろうとして兵士たちに撃ち殺された何百という犬の死骸。街じゅうが胸の悪くなる匂いであふれていました。見捨てられた家からは、悲鳴のように、建物がたてるきーきーという音が聞こえてきました。家々は廃墟になっているか、焼かれるか、機関銃の掃射の跡があばたのように穴を開けていました。

店々は、ドアがはずされ、略奪され、時折、遠くで爆発の音が響きました。

十代のころに、その明るい光と人々の行きかう通りを見て興奮したあの美しい街とはとても思えませんでした。

「足元に気をつけて」と、運転手が注意しました。

「いたるところに地雷が埋まってる。自分たちでもどこに埋めたか覚えていないんだ。このあたりを歩き回ったら、きっと脚の一本や二本はなくなってしまうよ」

私たちは、まっすぐに国連の本部に車を向けました。もしかしてアロイーズの夫のファリのことがわかるかもしれないと。

「うちから国連まで歩いて十五分なのよ。もし、天井裏に隠れて生き残ったとしたら、き

っとそこにいるはずだわ。キガリで一番安全な場所ですもの」

私たちは、大きな金属の門の前で車を停め、アロイーズをトラックから降ろしました。彼女は震えていました。彼女がこんなに弱々しく見えたのははじめてでした。

「ファリが殺されていたら、どうしたら良いかわからないわ。彼は私のすべてなの。彼がいるから私は強くいられたのよ。どうか彼が生きていてくれるようにと、どんなに祈ったことでしょう。神様が私の祈りを聞き届けてくれるように。あなたの祈りを聞き届けてくれたようにね、イマキュレー」

そして、神様は、アロイーズの祈りを聞き届けてくれたのです。

彼女がまだ話し終わらないうちに、懐かしい姿が建物から出てくるのが見えました。

「ああ、神様！　彼だわ、あの人だわ。あの人の歩き方は、どこにいても私、わかるのよ。呼んでちょうだい、誰か彼を……」

私たちは、守衛の一人にアロイーズが指差している男性を捕まえに行ってもらいました。

彼は、用心深そうに近づいてきましたが、アロイーズに気がつくと、全力で走ってきて、門を開けて飛び出してくるなり、膝をついて彼女にキスを浴びせました。

「ダーリン、ダーリン」と、彼は言い続けました。小さいケンザとサミが彼の腕に飛びつきました。抱擁とキスの嵐でした。こんなに幸せな、感動的な家族の再会の光景を見たことはありませんでした。少なくとも、ファリがこう聞くまでは。

「赤ん坊はどこ?」。アロイーズの目に涙があふれました。

「神様に召されたの」と、彼女はしゃがれた声で言いました。「高熱を出して……だめだったの」

ファリは、アロイーズの膝に手をおき、二人は十五分から二十分泣いていました。

私たちはどうして良いかわからずに顔を見合わせながらじっと立っていました。

誰一人として、フランス軍のキャンプに着くまでに彼女が赤ん坊をなくしていることを知らなかったのです。私たちは、改めて彼女の強さに圧倒されたのでした。

やがて、ファリは、私たちを見上げ、誰なのかと彼女に聞きました。

「難民キャンプで養子にした孤児たちよ」と、アロイーズは彼に話しました。「うちで一緒に暮らすのよ」

「よく来てくれたね」と、ファリは言いました。

「その背の高い子は、ローズとレオナールの娘なの。私たちの古い友人は二人とも死んでしまったのよ」

「ああ、何てことだ」とファリは言って、立ち上がると私の手をとりました。

「君を見ていると、彼らを思い出すよ、お嬢さん。君のお母さんとお父さんはすばらしい人たちだった。神様は、何か意味があって君を助けられたにちがいない。その理由が見つかるまで、私たちと一緒にいるといい」

「ありがとうございます」と言う以外に、言うべき言葉が見つかりませんでした。

私たちは、もう一度トラックの荷台に上って、アロイーズの家に着きました。

道すがら、ファリは、家を捨てて、四カ月のあいだ国連に住んでいたと話しました。

「もしアロイーズが子どもたちと一緒に戻ってこなかったら、僕は決してこの家には戻ることはなかっただろう」と、彼は言いました。「愛のない家は牢獄でしかないからね」

そこはめちゃめちゃでした。窓は吹き飛び、壁は、銃撃のために穴だらけで、屋根の一部は陥没していました。

私たちは、いっせいに仕事に取り掛かり、家を修繕し、綺麗にしました。いくつかの破壊された建物から持ってきた建築資材のおかげで、そこは、また家らしくなりました。

ジャン・ポールと男の子たちは、彼らの部屋をもらい、一方、フローレンスと私が同じ部屋に住むことになりました。

両親の家を離れてからはじめて、私は、本当のベッドに眠ることが出来たのです。私たちは皆、天国にいるように感じました。

でも、トゥワリ少佐がくれた食糧はありましたが、私たちには一円もお金がありませんでした。

何カ月も着続けていたので、皆の着ているものときたら、糸になってしまっているよう

な有様でした。そこで、私たちは、見捨てられた家に入り、何か履くものか着るものが残っていないか探しました。

一軒の家の中で、私は金のイヤリングを見つけました。

これまでの苦労を考えれば、何か気持ちを明るくする美しいものを持っても悪くはないと自分に言い聞かせ、ポケットにそれを入れました。

でも、アロイーズの家の鏡の前でそれを付けてみた時、そこに映ったのは、そのイヤリングの持ち主だった女性の顔だったのです。

そのイヤリングは私のものではないのです。何一つ、それにまつわる思い出もないのです。誰かが、そのために一生懸命働いたか、または、誰かからの愛情のこもった贈り物だったにちがいありません。私は、誰かの人生への侵入者のように感じて、次の日、元の場所にそれを返しに行きました。

小さな声が私の頭の中で聞こえました。「さあ、前に進むんだ。仕事を見つける時だよ」

第22章　神の御《み》業《わざ》

通りを歩くのさえ恐ろしい街で、どこに行ったら仕事が見つかるかは、神様だけがご存じでしょう。地雷は、通りのあちこちに埋められたままです。

でも、もし働きたいならば、歩道を歩いて行かなければなりません。バスは走っていませんし、タクシーに乗るお金などないのですから。

私は、ファリに歩いて行ける距離で仕事になりそうなところはないか聞いてみました。

「今は、誰も人を雇うどころじゃないからね。チャンスは少ないと思うよ。唯一のチャンスは国連だけど、そこでは、英語が話せなくちゃいけないからね」

私は、ピンときました。もちろん、そうでしょうとも！　それこそ、神様が、あのトイレの中で私に英語を学ぶ機会を与えて下さった理由なのですから。

私は、国連で働くビジョンさえ見ていたのです。

その夜、私は、とりわけ丁寧に着ているものを洗いました。

そして、神様に国連で仕事を見つけさせて下さるようにと祈りました。

ついに英語を使う時が来たことで、興奮し、遅くまで起きて鏡を見たり、独学で覚えた

英語の文章を練習したりして過ごしました。

「おはようございます」
「はじめまして」
「私は、仕事を探しています」
「私の名前は、イマキュレー・イリバギザです」
「私はルワンダ人です」
「私は、ブタレの大学で科学の勉強をしました」
「私は、仕事を探しています」

ああ、なんてどきどきするのでしょう。私は、英語の文章を話しているのです。そして、明日は、新しい言葉を使って会話をし、その日のうちに、新しい仕事をしているでしょう。

神に栄光あれ！

私は、八時きっかりに国連の門の前に立っていました。

ガーナ人の守衛が私に挨拶をしました。どうも英語のようです。きっと、「お早うございます。何の御用ですか」と言ったのでしょうが、ただ「ブラブラブラブラ」としか聞こ

えません。さっぱり見当もつかなかったのですが、わかった振りをしました。

「はじめまして、私の名前はイマキュレー・イリバギザです。私は仕事を探しています」

やれやれ！　彼の目は、私の言葉がどんなにばかげて聞こえたかを語っていました。でも、私は、もう一度やってみました。ここで引き下がるわけにはいきません。

「はじめまして。私の名前はイマキュレー・イリバギザです。私は仕事を探しています」

「ああ、君はルワンダ人だろ、フランス語を話してるんだね」

私は微笑んでうなずきました。

彼は門を開けてくれ、他の守衛が、私を小さな待合室に連れて行ってくれました。

そこで、私は、たくさんの書類を書かされ、待つようにと言われました。

待ちました。待って、待って、待って……待って。

その日が終わり、職員が帰り始めた時、私は受付の人に、仕事をもらうまでにどのぐらい待つのかと聞きました。

「あなたはずっと待つことになるわ。ここには仕事はないのよ」

私はがっかりして家に帰りました。でもくじけてはいませんでした。私が国連で働くのは運命なのです。それをはっきり見ているのですから。もし神様が私が国連で働くのをお望みなら、私が目的を達するのを妨げるものは何もないはずです。

私は翌日、またでかけ、同じ書類に書き込み、また一日じゅう待ちました。その次の日

も同じことをしました。その次の日も、またその次の日も。

そうして、二週間以上も書類に書き込み、待ったのです。毎日受付の人は言いました。

「私があなたならそんな無駄なことはしないわね。ここにはほんとに仕事がないのよ」

二週間がたった時、さすがの私ももうダメかと思いました。

私は、うちしおれてアロイーズのところに戻るのが嫌で、キガリの荒れ果てた道をぶらぶら歩いていました。どこか静かなところで神様と対話をし、エネルギーを取り戻したいと思ったのです。アロイーズの家は、私が瞑想をするにはあまりにうるさすぎました。

信じられないかもしれませんが、私は、時々、牧師の家のトイレの日々を恋しく思うことさえありました。そこでは、何の邪魔もなしに何時間でも神様と会話出来たのです。その長い沈黙の祈りのあいだに心を満たしてくれた喜びと平安を思い出しました。そうした後では、心は澄み切っているのでした。

アロイーズの家から二ブロックのところで、私は、一軒の家の焼け跡に入り込み、焼け焦げや壊れた窓ガラスの上にひざまずき、祈り始めました。

「ああ、神様、聖書の中では、ペトロは夜通し魚を獲りに行って、何も獲れず、失望して帰ってきました。でも、あなたは同じところに行って、もう一度試みなさいと言いました。そして、彼はたくさんの魚を獲って大喜びをしました。

あなたは、私を国連に導いて下さいました。私は仕事を求める魚釣りに何日も通いまし

た。でも、そこには魚はいませんでした。神様、私はどうしたら良いのでしょう。私にはお金もなく、着ているものはぼろぼろです。彼らは私に仕事はくれませんでした。あなたの助けが必要です。どうか国連の人々が、私に気づき、良い仕事をくれますように。どんなに私がそれを必要としているかご存知のはずです。助けて下さい。アーメン」

私は、埃《ほこり》を払ってその廃墟を後にしました。また自信を取り戻して。

私は神様に助けて下さいとお願いしたのです。後は私次第だとわかっていました。私は、国連で働いているイメージを描き始めました。ノートをとり、電話に答え、何かとても重要な決断をするのを助けているのです。

歩きながら、私は、もし国連の仕事をすることになったら、何が必要だろうかと考えました。

まず、きちんとした服が要りそうです。それから、高校の卒業証書、そして、三年間大学で勉強していたことを証明するものが必要です。

そのすべては、ブタレの大学の私の寮の部屋に残してきてしまっていました。そこまでは車で四時間かかりますが、私にはタクシー代がないのです。

すっかり考え込んでいたので、一台の車が私に近づいてとまり、運転している人が私の名前を呼んだのにすぐには気がつきませんでした。

それは、アベル博士でした。ブタレの私の大学の先生でした。

「君だとはすぐにわからなかったよ、イマキュレー。ひどく痩せたな！　君が生きててくれて何てうれしいんだろう。だけど、君は食べてるのかい？　住むところはあるの？」

アベル博士はお医者様でした。彼は、私がどんな状況をくぐりぬけてきたのかとか、私の健康に関してとか、あらゆる種類の質問をし、ブタレに来て彼の奥さんや家族と一緒に住むようにと言ってくれました。そうすれば、きっと立ち直ることが出来ると。

私は彼に感謝し、すでに一緒に暮らしている家族があるのだと説明しました。でも、もし近々ブタレに行く用事があれば、是非乗せて行って欲しいと頼みました。

「もちろんさ。実は、明日、行くことになってるんだ」

またしても、神の手が働いたのです。

翌日、アベル博士は、昔の大学の前で私を降ろしてくれました。学校は略奪されていて、門のところに立っていた兵隊たちは、私が部屋に入るのを拒否しました。

「この学校は、いかなるものも入ることを禁止されている」。そして、私にキガリに帰るように言うのでした。

私は、道路の端に座って父のロザリオを手に祈り、神様がどんな風に私をキャンパスに入れるよう示してくれるのかを待っていました。

十分もしないうちに、門のところに、陸軍大佐を乗せた車がやってきました。

兵隊たちが整列しようとしているあいだに、私は、車に近寄って自己紹介をしました。

「ここで何をしているのですか、お嬢さん?」と、彼は私に答えて言いました。

「ご両親はどこですか? 一人でこんなところにいては危ないですよ」

私は二十四歳でしたが、ひどく痩せてしまったので、どう見ても十二歳ぐらいにしか見えなかったのでしょう。

「私の両親は死にました。虐殺で他の家族もみんな殺されました。私にこの世の中で残されたものは、私の寮の部屋だけです。でも、あなたの兵隊たちは、そこに入れてくれません。助けていただけないでしょうか」と、私はできる限り感じが良いように頼みました。

大佐は車のドアを開けてくれました。私は、彼の兵士と一緒に乗り込み、門をぬけて、寮までの短い、気のめいるような道を行きました。

すばらしい思い出と素敵な友情に溢れた美しいキャンパスはどこにもありませんでした。

そこらじゅうごみだらけで、建物は焼けただれ、破壊され、学生たちの記録書類が、まるで根無し草のようにキャンパスじゅうに散乱し、たくさんの死体が地面に放置されていました。

私は見ることが出来ませんでした。サラや他の仲の良かった女友達の死体を見ることになるのではないかと思ったのです。

私は、楽しかった学校のダンスを思い出そうとしました。私も出演した演劇や、ジョンと一緒に歩いたロマンティックな散歩……。でも、今、目の前に広がる光景のどこにもその片鱗《へんりん》さえありませんでした。

大佐は、私を寮の前で降ろしてくれ、兵隊が私の後から部屋までついてきました。ドアは、斧《おの》で叩《たた》き破られ、私の持ち物はみんななくなっていました。スーツケース、洋服、靴、マットレスまで持ち去られていましたが、ありがたいことに、両親の写真は、壁にそのまま残っていました。一緒に過ごした人生の唯一の思い出です。

私は、床に散乱していた何枚かの封筒を拾い上げました。兵士がそれを私から奪い取ると、読み始め、脅かすように私に聞きました。「エマーブルというのは誰だ」

私が笑い出したので、彼は驚きました。「エマーブルは私の兄です。それは、セネガルから来た手紙です。彼はそこで勉強していたんです」

兵士は、納得すると、他の手紙を読むために、ホールの方に行ってしまいました。

私は、何枚かの書類を床から拾い集めました。

そして……、自分の目が信じられませんでした。

一通の大きな封筒の中に、高校の卒業証書と、大学の成績表と、そして、私がそこに入れておいた奨学金三十ドル近くが入っていたのです！　突然、私はお金持ちになっていたのです。そして、私が教育を受けた証明もあるのです！

私は直ちにキャンパスを後にし、アメリカドルの一部を使って、タクシーでキガリへと戻りました。

家に戻る途中ずっと、私は神様に私の祈りに答えてくれたことを感謝しました。神様は本当に約束を守り、私を実の娘のように見守ってくれていたのです。

街の中では少しずつ店が開き始めていました。私は中古の洋服と、新しい靴と、香水とデオドラントを買い、五カ月ぶりに美容院に行き、すっかりレディのようになりました。アロイーズは、おしゃれをして美しくなった私を見て危うく心臓麻痺を起こすところでした。それから、あの大きな心を感じさせる高笑いを響かせました。

そして、私が、残りのお金で買った、私たち全員、あと一カ月は大丈夫というほどの食糧を見て、いっそう大きな笑い声を立てるのでした。

次の朝、私は、再び仕事探しをしに国連へと向かいました。

良い身なりをし、良い匂いで、卒業証書も成績証明書もあって、意気揚々という感じでした。これから世界に乗り出して行くのです。

ガーナ人の守衛は、私だとは気がつかなかったようで、何も言わずにすぐに入れてくれました。私はにっこりと微笑み返して中に入りました。

建物に入るとすぐに、人事担当マネージャーの部屋へまっすぐに行き、ドアをノックし

ました。部長は、誰かと話している最中でした。

「何か御用ですか？　お嬢さん」と、彼はフランス語で聞きました。

「私は、仕事が必要です」と、私は英語で答えました。少なくとも、そのつもりでした。

彼は、一瞬戸惑ったようでした。「あなたは、仕事が欲しいというつもりなんですか？」

「ええ、その通りです。仕事が必要なんです」と、私は、フランス語で答えました。

どうやら、私の英語がまだまだなのは明らかでした。

「そうですか、ここで待っていらっしゃい」

彼は、そう言うと部屋から出て行き、数分後に彼の秘書が現われて、私を上から下までじろじろ見回しました。

彼女はルワンダ人でした。そして、なぜか、私に敵意を持ったようでした。

「どうしてこの建物に入れたの？　何の用ですか？」と、彼女はキニヤルワンダ語で聞きました。

「私は仕事を探してるんです」

「どんな経験があるんですか？」

「大学に行っていました。そこで、電気工学と数学を勉強しました」

「ここでの仕事は秘書ですよ。もし仕事があればの話ですけれど。コンピューターは使えますか？　それから、英語が話せますか？」

「秘書の仕事はしたことがありませんが、英語は少し話せます」

「そう」と、彼女はぶっきらぼうに言いました。

「そうね、今は何もありません。三カ月か四カ月したらあるかもしれないけど。でも、あなたのスキルじゃ、とても無理だと思いますよ。出て行く時にドアを閉めていって下さい」

部屋を出ると、誰にも泣いているところを見られたくなかったので、私は建物の裏手の階段を駆け降りました。

その途中で、中年の男性がフランス語で私を呼び止めました。

「待って、ちょっと待って、お嬢さん。ちょっと……」

そのまま走り降りたかったのですが、立ち止まって大急ぎで涙を拭きました。

「はい、何でしょうか」

その男性は、私をまるで幽霊でも見るように見ました。

「ああ……。どうしてあなたはここにいるのですか？」

私は、彼が守衛を呼ぶのではないかと心配しました。

「仕事です。私は仕事を探しています」

「ああ、人事担当マネージャーに会ったのですか？」

階段での尋問は、私を落ち着かなくさせましたが、もう一度、丁寧に答えました。

「ええ、会いました。でも、何も仕事はないと言われました」

「ああ、そうですか」と、彼は名刺を取り出し、何か書いて私に手渡してくれました。

「明日の朝、これを門のところでお見せなさい。十時に僕のオフィスで待っていますよ。君に何か仕事があるかどうか見てみましょう」

何と言って良いかわかりませんでした。彼が階段を上っていくのを見送りながら、私は名刺を見つめました。そこにはこう書いてありました。

ピエール・メフ
スポークスマン　UNAMIR
国連ルワンダ救援援助計画

スポークスマンとは何なのか、私にはさっぱりわかりませんでしたが、何だか、重要な役のように聞こえました。それに、UNAMIRとは、戦争になる前に、より公平な政府をルワンダに作るのを援助するために設置された機関でした。

もしかしたら！　私もその一員になれるってことでしょうか！

次の朝、メフ氏に会った時、彼は、私を、戦争前に彼の下で働いていた若いルワンダ人の女性と間違えたのだと言いました。彼は、その女性をとても好きだったのですが、彼女は、虐殺の折に家族とともに殺されたのでした。

彼は、私に私の話をするようにと言いました。

「君は今、どんな収入があるのかね」

「私の……何ですって?」

「一月にいくら収入があるの?」

「何にも。ゼロです。それだから、私はここにいるんです」

「なるほど、よくわかった。それじゃ、私が何か仕事を探す手伝いをしよう。君の両親は、明らかに良い教育をしてきたようだ。

君には知っていてもらいたいんだが、孤児というのは君がそう望んだ時にだけなるものなんだよ。今日から、国連が君の家になる。そして、君は、お父さんに話すように私に何でも話すことが出来るんだ」

私は微笑みました。胸が痛くなりました。神様は本当に約束を果たしてくれているのです。私を見守ってくれる天使を送ることで。

「もちろん君は、いろんなテストを受けなきゃならないよ。でも、君の教育程度ならそんなに問題はないはずだ。タイプと英語の能力はどう?」

「タイプは打てません。英語は、トイレに隠れているあいだに独学で覚えたものです」

「なるほど。ということは、君は特急でそれをマスターする必要があるということだね」

メフ氏は、彼の秘書のジャンヌに紹介してくれ、その日一日、彼女がコンピューターの

使い方、メモのとり方、ファイリングなどについて教えてくれました。

私は、コンピューターのすべての機能とボタンについて記憶し、厚紙にそっくりその通りの絵を描き、三日間、毎晩徹夜して、その手描きのキーボードでタイプを練習しました。

きっと神様が私の指を動かして下さったのでしょう。四日目に国連のテストを良い成績でパスし、数日後には英語のテストにも合格しました。国連で働く能力ありと認められたのです。

私は、夢に見、イメージし、祈りました。そして今、それを手にしたのです。

書記という職業が何をするのかもわからないうちに、私は、国連のルワンダへの救援物資の輸送責任者になりました。重要な仕事でした。ほんの数カ月前には、小さなトイレの中にうずくまって生きるか死ぬかさえわからなかったとはとても思えませんでした。

私は、自分を、祈りと肯定的な考え方の証《あかし》だと思いました。

祈りと肯定的な考え方は、ほとんど同じことなのです。神様は肯定的な考え方の源です。そして、祈りは、それに触れる最良の方法です。

神様は、ここまで私を導き、一緒に歩いて下さいました。殺人者たちから救い、私の心を許しで満たし、英語を学ぶことを助け、安全なところに連れてきてくれ、新しい友情や、避難場所や食糧や家族を用意し、メフ氏を紹介して、夢に描いた仕事をくれました。

過去数カ月に私がどんな状況にあったにしても、神様は決して私のそばを離れませんで

した。私は決して一人ぼっちだったことはなかったのです。

新しい仕事は素敵でした。

国連には様々な国の人がいて、自分の国にいながら旅行をしているようでした。毎日毎日何か新しいことを学び、新しい人々に会い、英語に磨きをかけ、そして、神様の豊かな恵みに守られるばかりか、お給料までもらえるのです！

すぐに私は、叔母たちにいくらかお金を送ったり、アロイーズと子どもたちに感謝を込めて食べ物や新しい服を買ったりすることが出来るようになりました。

彼らは、私がもっとも必要としている時に、家と家族を与えてくれたのです。

でも、私は、そこを出る時が来たこともわかっていました。

十月始めまでに、フランス軍のキャンプから一緒だった八人の友人たちは、アロイーズのところから出て行きました。誰もが新しく変わり始めたのです。

一九五九年と一九七三年の虐殺の時に出て行った百万人以上のツチの難民たちが、世界じゅうから戻ってきました。子どもを連れ、孫を連れ、新しい文化や見知らぬ言葉とともに。

彼らは、この国の音や光景を変えていきました。

帰還者の数の百万は、ちょうど今度の虐殺で殺された人たちの数です。想像もつかない数です。そして、ツチが帰ると同時に、今度は復讐の殺戮を恐れたフツが、二百万人以上

もルワンダから脱出していきました。

彼らのほとんどは、どこかの国の難民キャンプにたどり着き、たくさんの人々が病気や栄養失調で死んでいきました。

両方の部族とも、虐殺の犠牲者なのです。そして、ルワンダ自身もそうなのでした。

いつの日かもっと学び、十分お金が出来たら、私は、悲しみに満ちたこの国を後にどこかに行ってしまいたいと思いました。

でも、今は、少しずつ変えていくしかありません。ルワンダでの生活は変わり始めています。そして、私も変わっていっているのです。

私は、神様に、新しい家を見つけることが出来るように頼みました。そして今度は、神様は、アロイーズの家のドアを開けたとたんに、祈りに答えてくれたのです。

ドアの外の階段に立っていたのは、私を探し出した喜びで泣き咽《むせ》んでいる、私の親友だったルームメイトのサラでした。

彼女は私をようやく探し出すことが出来たのです。私たちは、声を上げ、抱き合いました。そして、大泣きに泣きながら、何時間もそれまでのことを話しました。

あの夜、私たちの弟、オーグスティーヌとヴィアネイをどんな風に牧師の家から送り出したか、彼らがどんな風に死んだのかを話しながら、私の胸は張り裂けそうでした。

私たちは、愛していた男の子たちのために、そして他の家族たちのために泣きました。

サラはその誰もを知っていて、とても愛してくれていたのです。

「あなたは、私の家族を自分の家族だと思ってね」と、サラが言いました。「私たちと一緒に住みましょう。私たち、また姉妹になるのよ」

サラは私にとって特別でした。私はその日のうちに荷物をまとめて、彼女の両親の家に移りました。

サラの家は、そこからほんの五分ほどのところにあったので、アロイーズも反対はしませんでした。その代わりしょっちゅうたずねて来ると、私は約束しました。

私にとって、サラの家ほど平和で愛情あふれた家はありませんでした。

彼女の年取った両親は、結婚してもう五十五年にもなるのですが、いまだに、まるで十代の少年と少女のように、おたがいにからかい合ったり褒め合ったりしているのでした。

彼らは熱心なキリスト教徒でした。毎朝教会に行き、夕方には夕べの祈りを欠かしませんでした。私が、再び神様との親密な関係を作りなおすのに、これほどふさわしいところはありません。家族を悼《いた》み、自分自身が癒されるための場所としても。

サラの家にいるうちに、私は少しずつ強くなり、それまでの出来事を書き記すことが出来るようになりました。

兄のエマーブルに、何が起きたのかを伝える時が来たのです。

彼はいまだにセネガルにいて、きっと私が生きていることさえ知らずにいるのです。

私は、辛くてそれを一日延ばしにしていたのでした。もちろん、郵便が届かなかったこともありますが、もし言葉でそれを表さなければ、それは実際に起こらなかったことになるのではないかという思いもありました。

でも、すべては、実際に起こったことなのです。現実なのです。

私は、やっとそれを受け入れ始めたのです。

私は、テーブルの上に父のロザリオを置いて書き始めました。


愛するエマーブル、これは、私のこれまでの人生で書いた一番悲しい手紙です。

そして、あなたにとっても、一番悲しい手紙になるでしょう。

第23章　死者を葬る

「ご両親はどこに住んでいますか？」

国連で働くようになって数カ月たった時、私はこう聞かれました。

「彼らはもう生きてはいません、私の心の中以外には。彼らは、あの大虐殺で殺されました」

国連で働くほとんどの人々は、国外から来ていました。そして、皆私の家族に何が起きたかを知ると、私一人がどんな風にして生き残ったのかに非常に興味を持ちました。

「なんて気の毒な」。今も一人の人が私に向かって言いました。「知らなかった」

彼の名前は、ゲイ大佐。国連平和維持軍の仕事で派遣されたセネガルの将校でした。

私は大佐にどうぞご心配なくと言いました。そして、まだ叔母たちと叔父がふるさとのキブエに生きていると。

「ああ、キブエ、あそこには、私の兵隊が何人か駐屯しているよ」と、彼が言いました。

「もし君が親戚を訪ねたいと言うのであれば、喜んで乗せて行ってあげよう。君の護衛は僕自身でするからね。友達も一緒でも大丈夫だよ」

すばらしい申し出でした。この国を旅行するのは、いまだに難しいだけでなく危険だったのですから。

二週間後に、サラと私はヘリコプターに乗り込み、緑滴《したた》るルワンダの丘の上を飛んでいました。しっかりとおたがいの腕にしがみつき、興奮して笑い合いながら。

二人ともそれまでに空を飛んだことなどなかったので、大佐が乗せてくれると言った時には、ヘリコプターのことだとはまったく思いませんでした。

私の美しい国を見下ろしていると、ここで虐殺があったなどとは信じられませんでした。どんなに何度も何度も、あの暗い日々に私は願ったことでしょう。鳥に生まれてくれば良かったと。どんなに何度も、あの小さなトイレから鳥になって飛び立ち、あの無慈悲な恐怖から逃げ出したいと思ったことでしょう。

そして、今、私は空を飛んでいるのです。あの恐ろしい出来事のあった場所にもう一度戻るために。

マタバからキガリまで、私にとっては一生ほど長い時間に感じました。でも、たったの三十分でそこに戻ったのです。

エマーブルがここに一緒にいたらと思わずにはいられませんでした。

私がやっと彼の返事をもらうまでには数週間もかかりました。

兄は、私が生きているのを知って言葉に尽くせないほど嬉しいと書いてきました。

彼は虐殺のあいだじゅうニュースを聞きながら、もう家族全部が死んでいるにちがいないとあきらめていたのでした。ルワンダのほとんどのツチのように。

虐殺のあいだ、この国に帰ってくることは殺されることでした。その上彼は学生で、何も収入がなく、三千マイル離れたセネガルにいたのです。飛行機代だけでも二千アメリカドルしました。想像を絶する金額です。

彼に奨学金を出しているヨーロッパの組織は、彼がルワンダに帰るお金を出すのを拒否しました。そこは、いまだに紛争地域であり、危険すぎると言って。

兄は、学校を辞めて、帰ってきて私と一緒に住むことを望んだのですが、私は、母と父の魂に報いる一番良い方法は、良い成績で学校を卒業することだと彼に言いました。

私たちは、毎週手紙を書き、将来訪問し合えるようにお金を貯めることを約束しました。


ヘリコプターが着陸した後、ゲイ大佐は、兵士たちのキャンプに私たちを連れて行き、トラオレという若い兵士にゆだねました。

彼は、私たちを誰彼かまわず、大佐の娘たちだと紹介しました。

前に軍の施設にいた時と違って、ここでは、サラと私は一部屋を与えられました。眠るためのベッド、美味しい食事、そして、すべての兵士たちから大切に扱われました。

私たちは、彼らが伝統的なセネガルの歌を歌うのを聞いたり、おたがいに冗談を言い合

ったりして夜遅い時間まで起きていました。

サラは、歓迎され、安全だと感じ、私はふるさとに戻れたことで幸せでした。

翌日、私たちは、私の村まで五マイル歩くつもりだったのですが、トラオレ大尉が、心配だからと武装した護衛をつけてくれました。それは、二十人以上の兵士と、五台の武装した車を意味するのです。

たしかに、虐殺は終わりましたが、この国にはまだ敵意が渦巻いていて、あちこちで殺戮は後を絶ちませんでした。

この村であんなに長くすくみあがって生きていたことを考えると、頭を上げて堂々と帰ることが出来るのはなんて嬉しいことでしょう。

でも、子ども時代から見慣れた空の下に入った時、私は急激に深い悲しみに襲われ、すすり泣き始めました。兄弟たちとしょっちゅう歩いた道や、今では廃校になってしまった母の学校、朝、父についてキヴ湖に泳ぎに行った道……。

サラは私の体に腕を回して抱きしめていてくれました。でも、悲しみはおさえようもなく、どんなにしても慰められはしませんでした。

そして私は、閉められた窓や閉じた門の向こうの暗がりから私たちをそっと窺《うかが》っている顔に気づきました。過激派のフツで、私の部族の人をたくさん殺した人々でした。

ほとんどのツチの家は焼かれてしまったので、今、そのまま建っている家を持っている

のはそうした人だけなのでした。

そして、私たちは、両親の家に着きました。

そこは、完全に破壊されていました。屋根はなく、窓もなく、ドアもありませんでした。わずかに壁の一部が、焦土と化した地面を見下ろしていました。そこで、殺人者たちが虐殺を準備している時に、必死にラジオを聴きながら何日も過ごしたのです。

私は、骨組みだけになったからっぽの部屋を回りました。壊れた家具や、焼かれた服はありませんでした。明らかに私たちの持ち物は家が破壊される前に盗まれたのでした。かろうじて生き残った近所のツチの人々が、私たちが軍に護衛されているのを見て、出てきました。

彼らは、私が隠れているあいだに起こった恐ろしい出来事を伝えてくれました。どのようにして母が殺されたか、どこに彼女のなきがらが葬られたか。

ダマシーンの友達が、私を土が少し盛りあがったところに連れて行ってくれました。そこに彼らは大急ぎでダマシーンを埋めたのでした。

私たちの家の手伝いだったカルブは、愛する兄の処刑を目撃していて、一部始終を教えてくれました。

胸の張り裂けるような血だらけの恐ろしい顛末《てんまつ》は、私には耐え難いものでした。

私はようやく立ち直りかけているところでした。でもまた今、恐ろしい現実の猛攻撃に

大虐殺の時に破壊され、廃墟となった私たちの家。

あって私の傷口はこじ開けられたのでした。

私は、近所の人と兵士たちにどうか母と兄のために、ちゃんとした埋葬をするのを手伝って欲しいと頼もうとしたのですが、声が出ませんでした。喉に塊《かたまり》がつかえて、声が出るのをさえぎっているのです。私は、キャンプに連れて帰って欲しいと手で知らせました。

家から帰る時、母とダマシーンが埋められたあたりを通りました。

口の中いっぱいに、憎しみの苦い、醜い味が広がるのを感じました。

帰り道でも、私は、私たちをこっそり窺っている顔を見ました。私には、彼らの手が血で汚れているのがわかります。彼らの近所の人々の血、私の家族の血で。

マタバにガソリンを撒き散らし、マッチで火をつけ、全部灰にしてしまって欲しいと兵士たちに頼みたいと思いました。

私は、帰るやいなや、誰とも口をきかずにベッドにもぐりこみました。

これまで、許すことでどんなに戦ってきたことでしょう。

でも今は、すべて誤魔化しだとわかりました。私の中には、寛大な心などこれっぽっちも残ってはいないのです。

廃墟になった我が家を見、寂しくうち捨てられた愛する人たちのお墓を訪ねたことが、許そうとする私の心を窒息させてしまいました。

近所の人たちが、家族の残酷な殺戮の物語を耳元でささやいた時、私の中でとうに消えていたと思っていた憎しみの感情が、心の奥底から勢いよく吹き上がってきたのでした。

私の心は復讐に燃え、怒りで荒れ狂っていました。

この血まみれのけだものたち！　あいつらはけだものだわ！　けだもの、けだもの！

私は眠れずに悶々としました。また悪魔が誘惑しているのです。何とか私を神様から引き離そうとしているのです。

その夜ほど一人ぼっちだと感じたことはありませんでした。

神様こそ私の真実の友です。私が考えていることがきっと彼を苦しめているにちがいないという思いが、私を苦しめました。私はベッドから転がり落ちるとひざまずいて祈りま

した。

「私の悪魔の考えをお許し下さい。神様。どうか、あなたがこれまでにして下さったように、私からこの苦しみを取り除き、心を清めて下さい。あなたの愛と許しの力で私を満たして下さい。あの人たちもまたあなたの子どもたちです。どうぞ、彼らを許すことが出来るよう、私を助けて下さい。ああ、神様、私に彼らを愛させて下さい」

突然、すがすがしい空気が私の肺に流れ込み、私はほっとしてため息をつきました。そして、私の頭は枕に沈み込み、また、心が静まってきました。

ええ、もちろん、私は悲しかったのです。たとえようもなく悲しかったのです。でも、私はその悲しみに私自身をゆだね、それが、清らかで、憎しみに染まっていないことに気づきました。死ぬほど家族が恋しかったのですが、怒りは消えていました。

私の家族を傷つけた人々は、もっと自分たち自身を傷つけているのです。

人の道に外れ、神様に反する犯罪のために彼らが裁かれることは間違いありません。すでに国連では、国際戦争法廷の設置が進められています。この人たちはその責任を問われるのです。

私はまた、神様に許しを乞いました。憎しみは、油断をすればいつでも表面に浮き上がってこようと待ち構えています。私は、私の心がいつも怒りを感じ、誰かを責め、憎むよう誘惑されているのを知っています。でも、いつも直ちに真実の力の源に方向転換しま

す。神に向かい、その愛と許しが私を守り、救ってくれるように。

私が頭を上げた時、すでに月は昇っていました。兵士たちが笑ったり歌ったりしているのが聞こえました。外に出ました。サラと目が合い、微笑み合いました。それから、私はそこにいる皆に微笑みかけました。

兵士たちはパーティをしていたのですが、私が一緒になってそこに幸せそうにしているのを見て驚いていました。

彼らは一晩じゅう踊りました。サラと私は、彼らに声援を送りました。

翌日、私は大尉に、もう一度村に連れて行ってくれないかと頼みました。母と兄をきちんと埋葬するために。

彼は前の日の私の反応を気遣って、本当にそれに耐えられるかどうかと聞いてから、もう一度軍の護衛を出して私を村に連れて行ってくれました。

道すがら、私は、ジャンヌ叔母さんとエスペランス叔母さんのところに立ち寄りました。彼女たちは、私の昔の家の近くに住んでいました。彼女たちに会ったのは、フランス軍のキャンプを彼女たちが出て行って以来でした。

それは感動的な再会でしたが、私は、自分がやらなければならない厳粛《げんしゅく》な義務のことを考え続けていました。

私は、誰か、母とダマシーンに最後のお別れをしたい人はいないかと聞きました。その村で虐殺を生き延びたツチの人々は全員出てきました。そして、フツで仲の良かった人々も参加しました。古い友人のカイタレが二つの棺を、誰かがシャベルを、誰かが聖書を持ってきました。私たちは皆一緒に、二人の体を掘り出しました。

まず、ダマシーン……。近所の人たちは、私のまわりに垣根を作り、彼の残された体を私の目に触れさせないようにしようとして、そっと私を押しやりました。

私は、彼らを押し戻しました。「彼は私の兄です。私は、どうしても見なければ……」

自分の目で見ないうちは、彼が死んだことが本当だと思えないとわかっていました。

そして、シャベルが骨に当たる音が聞こえ……。私は彼を見ました。

彼のあばら骨……。初めに目に飛び込んできたのは、彼が何も着ていなかったということでした。殺人者たちがどんな風に彼の尊厳を奪い取ったかを思い出しました。

「見ちゃだめ」とエスペランスが言いました。

でも、私は見なければならないのです。私は、彼の肋骨を見ました。その他には何もないのです。彼らは、手も頭も切り刻んだのです。

ああ、神様、あのやさしかったダマシーンが……。彼が何をしたというのでしょう。

私は、動物がすすり泣くように泣き崩れました。

誰かが、穴の中にかがみこみ、立ち上がると、私の方に近づいてきました。その手に

は、兄の頭蓋骨がありました。あごの骨は、皮膚を破って突き出ていました。彼の歯には見覚えがありました。あのすばらしい笑顔の名残です。それは今ねじ曲がった気味の悪い笑い方で、私を見つめています。

「ああ、ああ、ダマシーン、なんて……、ひどい……。マリア様、聖母様」

地面が急に私に迫ってきました。頭が石にぶつかり、目の前が真っ暗になりました。

私は、気を失うとは思っていませんでしたが、兄の死が現実だと思った時、世界からすべての酸素がなくなったかのように感じられました。

親戚や近所の人たちが、私を抱えあげました。私たちは、ダマシーンの体の残りを棺に納め、今度は、母の所に行きました。人々は、私に見てはいけないと強く言いました。きっと腐敗していて、耐えられないにちがいないと。

私の苦痛は限界に達していました。どんなに強く心を持ったとしても、母の死体を見ることは、そんなにも愛していたものにとっては耐えられないと思ったので、今度は彼女の死体を見ないで埋めてもらうことにしました。

その代わりに、私は彼女が生きている時のままで思い出すことが出来ます。彼女は、永遠に、私の心の中に、そして夢の中に生きるのです。

誰かが、母の棺に釘を打ちつけた時、私は、私の友人たちと親戚の顔を見ました。人生が壊れたのを映し出している壊れた顔。

そこには、私のいとこがいました。彼女は、三人の息子たちが目の前で殺されるのを無理に見させられていました。叔父のポールは、意思が強いので有名でしたが、最愛の妻と七人の子どもたちを殺されて、まるで抜け殻のようになっています。そして叔母たち。彼女たちの夫は死に、子どもたちは治る見込みのない病気にかかっています。

私たちは皆、村全体を襲ったたとえようのない悲しみに打ちひしがれていました。

私のまわりに集まった人々は、私よりもっと多くを失っていました。信仰も失い、そのために希望も失っていたのです。

私は母とダマシーンの棺を見つめながら、父とヴィアネイのことを思いました。彼らの体を私は決して見つけることはできないでしょう。

そして神に感謝しました。私はすべてを失ったかもしれませんが、信仰を保ち続けることが出来ました。それが私を強くしてくれたのです。それはまた、私を慰め、私にこの人生は、いまだに生きる価値があるのだと思わせてくれたのです。

「これをどこに埋めよう、どこに埋めたら良いだろう」と、ポール叔父さんが聞きました。泣きながら生木の松の棺を手でなでさすっています。

「家に。うちに連れて行って、あそこに埋めましょう、そこで静かに眠れるように」

私たちは、母と兄の死体を廃墟になったわが家に運び、一つの部屋の真ん中に大きな墓を掘りました。そこでは、かつて、愛と笑いがこだましていたのです。

村には一人も牧師は残っていなかったので、私たち自身で儀式を行いました。母が好きだった賛美歌を歌い、祈りを唱え、神様に、どうか私の家族をおそばにおいて、その美しい魂を天国で見守って下さいと頼み、そうして、別れを告げました。

「もう、帰る時だわ、サラ、キガリに帰る時だわ」と、私は親友にささやきました。私の心の姉妹、サラが、私を受け入れ、新しい家族を与えてくれたのです。

私たちは雲の中にいました。村の上高く、私たちの人生に色濃く残る悲しみのかなたに。

あまりに高く飛んだので、私は、神様のお顔に触れることが出来るほどだとさえ思いました。

第24章　生きている人を許す

家族がこれでやすらかに眠ることが出来るとわかっても、彼らを失った悲しみが和らぐことはありませんでした。また、彼らがどんな風に殺されたかを思い出すたびに、私の心をわしづかみにする鋭い悲しみを振り払うことも出来ませんでした。

毎晩、私は祈りました。この苦悩から解放されますようにと。私の眠りの中にもぐりこみ、日中も私を悩ませる悪夢から解放されますようにと。

それにはしばらく時間がかかりましたが、いつものように、神様は私の祈りに答え、それまでに見たこともないような夢を送ってくれたのでした。

私は、ヘリコプターに乗って、両親の家の上空を飛んでいます。でも、私は、黒い雲の中に捕まっています。父と母とダマシーンとヴィアネイが私よりはるか上にいるのが見えます。空の中に立ち、暖かい白い光を浴びて、静かに輝いています。

その光はだんだん強くなり、広がっていき、ついに私を取り囲んでいた黒い雲を呑み込んでしまい、そして、突然、私は私の家族と一緒にいたのです。

その夢はあんまり生き生きしていたので、私は、手を伸ばして彼らの皮膚の温かさを感

じることが出来るほどでした。私はあまり嬉しかったので、空で踊ってしまいました。

ダマシーンは、パリッとした白いシャツと紺のズボンを履き、喜びに満ちた輝くような笑顔を見せていました。

母と父とヴィアネイがその後ろに立って、手をつなぎ合い、私に光を投げかけています。

「やあ、イマキュレー、僕たちが君をまだ幸せに出来るのを見るのは嬉しいよ」と、私の愛する兄は言いました。

「君は、随分長いあいだ苦しんだね。でももう、涙と別れる時だ。僕たちがどんなにすばらしいところにいるか見てごらんよ。ごらん、どんなに幸せでいるかわかるだろう。

もし君が、僕たちがいまだに苦しんでいると思っているとしたら、それは、そこから抜け出した苦痛の中に僕たちをまた追い戻すことになるんだよ。君が僕たちをどんなに恋しがっているかわかっているよ。でも、僕たちがまた苦しむのは嫌だろう？」

「ええ、もちろんよ、ダマシーン！」と、私は叫びました。喜びの涙があふれました。

「ここに帰ってきちゃだめ！　そこにいて、私を待っていてね。私もきっと行くから。神様が私におさせになろうとしていることが終わったら、私もきっとそこに行くわ」

「ここで君を待っているよ、僕の大事な妹。さあ、君の心を癒すんだ。君は、僕たちの人生を変えてしまった人々を愛し、許さなければならない」

私の家族は、ゆっくりと空の中へ、そして天国へと消えていきました。

私は、そのまま上空に浮かんでいましたが、まわりの黒い雲は消え、ヘリコプターもありませんでした。私は鳥のように村の上を飛び、牧師の家やフランス軍キャンプの上を飛び、美しい私の国の森や川や滝の上を飛んでいました。私はルワンダの上を飛んでいたのです。私は、悲しみや重力から解放されて、幸せに心から湧き上がる喜びの歌を歌い始めました。「ムワミ　シムルワ」という歌で、それはキニヤルワンダ語で、「神に感謝を。私たちの理解を超える愛のために」という意味でした。

私の歌う声は、家じゅうを起こしてしまいました。真夜中だったのです。サラのお母さんが、走ってきました。私が病気になって、熱に浮かされ、うわごとを言っているのかと思ったのです。その夜以来、私の涙は乾き始め、私の痛みは和らいでいきました。

彼らを恋しくは思っても、彼らの運命について心を痛めることはなくなりました。

神様は、私に、彼らがすべての苦しみを超えたところにいることを、そして、もう一度村に帰らなければならないことを示して下さったのです。

数週間後、ゲイ大佐はまた私を村に連れ帰ってくれました。今度は車で。

子ども時代に慣れ親しんだ景色を見ても、もう私は泣きませんでした。かえって、思い出される温かい思い出に心が元気づけられました。

私は、友人たちと母のバナナ畑や父の山あいのコーヒー園を歩きました。

叔母たちに、もし外に出ても大丈夫なら、収穫して生活の足しにするように話しました。ジャンヌ叔母さんは、心配しないようにと私に言いました。銃を手に入れて、どのように撃ったらいいか習っていたのです。

「今度は、もう大丈夫よ」と、彼女は言いました。

今度は……。私は、重いため息と一緒に聞きました。

そして、昔の家に母とダマシーンを訪ね、墓にひざまずいて、最後に会ってからの出来事を彼らに話しました。国連での仕事のことや将来どうしたいと思っているかを。どんなに彼らの顔を見、声を聞きたかったことでしょう。

私は泣きました。でも、その涙は悲しみではなく、解放の涙でした。

その午後遅く、私は刑務所に着きました。新しいキブエの地方長官のセマナが出迎えてくれました。セマナは虐殺の前には学校の先生で、父の同僚であり、友人で、私には叔父さんのような存在でした。

彼の六人の子どものうち四人は殺されていました。私は彼に、きっと子どもたちは神様と一緒にいると信じるようにと話しました。

「どんなにこの世界は変わってしまったことだろう。今では、子どもたちが親を慰めてくれるのだから」と、彼は、悲しげに言いました。

地方長官として、セマナはこの地域を恐怖に陥《おとしい》れた殺人者たちを逮捕し拘留する権限を持ち、何百人ものインテラハムエを尋問し、どの殺人者が誰を殺したかを知っていました。

「君は、お母さんとダマシーンを殺したギャングどもの親玉に会うつもりなんだね」

「ええ、その通りです」

私は、部屋の窓から、彼が庭を横切って留置場へと歩いて行き、また戻ってくるのをじっと見つめていました。だらしのない格好の、片足を引きずった老人を引きたてながら。

彼らが近づいてくるのを見た時、私は飛び上がりました。すぐに誰だかわかったのです。フェリシアン。フツの成功した実業家で、私は小学校の時に彼の子どもたちとよく遊びました。背が高くハンサムで、いつも高価なスーツに身を包み、礼儀正しい紳士でした。

私は身震いしました。牧師の家で殺人者たちが私の名前を呼んで探し回っていた時の声が彼のものだったと気づいたのです。フェリシアンが私を探し回っていたのです。

セマナはフェリシアンを部屋の中に押し込みました。彼はよろめいてひざをつきました。

顔を上げ、そこにいるのが私だと気づいた時、彼の顔から血の気が失せました。彼は慌てて目をそらすと、床をじっと見つめました。

「立て、フツ」とセマナは叫ぶと、長靴の先でフェリシアンを蹴飛ばしました。

「立て！　立ってこの子に、何で彼女の家族が死んだのか説明するんだ。何でお前が彼女のお母さんを殺し、彼女のお兄さんをなぶり殺したのか言うんだ。立て！　立てと言った

んだ。立って彼女に言うんだ！」

セマナはフェリシアンをもっと強く蹴りました。でも、老人は、ただうずくまりひざをついたままでした。立って私の顔を見ることが出来ずに。

汚れた服はぼろぼろで、衰弱したからだからぶら下がり、肌には血の気がなく腫れあがり、その目には膜がかかり、つぶれていました。かつてあんなにハンサムだった顔は、汚れてもしゃもしゃのひげに隠れ、裸足の足は、口の開いたみみずばれで覆われていました。

そのあまりの変わりように私は泣いてしまいました。

フェリシアンは悪魔を心に呼び込んだのです。そして、それは、魂の癌のように彼の人生を蝕《むしば》んだのです。彼は今、彼の犠牲者たちの犠牲者です。苦悩と後悔の中で生きることを定められたのです。私は、彼が可哀相でならなくなりました。

「こいつは、君の両親の家を奪い、君の家族の農園を奪ったんだ。イマキュレー。君のお父さんの農場の機械は彼の家にあったんだよ。え、そうじゃなかったかね？」

セマナはフェリシアンに向かって怒鳴りました。「ローズとダマシーンを殺した後、こいつは君を探し続けた。君が死ねば何もかも彼のものになるんだから。そうなんだろ、この豚やろう！」。セマナはもう一度叫ぶと、フェリシアンの肋骨を蹴り上げました。

私は、後ずさりしました。無意識にあえいでいました。

セマナは私を見ました。私の反応に驚き、私の顔を流れる涙に困惑しているようでした。

彼は、フェリシアンのシャツの襟を握って私の足元に引きずってきました。

「え、彼女に一体何て言うんだ！　イマキュレーに何て言えば良いんだ！」

フェリシアンは泣き出しました。彼がどんな気持ちかが伝わってきました。

一瞬、彼は私を見上げました。私たちの目が合いました。

私は、一歩進み出て、彼の手に軽く触れました。そして、そのことを言うためにここまで来たそのことを、静かに言いました。

「あなたを許します」

たちどころに、私の心は和みました。フェリシアンの肩から力が抜けていくのがわかりました。

セマナは、彼をドアから押し出し、庭に追いやりました。二人の兵隊が、フェリシアンの腕をつかんで、独房に引っぱっていきました。

セマナは私の方を振り向きました。激怒していました。

「どういうことなんだ！　イマキュレー。あいつは、君の家族を殺した奴なんだぞ。あいつに尋問するためにここに引っぱってきた。もし君が望めばつばを吐きかけてやれるように。それを、許すだと！　どうしてそんなことが出来るんだ。何で許したりするんだ」

私は答えました。

「許ししか私には彼に与えるものはないのです」

エピローグ　新しい愛、新しい人生

傷ついた心が癒えるには、どれほどの時が必要なのかを知るのは不可能です。

私は、恵まれていました。神様の助けを借りて、二年後には人を愛することが出来るほどに強くなれたのです。それまでは、私は、静かな深く考える人生を送っていました。

私は引き続き、国連で働き、サラの家族と一緒に住み、時間があればキガリの孤児院でボランティアをしました。何十人もの、心に傷を負い、一人ぼっちで放り出された孤児たちのお姉さんになったのです。

私は、フランス軍のキャンプで出会った兄弟たちを探していましたが、結局、見つけることは出来ませんでした。でも、愛情を求めている子どもたちはいくらでもいました。

一九九五年の末、ついに私は、エマーブルと再会しました。彼の奨学金を出している団体が、ルワンダがやっと旅行しても大丈夫になったので、飛行機の切符を買ってくれたのです。

私たちは、しょっちゅう手紙をやり取りし、何回か電話でも話していましたが、実際に顔を合わせるには、まだ心の準備が出来ていませんでした。

私は、飛行場での再会を決して忘れられません。二人ともぎこちなくこわごわと振舞っていました。私は彼の痛みを気遣い、彼は私のそれを気遣い、おたがいの目も見られませんでした。もし泣き出してしまったら、決してもうとめられないのではないかと怖かったのです。

兄と私は、私の数人の友人たちと一緒にレストランに入りました。そして、夕食のあいだじゅう、彼の勉強と私の仕事について話し、友人の冗談に笑ったりしました。

でも、その夜遅く、一人でベッドに横になりながら、私は声を立てて泣きました。きっと彼もそうだったと思います。

翌日は、もう少し楽になりました。私たちはとてもおたがいに愛し合っていたので、一緒にいることは大きな慰めでした。見つめ合う時は、家族が思い出されて辛かったのですが、私は、痛みを受け止められるほど強くなったと話したいと思いました。そして、彼を慰めたいと。でも、心のどこかでは、それは出来ないと感じてもいました。

二人とも何も言いませんでしたが、何が家族に起こったかを話さないと決めたのです。私たちは、皆のことを名前で呼び、まるで今も生きているかのように話しました。そうしなければ、とても耐えられなかったのです。

それからの二年間は、手紙と電話で連絡を取り合いました。その後、エマーブルが獣医として卒業し、キガリに戻ってきてからもそんな風でした。

私たちは、毎日会っていましたが、虐殺について話す時は、ごく一般的なことのように話しました。まるで誰か他の人に起こったことのように。

彼が、マタバの母とダマシーンの墓を訪れた時も、私を誘いはしませんでした。

エマーブルは、今もキガリに住んでいます。成功した獣医師として。可愛い奥さんと子どももいます。

私たちは心から愛し合っていますし、とても仲が良く、しょっちゅう話し合い、一週に一度は手紙のやり取りもしますが、十年以上たった今でも、家族のことを過去形で話すことはありません。

それが、私たちが彼らの思い出を生き生きと保つやり方なのです。


私は、夕方はほとんど近くのジェズイットセンターで、祈りと瞑想に没頭して過ごしました。再び、神様との強い親密な絆を経験したのは、そうした静かな環境の中でした。

それは、あの隠れていた長い月日を通して私を救ってくれたものでした。

私の心が少しずつ回復するにつれて、私は、私の人生を分かち合う特別な誰かを夢見るようになっていました。大切に思い、愛する自分自身の家族が欲しくなったのです。

でも、私は、ジョンとの経験から、壊れやすい心がまた行き場を失って痛みに満ちて終わるような関係に支配されるのを怖がっていました。

そこで、何か挑戦が必要な時、いつでもそうしたように、神様に尋ねました。天国で約束された結婚をするためには、彼ほどふさわしい仲人がいるでしょうか。聖書は、私たちに、「求めよ、さらば与えられん」と教えています。それこそ、これまで私がやってきたことです。

私は、神様に、私の夢の男性に会わせて下さるように頼み、その男性に対して、はっきりしたイメージを持ちたいと思ったので、一枚の紙に、その顔を描きました。

それから、身長や他の身体的な特徴、強い信念を持った性格、温かい人柄、親切で愛情深く、やさしく、その上ユーモアのセンスがあって、強い道徳心がある人と、書き入れました。私をありのままで愛してくれ、私と同じように子どもが大好きで、そして、何よりも、神様を愛する人。

民族、国籍、肌の色には制限を付けませんでした。期限は地球上には六十億以上の人々がいるのですから、六カ月ぐらいが妥当なところだろうかと思っていました。

ただ一つ。ロザリオと聖母を心から敬愛していたので、出来ればカトリックの人をと頼みました。宗教のことで結婚がうまくいかなくならないように、夫には私と同じように神様に向かって欲しいと思ったのです。

何を求めているかがはっきりしたので、私はイメージを思い浮かべるようになりました。すでにそれは、こちらに向かってやってきつつあると信じたのです。すべては神様の手

にあり、願いを聞いて下さるのは時間の問題だとわかっていました。

そして、父の白と赤のロザリオを取り出し、夫が少しでも早く現われることを祈りました。

三カ月後、それは実現しました。

ブライアン・ブラック。神様に送られ、国連によってアメリカからやってきたのです。皮肉なことに、ブライアンは、この国に、ルワンダ戦争犯罪法廷を設置する手助けをするために来たのでした。国連の法廷が、虐殺を計画した責任者たちを裁くのです。ブライアンは、国連のために長年働いていました。そして、殺人者たちに正義を下す仕事に情熱を注いでいました。

国連の本部ではじめてブライアンを見た時、私は、彼が、神様に送って下さいと頼んだ人とまったく同じだと思いました。そして、彼とすれ違った時、目の中に深いやさしさを見て、この人こそ、神様が送ってくれた人だと直感しました。

それでも私は、神様がブライアンを私のところに寄こしてくれるまで待っていました。

その通り、ブライアンは私にデートを申し込みました。何と楽しかったことでしょう。

その夜の終わりには、私たちは完璧にうまくいくと思いました。彼こそ、これからの人生を一緒に過ごす人だと。ただし……。彼がカトリックならば……。

私は勇気を出してその大事な質問をしました。

「あなたの宗教はなあに？」

「僕はカトリック」

私は、飛び上がって彼の腕をつかみこう叫びたいと思いました。

「神に栄光あれ！　私の人生にようこそ！　ここそあなたがいるべきところなのよ」

でも、彼がおびえてしまってはいけないので、彼の手をやさしくとって、微笑み、そして言いました。「私もそうよ」

私は、虐殺の時期に経験したことを話して彼の心を重くしたくはなかったのですが、それでも、私の心が沈んだ時には、彼はじっと聞いてくれ、肩の上で泣かせてくれました。


二年後、ブライアンと私は、伝統的なルワンダのやり方で結婚しました。

そして、それからすぐ、一九九八年にアメリカに移りました。

私たちは、愛し合い、助け合い、すばらしい結婚生活を送っています。二人の美しい子どもたちにも恵まれました。娘のニケイシャと、息子のブライアン・ジュニアです。

毎朝、二人の天使たちに会うたびに、私は、彼らの顔に神様の美と力を見ます。

神様が与えて下さったすべてのすばらしい贈り物にはどんなに感謝してもしきれません。

神様は、毎日、様々な形で私の人生の一部になっています。私を支えてくれ、守ってく

れ、満たしてくれ、善き妻にしてくれ、善き母にしてくれ、善き人にしてくれます。

そして、仕事の上でも私を助けてくれます。

子どもたちが生まれた後、私は、仕事を再開したいと思いました。

でも、ニューヨークで良い仕事を見つけるのは、虐殺の後のキガリでよりもいっそう難しいのでした。あまりにも仕事は少なく、あまりにも人が多いのです。

私は神様にどうぞお導き下さいと祈り、仕事を探し始めました。マンハッタンの国連で。ひとたび、どこで仕事をしたいかが決まったら、すでにそこで仕事をしているかのようにイメージしました。いつもやっているポジティブ・シンキングの手法です。

信じること。そして受け取ること。

私は国連のホームページから、そこで働く人の名前と肩書きを書いたページをプリントし、そこに私の名前を加えました。その上に、私自身の内線電話まで。そして、そのリストを壁に貼り、毎日それを眺めました。

私はまた、申し込み用紙に書き込んで、履歴書を提出し、フォローの電話もしました。

そうしている人は私のほかに少なくとも千人はいるでしょうが、私は、その仕事は私のものだと信じながら、リストを見続け、電話が鳴るまで祈り続けました。

そして……。特別の近道をさせてもらったのでしょう。一回の面接の後、仕事を提供されたのです。

神様の仕事振りにはいつも本当に驚かされてしまいます。

神様が私の魂を救い、命を助けてくれたのには、きっと意味があるのでしょう。

私が私の話を他の人に話すように、そして、愛と許しがもたらす癒しの力のことを可能な限りたくさんの人に話すようにと。

私が助けなければならない人たちはたくさんいます。

私はできる限りしょっちゅうルワンダに戻り、虐殺を生き延びた人たちが立ち直るための手助けをしたいと思っています。とりわけ、親を失った子どもたちを。

私は今、虐殺の犠牲者たちとすべての戦争の犠牲者たちのからだと心と魂を癒すための基金を設けようとしています。


神様のメッセージは国境を越えて広がっています。

世界じゅうの誰でも、自分たちを傷つけた人たちを許すことを学ぶことが出来ます。

その傷がどんなに大きくても。このことの真実を私は毎日見ています。

たとえば、最近、私は、一人の友人に私の話をしたのですが、数日後、彼女は電話をしてきて、私の話を聞いたことで、長いあいだ、親しかったのにずっと話していなかった叔父さんに連絡を取る気になったと言いました。

「私たち、大喧嘩をしていたの。あんまり腹が立ったので、もう決して二度と彼とは口を

きかないと誓ったのよ。でも、あなたがどんな風にあなたの家族を殺した人々を許したかを聞いて、彼に電話したの。謝って欲しいとは言わなかった。私の心を開いてただ許したのよ。すぐに私たち、昔のように話せたわ。そんなに何年も無駄にしたことが信じられなかったわ」

同じように、虐殺の生き残りで、家族を殺された人がルワンダから電話をしてきました。泣きながら、私がどんな風にして殺人者たちを許すことが出来たのかを話して欲しいと。

「あいつらを許すなんて信じられなかったわ、イマキュレー。この十一年、私は、心をいっぱいにしている苦悩で殺されそうなの。長いあいだ、本当に辛かった。もう生きる元気もないくらいに。

でも、私、皆があなたのことを話しているのを聞いたんです。どんな風にあなたの家族を殺した人々を許し、そして、新しい人生を歩き始めたか。今では幸せで、結婚もし、夫と子どもたちに囲まれて、仕事もしていて。

私は、どうしたら憎しみを手放すことが出来るのかを知る必要があるの。もう一度生きる必要があるんです」

私は、彼女に、どんな風に神様に信頼を寄せたかを話しました。どんな風に許し、前進することが出来たかを。この本の中に私が書いたすべてを。

彼女はその後、神様に、殺人者を許すことを助けてくれるように願ったと言いました。

そして、一人のアトランタの女性は、私が講演をした後に近寄ってきて言いました。彼女の両親はナチのホロコーストで殺されました。彼女が赤ん坊の時に。

「私の一生は怒りでいっぱいでした。何年も何年も、両親のために苦しみ、泣きました。でもあなたの話を聞き、どんな経験をしたのか、どのように許すことが出来たのかを聞いて目が覚めました。ずっと、両親を殺した殺人者たちを許そうとしてきたのですが、今、やっと出来るような気がします。そして、怒りを手放し、幸せに生きることが」

同じセミナーの席で、九十二歳になる老婦人が私をしっかりと抱きしめてくれました。あまりに感情が高ぶっていて、なかなか話すことが出来なかったのですが、やっと話してくれたその言葉を、私は決して忘れないでしょう。

「私は、許すには遅すぎると考えていました。でも、あなたがしたようなことを誰かが話してくれるのを待っていたのです。決して許すことの出来ないことを許すことさえ出来ると知る必要がありました。今、私の心はやっとやすらかになりました」

私が生まれた国について言えば、ルワンダは癒されることが出来ると思います。

もし、一人一人が許しのレッスンを学ぶならば。

虐殺の時代に犯した殺戮のために今刑務所にいる何万人という人々は、彼らが昔住んでいた町や村に釈放され始めています。

許しが必要な時は、今なのです。

ルワンダは、再び天国になれるのです。

でも、私のふるさとを癒すためには、全世界の愛が必要です。なぜなら、ルワンダに起こったことは、どこでも誰にでも起こるのですから。

虐殺によって傷ついたのは、ヒューマニティです。

一人一人の人の心に宿る愛こそが、世界を変えられるのだと思います。

私たちはルワンダを癒すことが出来ると、私は信じています。

そして、この世界を癒すことが出来ると。一人一人の心を癒すことによって。

この本がその手助けになりますように。

あとがき

まず何よりもまっさきに、私は神様に感謝を捧げなければなりません。すばらしい父であり、かけがえのない親友であり、真実の信託者、そして救助者。あなたは、私の良き時も、最悪の時も、いつでも常に一緒にいて下さいました。ありがとうございます。私の心を開いて下さり、もう一度愛をあふれさせて下さって。あなたなしには、私は何ものでもありません。あなたとともにあれば、私はすべてです。私はあなたにすべてをゆだねます。神様。どうぞあなたのご意思を私の人生にお示し下さい。私は、あなたの後についていきます。

聖母、栄光のマリア様。私は、いつもあなたが私と共にあって下さるのを感じています。あなたの愛と慈《いつく》しみをどれほど私が感謝しているか、言葉には表せないほどです。私の心をあなたの御元《みもと》において下さい。母よ。あなたは私を完全にします。永遠に愛し続けます。

ウエイン博士。あなたは天が遣わして下さった天使です。私は、神様にあなたを私の人生にもたらして下さったことを感謝します。

私は、永遠に、ずっと私たちの魂は知り合っていたと感じます。

あなたの並外れた親切さ、賢い助言、そして父のような愛情は私にとっては世界そのものです。

あなたの言葉になぜあんなにもたくさんの人々が刺激を受けるのか、よくわかります。あなたこそ私のヒーローです。どんなに愛していることでしょう。心の底から感謝します。私を信じて下さったことについて。夢に向かって導いて下さったことについて。真の使命に気づかせて下さったことに。そして、この本の出版を実現させ、私に私の物語を語らせて下さったことについて。

スカイ・ダイアー。

あなたのお父さんに紹介して下さってありがとう。愛しています。

マヤ・ラボス。

あなたと一緒に旅が出来て嬉しいです。支えてくれて、親切にしてくれて。あなたと知り合えて幸せでした。愛しています。

レイド・トレーシー。

私を信じて下さったことに大きな感謝を。この本の出版を実現させて下さり、ずっと見守って下さって。そして、ヘイハウスをこの私の本のふるさとにして下さって。

UNDPの同僚たちと分析オフィスにたくさんの感謝を。神のご加護を。

私を色々な方法で支え、助けてくれた、ここには記しきれないたくさんの友人たちに。ありがとう。皆私の心の中で生きています。

私の兄、エマーブル・ツカニャグエ。

どんなにたくさんの愛と悲しみ、そして言葉に尽くせない痛みを私たちは分かち合ったことでしょう。

この本の中に、あなたが聞けなかった、そして私が答えられなかった多くの質問の答えを見出すことが出来ますように。

あなたが生きていてくれたことを神様に感謝します。あなたは世界そのものです。

私たちの家族については心配しないように。

彼らは、幸せでいます。彼らは天国からいつも見守り、支えてくれています。

私のすばらしいお兄さんでいてくれて本当にありがとう。

小さい時から示してくれた大きな愛に対して、私を信じてくれたことに対して、そして、家族の物語を書くようにといつも励ましてくれたことに対して感謝します。

虐殺をともに生き延びたもの同士として、この本はあなたにとっても特別の意味を持つでしょう。とても愛しています。


私の美しい子どもたちへ。

ニケイシャとブライアン・ジュニア。そして、幼い甥のライアン。

あなたたちは、私の心。小さな天使たち。神様から送られた花束のようです。

あなたたちの愛の純粋さに感謝を。あなたたちは、私にもう一度生きる意味を見出させてくれました。

私たちが住むこの世界で、あなたたちの穢《けが》れのない命が、憎しみで汚されないように、虐殺や皆殺しという言葉をもう決して聞くことがないようにと、心から祈ります。

あなたたちが大きくなった時、あなたのお祖父さんやお祖母さん、そして叔父さんたちにこの本の中で出会うでしょう。彼らの思い出は、この本の中に生きています。

でも今は、彼らの愛をあなたたちに送りましょう。あなたたちがその愛しい腕で私を抱きしめてくれるたびに。

あなたたちは、私の命そのものです。愛しています。

そして、最後に、でも一番大切な人、ありがとう、私のすばらしい夫のブライアン。

あなたは私を孤独から救ってくれました。神様が、私を完全なものにするように送って

くれた真実の私のベターハーフです。

あなたがこの本を書くことを常に励ましてくれたことに心から感謝します。

夜遅くまで付き合って読んだり編集したりしてくれたことに。常に変わらない愛と庇護に。そして、神様を友達として受け入れてくれたことに。

愛しています。スイートハート。私の心と魂のすべてで。

イマキュレー・イリバギザ

＊

イマキュレー、このまれなるすばらしい物語を世界に物語る手助けをさせてくれて、本当にありがとう。

君の勇気、信仰、柔軟さ、内面性、智慧は、常に僕を動かし、目を見開かせてきた。

君と一緒に仕事が出来たことは僕にとっては名誉だった。そして、君を友達と呼べるのは、何てすばらしいことだろう。

スティーヴ・アーウィン

訳者あとがき

それはそれは美しい人でした。

待ち合わせたニューヨークの国連本部に近いレストランのドアをあけて入ってきたイマキュレーさんは、まるで一筋の光、一吹きの風のようでした。

あれほどの想像を絶する経験を潜《くぐ》り抜けた人なのだから、きっと特別な人にちがいないという私の思いこみは一瞬で吹きとばされ、軽やかに、やさしく、懐かしく、たちまち私は彼女が大好きになりました。

シルビア・ブラウンの本『あなたに奇跡を起こすスピリチュアル・ノート』（ＰＨＰ研究所刊、堤江実訳）によれば、人は、魂の成長のために、この地球に何度も何度も生まれ変わって学ぶのだというのです。

イマキュレーさんの放つ光は、ダイアー博士のおっしゃるとおり、高い魂のレベルに達した人の輝きなのでしょう。

ただ存在するだけで、周囲が幸せな愛の気分に包まれるのです。私もまた、一緒にいただけで満たされて幸せでした。

でも、そこに至るまでの壮絶な物語を振り返る時、私たちは学ぶためになんという過酷な試練を経なければならないのかと思います。

私は、二〇〇六年の四月から七十日間、世界一周クルーズ船「飛鳥Ⅱ」の上で、私自身の詩の朗読を聴いていただいたり、朗読教室の講師をしていたのですが、出発直前にこの本の原稿が届けられました。

虐殺の本ということではじめは気が進まなかったのですが、船の上で読ませていただき、魂を揺さぶられるほど感動しました。

今、世界中が憎しみの連鎖で出口を失って破滅に向かうかも知れないという時、これこそが、未来を照らす灯火なのではないか。

この本は、虐殺の本ではなく、人の不思議、人の可能性、人のすばらしさ、そして、希望の本なのだと思いました。

私は、ＰＨＰ研究所の阿達ヒトミさんに、船の上からメールを打ちました。

是非翻訳をやらせて頂きたいと。

少しでもたくさんの人がイマキュレーさんの輝きにふれ、誰のことでもない、自分自身のことなのだと思うことが出来たら、きっと世界はまだ大丈夫。そのために私自身が少しでもお役に立てたらこんなにうれしいことはありません。

そのメールを送った次の日です。

毎日日替わりで上映される船のシアターの映画のタイトルに、私は目を疑いました。『ホテル・ルワンダ』だったのです。

イマキュレーさんがこの本の中でくりかえし経験した奇跡のような偶然、その神の手は、誰にでも起こるのだということなのでしょうか。

その上、私は、世界一周の途中、ニューヨークで船を降りることになっていました。そのために、イマキュレーさんと逢うこともできたのです。

実際は、この原書がアメリカで発売されるとすぐベストセラーリストにあがったため、日本でも数社が翻訳出版の名乗りをあげ、ＰＨＰ研究所が権利を獲得できるかどうか、わかりませんでした。

それでも、空と海に守られて、毎日毎日翻訳をしながら、私は信じ続けていました。大いなる何かがこの翻訳を必要と思って下さるならば、きっと実現すると。

未来は、人の思いが創るのだとたくさんの人が言っています。思うことは叶うということも。

自分の未来も、そして世界の未来も、一人の人が思うことから広がるのだと思います。

イマキュレーさんの本は、恐ろしい本です。それなのにすがすがしく明るい。ちょうど

彼女自身のようです。

それは、この本の中にこそ、希望というものの本質があるからではないかという気がします。

この本に関わらせていただいたことを心から感謝します。

世界中のすべての人々が、幸せで平和でいられる世界を祈りながら。

二〇〇六年七月　ニューヨーク市にて

堤　江実

2006年７月、イマキュレーさんとＮＹにて

〈カバー写真〉
Photo of Immaculée Ilibagiza : J.Salvatorie Tangorre

〈本文デザイン〉
印牧真和

〈著者略歴〉
イマキュレー・イリバギザ（Immaculée Ilibagiza）
イマキュレー・イリバギザは、ルワンダに生まれる。国立大学で電気工学を学ぶ。1994年の大虐殺で両親と兄、弟を失う。1998年、アメリカに移住し、ニューヨークの国連で働き始める。彼女は、虐殺や戦争の後遺症に苦しむ人たちを癒すことを目的とした「イリバギザ基金」を設置しようとしている。現在、夫のブライアン・ブラックと二人の子どもたち（ニケイシャとブライアン・ジュニア）と共にニューヨーク州に住む。
スティーヴ・アーウィン（Steve Erwin）
スティーヴ・アーウィンは、作家で、賞を受けたジャーナリストとして、活字、電波両方のメディアで活躍。現在、カナディアン・ブロードキャスティングで、外国特派員として働いている。妻でジャーナリストのナターシャ・ストイノフと共にマンハッタンに住む。
〈訳者略歴〉
堤　江実（つつみ・えみ）
立教大学文学部英米文学科卒業後、文化放送のアナウンサーとなる。その後、会社経営を経て、現在は著作、講演の他、自作の詩の朗読コンサートで活躍中。『世界中の息子たちへ』（ポプラ社）、『ミラクル』（たま出版）などのほか多数の著訳書がある。
http://homepage3.nifty.com/emitsutsumi/

生かされて。

2006年10月11日　第1版第1刷発行
2007年10月17日　第1版第14刷発行

著　　者　イマキュレー・イリバギザ
　　　　　スティーヴ・アーウィン
訳　　者　堤　江実
発 行 者　江口克彦
発 行 所　ＰＨＰ研究所
東京本部　〒102-8331　千代田区三番町３番地10
文芸出版部　☎03-3239-6256（編集）
普及一部　☎03-3239-6233（販売）
京都本部　〒601-8411　京都市南区西九条北ノ内町11
PHP INTERFACE　http://www.php.co.jp/
制作協力
組　　版　ＰＨＰエディターズ・グループ
印 刷 所
製 本 所　凸版印刷株式会社

ISBN4-569-65655-2

PHPの本

未来世療法

運命は変えられる

ブライアン・L・ワイス 著／山川紘矢・亜希子 訳

過去世と未来世への心の旅が、傷ついた人生を癒す。精神科医が体験した真実のドラマ。全世界ベストセラー『前世療法』シリーズの最新刊。

定価一、六八〇円
（本体一、六〇〇円）
税五％